U0539222

中國如何透過監控維繫獨裁政權

哨兵國度

THE SENTINEL STATE

Surveillance and the Survival of Dictatorship in China

裴敏欣 Minxin Pei——著　　林瑞——譯

緬懷裴幸梅

目次

台灣中文版作者序

中共為何能打造出世界上最先進的監控體系？

裴敏欣

在過去二十多年裡，中國政府投入了巨量資源建立了一個高科技的監控體系。由於西方媒體的關注，人們普遍認為統治中國的共產黨政權現在主要依靠人工智慧、人臉識別、高清晰度的攝影機、網路監控等高科技手段，來控制十四億人民和維持政權的生存。這種判斷只是看到了中共監控體系的表面現象。持有這一看法的人並不了解中國的一個基本事實：雖然現代技術使中共的監控體系能力和效率大大提高，但是在中國的警察體系擁有高科技的設備之前，中共僅靠其無比的組織和政治動員能力，就已建立了一個可以覆蓋全國、有效的監控系統。我開始研究中國監控系統的主要目的就是要讓一般讀者知道，中共監控體系的核心不是高科技，而是其列寧主義政權特有的組織能力。要真正全面理解中共是如何依靠監控來維持政權的存續，我們必須把注意力集中在中共的組織和政治動員系統上。

研究專制政權的監控系統的最大困難是獲取可靠的材料和證據。由於有關中國政法系統（即公安和情報體系）的材料大部分是保密或「內部」資料，許多關鍵檔案和資料很難從公開發表的刊物裡找到。但是，有志者事竟成。雖然這類公開材料不多，但還是有。因為中國是一個龐大的國家機器，許多敏感材料會由於基層工作人員的不慎而被洩漏出來。譬如中國的公安年鑑、公安志、地方志、地方年鑑、政法年鑑、公安教科書等都會有零星的材料。透過幾年的「偵探」工作，一個研究者還是能夠基本上知道中共監控體系的規模、結構和運作。

總體來說，專制政權的生存依靠的是暴力。但是因為鎮壓的成本很高，暴力的過分使用會造成極大的代價。北韓、毛澤東時代的中國和史達林時代的蘇聯，過度運用暴力而消耗了許多寶貴的資源。後果是經濟落後和社會貧窮。在毛以後的中國，中共的生存模式有了根本的改變。不僅暴力的使用受到限制，而且鎮壓的手段也變得更複雜和多樣。這一變化在一九八九年天安門事件後更明顯。鄧小平後的中共領導人從天安門事件中得出最重要的教訓之一，就是最有效和成本最低的鎮壓手段是「預防性鎮壓」；用坦克和衝鋒槍屠殺抗議者是「反應性鎮壓」，不僅政治形象成本巨大，而且有可能觸發精英分裂和政權危機。相比之下，透過監控和其他手段，「預防性鎮壓」可以在反對勢力組織抗議之前幫助統治者鎖定反對勢力的骨幹分子和了解他們的計畫，從而在其行動之前就可以透過恐嚇、綁架或拘留，使反對勢力無法進行集體行動。

雖然「預防性鎮壓」的政治優勢十分明顯，但是「預防性鎮壓」需要十分可觀的組織能力和經濟資源。建立一個有效的監控體系，專制政權要雇用大量的祕密警察和發展許多「線人」。用技術手段監控也十分花錢。由於這些因素，並不是所有專制政權都有能力建立有效的「預防性鎮壓」體系。

但是在天安門事件後，中國具備了建立一個有效的「預防性鎮壓」體系的所有條件。政治上，「維穩」成了中共領導的最主要目標，因此北京願意動用前所未有的資源來達到這一目標。從組織層面來看，中共自上而下的列寧主義政黨體制，可以動員官僚系統貫徹執行「維穩」工作。由於滲透到社會每一個角落的中共組織，掌握了許多寶貴的經濟資源和機會，發展「線人」比較容易。學校、公司、飯店、街道居委會的官員可以動用他們的權力，透過威脅和收買讓普通民眾擔任所謂的「信息員」。定期向政府和警察提供情報或擔任特定的任務，如監視異議人士、上訪人員、「邪教」信徒等。中國經濟的高速增長為政府提供了豐富的稅收。和貧窮的毛澤東時代相比，天安門後的中共有更多的資源來支撐一個龐大的警察體系和聘用幾百萬的「信息員」。在過去三十年內，中國科技發展突飛猛進，為建立一個現代的數位監控體系奠定了物質基礎。

和前蘇聯及一九八九年前的東歐共產主義國家相比，中共現有的監控體系組織更完善、手法更有效、技術更先進。在組織層面上，中共有一個專門負責國內安全（包括監控）的黨內官僚機構，即所謂的「政法委」。中國從中央到縣的每一層政府都設有政法委，它的專職官員的唯一任務就是執行和協調「維穩」和監控工作。由於有效的監控需要協調不同部門和落實具體政策，政法委所起的作用不可低估。而前蘇聯和東歐的前共產主義政權都不設政法委，所以他們監控體系的組織動員能力沒法和中共相比。從手法上來看，中共在天安門後已摸索出一套行之有效的措施。比如設立「重點人員」黑名單，在敏感時期（「六四」、「兩會」等）加強監控異議人士。用「敲門行動」（即警察不定期到家裡查詢）來恐嚇重點監視對象。由於中共大力提倡所謂的「科技強警」，現代光纖通訊技術和各種感應器材，使中國的員警擁有前蘇聯格別烏（俄語GPU譯為格別烏，後稱為「國家安全委員會」，簡稱KGB）和前東德史塔西（Stasi）做夢都想不到的先進監控能力。

我們可以用許多原因來解釋為什麼中國持續的高速經濟發展沒有帶來民主化。除了所謂的「業績合法性」（即透過發展經濟獲取民眾支持）和煽動民族主義情緒，中共政權得以生存和其行之有效的以監控為主的「預防性鎮壓」有緊密關係。很難想像如果沒有書中描述的「哨兵國度」，中共的維穩會如此成功和有效。

但是，我們也不應該高估中共的監控能力。暴力和恐怖不能保證一個專制政權的長期生存。中共在天安門後二十多年的「黃金時代」靠的不僅是「哨兵國度」，更重要的是中國的經濟起飛、有利的國際環境和務實的領導。這些有利因素在習近平時代已基本消失。因此中共今後的生存不能僅僅指望「預防性鎮壓」。只有透過民主化的政治改革，中共才能重塑其合法性的基礎。但是目前看來這種可能性甚小。這是中國真正的悲劇。

前言

長久以來，喬治・歐威爾（George Orwell）在《一九八四》中描繪的那個反烏托邦世界，一直被視為科幻小說的故事情節，但中共政權在積極採用全球最先進的監控科技之後，似乎正將這樣的情節轉換為現實。為了測試中國高科技監控的潛能，英國廣播公司（BBC）記者沙磊（John Sudworth）刻意混入貴州省貴陽市，他走在街上，想要挑戰一下警方在這百萬人口之都把他找出來的能力。結果，貴陽警方憑著一張沙磊的照片，透過地方監控攝影機網絡與人臉識別科技，僅用七分鐘就找到了混在市街人叢中的他。[1]

貴陽與中國所有大大小小的城市一樣，擁有精密的識別科技，能自動擷取平民百姓的關鍵識別數據，與警方數據庫進行比對。根據《紐約時報》（*New York Times*）二〇一九年年底的一項調查，這些無所不在的跟監裝備可以「協助警方掌握走在街道上人民的身分，找出他們見了什麼人，還能辨別那些人是否為共產黨員」。[2]

但與新疆「維吾爾自治區」維吾爾少數民族所遭受的侵犯與屈辱相比，中國平民百姓所經歷的這種恐懼與隱私權的損傷，根本是小巫見大巫。曾於二〇一七年訪問維吾爾自治區的一名《華爾街日報》（*Wall Street Journal*）記者說：「進出城裡的火車站與道路路口，都有配備身分識別裝備的安全檢查哨站。飯店、購物商場與銀行，都裝了人臉識別器材追蹤來往人流。警察用手提裝置檢查智慧型手機，搜索加密聊天軟體、具有政治色彩的影片與其他可疑內容。想加油，駕駛人得先刷身分證，然後瞪著攝影鏡頭。」[3]

在新冠疫情期間，中共將它無所不在的監控力量發揮得淋漓盡致。為執行嚴厲的清零政策，政府使用電話追蹤、機密演算法與大數據，查出平民百姓的健康狀況、旅遊史，以決定是否准許他們進入公共場所，或是要將他們隔離。二〇二二年十一月底，在自發性反封城抗議爆發後，警方部署了新冠偵查方案，用以識別那些戴上了面罩和護目鏡的示威者，儘管他們設法躲避監控攝影機與人臉識別裝置，以阻止當局以此識別他們，但是警察最終還是用手機定位把他們一網打盡。[4]

儘管看在外人眼裡，這樣的監控力量已經大得驚人，執政的中國共產黨似乎仍不滿意。它已經宣布一項規模龐大的「社會信用評分系統」，讓官員可以根據個別百姓的社會與經濟活動數據，來評估百姓的政治忠誠度，預測百姓的意圖。這樣一個「監控之母」的遠景令人不寒而慄，著名投資人與開放社會倡導人喬治·索羅斯（George Soros）提出警告說，中共打算「運用史無前例的做法，迫使個人命運臣服於一黨專政的國家利益之下。」[5]

這類報導與警告，讓我們把目光投向此刻正在中國出現的精密科技監控系統。但就在大家盯著最新科技工具的同時，我們可能忽略了更重要的部分：中共監控力量的根基，其實主要來自低科技、勞力密集形式的做法。早在引進精密新科技以前，中共黨、政當局幾十年來一直在集結人力資源與組織架構，組建一個觸角遍及全國每個角落的監控系統。事實上，中國成為監控大國的歷史可以回溯千年以前。中共早自毛澤東時代起，就開始強調監控，在天安門事件過後更大舉投資相關系統。我認為，這個世上最強大的一黨專政獨裁政體之所以能生存，主要關鍵就在於擁有這個無所不在的監控系統。理論上，經濟成長應該能推動社會自由化，甚至民主化，但由於擁有聞所未聞、最強大的監控基礎設施，這個獨裁政體才得以存活。

中共大力引用的這種科技之所以有效，在相當程度上是因為它們都出自安全機構的特務之手。這些經過精心設計的安全機構資金充沛，組織嚴密，成立的目的就在嚇阻中共所面對的威脅，並不讓其成為威脅。我寫這本書的目的，就在於針對中共這個監控系統，全面分析其演進、組織、運作與技術升級，讓我們更清楚了解獨裁政權如何得以持久，以及其他專制政權為何會崩潰（有時還毀在自己的安全機構之手），而中共卻能屹立不倒。這本書要帶我們回溯現代中國監控結構的起源，觀察低科技手段如何能與新系統相輔相成，讓我們更能掌握中共如何能在後毛澤東與後天安門時代，挺過革命性的社會與經濟轉型，仍能成功保住一黨獨大的地位。

中國國家監控系統的研究

中國的國家強制體制是學界相當關心的問題。有關中國警察監控的議題，研究人員討論甚多，特別是近年來，在當局為執法與打擊犯罪而改變公安機構的結構、資源，與戰術之後，這類討論更成為顯學。[6]學者也發現，在後天安門時代，中共更加重視公安問題。天安門事件過後，公安機構官員的政治地位提升了，用於維護國內安全的經費也大幅增加。[7]迫害少數民族與宗教團體、違反人權、鎮壓異議與「維穩」，都成為研究人員的熱門議題。[8]

觀察家們也鉅細靡遺地描述中共愈來愈精密的鎮壓手段，包括對網際網路，特別是對社交媒體的審查，在敏感性節假日對政治激進活動的事先鎮壓，用親戚、雇來的打手逼迫公民放棄財產權或停止抗議活動，透過線人舉報、用政府特務對小村落進行滲透，用國家福利規定迫使平民百姓就範等。[9]其中一些研究與中國採用先進科技有關，這不僅對記者是熱門話題，也是深入研究這類事務的學者所高度關注的。[10]

除了少數過度渲染科技的新聞炒作，這類研究都有助於我們進一步了解中共監控系統的戰術。不過這類研究大多沒有談到這個監控系統的本質，即它的結構與組織。這類研究似乎將中國擁有這樣的監控系統視為理所當然，人們關注的不在於這套系統是什麼，或如何運作，而在於它所帶來的影響。此外，有關特定鎮壓工具的細部研究，以及對於中共大舉投資監視與社會管控的成因皆著墨甚少，當然，這些都是完全可以理解的。[11]

我根據自身以及與其他學者的研究成果來寫成這本書，嘗試解答有關這個監控系統的一些比較基本面的問題。最重要的是，我追蹤這個監控系統的演化，描繪出它的基本結構。我對這個監控系統內最關鍵的幾個環節：負責監控與協調內部保安的中共政法機構、負責國內諜報的鎮壓機構、線人舉報網、主要的大眾監控計畫以及最慣用的監控戰術，皆做了深度調查。

中共將這些結構與手段結合，構建了它的預防性鎮壓系統。這本書的核心概念就在這裡。「預防性鎮壓」是獨裁者最重要的武器之一。道理很簡單：在反對勢力還不能有所行動以前，就要將它擋下來。預防性鎮壓不是宣傳，不是思想灌輸，其目的在於防範反對勢力成形。它也不僅僅是收買潛在敵人而已。預防性鎮壓當然與逮捕、毆打、監禁，甚至殺害異議人士等暴力手段不同。這類暴力形式都是被動技術。反之，預防性鎮壓反映一件事：中共政權知道，要保護這個政權，最好不要鬧出引人注目的暴力事件。它以不顯眼的手段來設立障礙，用以阻擋反對計畫，特別是阻擋有意挑戰、破壞政權的集體行動。

直到目前為止，中共當代監控系統能躲過被全面剖析，主要是有兩個原因。首先，直到一九八九年天安門危機過後，中共才開始擴大、加強、更新整個監控系統，可能直到二〇〇年代結束，才有了全面現代化的監控系統。也因此人們幾乎沒有足夠時間來回顧當代中共監控系統，並全面盤點其發展歷程。其次，也是更為重要的原因，要了解這個大規模監控系統的組織與運作需要大量資訊，但這些資訊都無法公開取得。有一個辦法可以繞過這個障礙，就是訪問參與實際工作的公安人員，但想要接觸這類人員與其他了解監控系統內情的人士並不容易。

撇開具體操作挑戰不計，若能完成一項穿透神祕面紗的調查，曝光這個監控系統的結構、運作方式及其弱點，將具有極大的價值。理論上來說，對於獨裁政權的存活力，特別是對於政權類型與持久能力之間關係的學術研究來說，這樣的調查應有加分效果。用中國經驗進行一項個案研究，應能讓我們看清一個列寧主義政體，如何運用超強鎮壓與監控能力裝備它的強制體制。中國這項個案，還能讓我們對現代化與民主化之間的關係進行更精密的思考。雖說經濟富裕一般能讓社會變得更民主，但若干獨裁政權，尤其中國，儘管經濟持續迅速成長，獨裁政權卻仍能維持屹立不搖。一個可能的解釋是，經濟的迅速成長增加了政治壟斷的價值，使這些政權更下定決心把持權力。同時，充沛的資金與垂手可得的先進科技，也讓這些政權能夠不斷擴張，提升他們反制反對勢力的能力。

總之，這本書是一項經驗性研究，要對中共監控系統的組織與運作，提出仔細而詳盡的描述。我們希望透過這些描述，達到我們最主要的目標：了解中國共產黨何以能挺過中國自一九九〇年代初期以來所經歷的社會經濟劇變，一直掌權到今天。

鎮壓與獨裁政權的存活

所有獨裁政權，從世襲政權、家族王朝、軍事執政團、極權國家，到共產黨的一黨專政，都仰仗政治鎮壓以保住權力。[12]這不是一件簡單的事。

在依賴暴力或暴力威脅以嚇阻與鎮壓反對勢力時，獨裁者面對兩項重大挑戰。首先，獨裁者得將鎮壓力度拿捏得恰到好處。一方面，獨裁政權必須鎮壓人民：鎮壓力度不夠不足以嚇阻意圖推翻它的反對派，從而危及自身生存。另一方面，過度鎮壓帶來嚴厲的名譽成本，招致國際制裁，激化反對勢力，引發對執政精英的暴力反撲。[13]過度鎮壓還使信徒疏離，讓信徒擔憂自身安全而萌生叛意，使獨裁者更感到不安全。[14]過度鎮壓的獨裁政權一般會使經濟成長停滯，或許這是因為鎮壓往往能削弱財產權的保護，壓縮經濟自由所致。[15]過度鎮壓能導致政治動盪，如反對派反撲，甚至內戰，也會壓制經濟成長，[16]長時間的經濟成長停滯會損及政權國庫營收，削弱獨裁者收買支持、資助國家鎮壓機構的能力，讓政權掌權能力流失。要解決這有關鎮壓的第一個難題，就得了解壓制反對勢力的適當力度，以免因過度鎮壓而樹敵。

第二項挑戰緊接第一項而來。鎮壓（無論是過度鎮壓或是經過精密拿捏的鎮壓）須藉政府人員之手，而且通常這類人員還不在少數。仰賴鎮壓的獨裁者一般必須建立、保有一個相當規模的強制體制，但所謂「強制的困境」（coercive dilemma）也就此出現：保護統治者不被民變推翻的強制體制，或許也有推翻統治者的力量。[17]在一九五〇與二〇一二年間被趕下台的獨裁者，有三分之一是遭窩裡反的政變所推翻的。[18]為對抗這種危險，獨裁者採用一些反制措施，例如在保安部隊內部製造派系鬥爭等等。獨裁者可以用支持強制體制中的一個機構而不支持另一機構的做法，例如支持祕密警察對付軍隊以防止部屬權力集中，但這種制衡做法有其代價，可能會造成部屬叛離，遭針對的機構的效力也會因此受損。此外，政治化的保安機構可能會濫用暴力，造成前文談到的第一項挑戰。[19]

這些問題並非不可克服，但想有效應對並不簡單。一般來說這需要各種政策，也因此最精密、最成功的獨裁政權，即能在最安定的政治環境下進行統治、存活得最久的政權，通常都有各式各樣維護政權的工具。[20]獨裁政權可以鼓吹經濟成長，提高人民生活水準，利用民生議題上的成績，建立其在民眾心目中的合法統治地位。[21]它可以透過宣傳、教育系統與其他手段，操控民族情緒與輿情，以提升民意支持。[22]獨裁政權可以利用分贓，拉攏選定的社會精英，如商界領袖、宗教組織、知識分子、工會領導人等，然後讓這些精英運用他們的影響力擴大對政權的支持。[23]擅長選舉舞弊的獨裁政權，能為其統治合法性鍍上一層民主表象。[24]這類做法都離不開鎮壓，所以說鎮壓只是保住政權的一項工具，不過卻是一項極其重要的工具。

解決「強制困境」還有一個辦法，就是提高鎮壓手段效率以降低鎮壓成本。更有效的鎮壓系統能用較少的成本幹較大的事：能在不過度使用暴力的情況下，有效維護高壓統治，還能防止強制體制過度坐大，避免對政權構成威脅。在實例上，最有效的鎮壓都是預防性而不是被動性的。特別是組織嚴密、精明幹練的監控系統，針對最有可能領導、參與反政權活動的人群進行監控，在反對勢力氣候未成、未釀成集體行動以前先行逐一擊破，這樣的鎮壓尤其有效。[25]

不能以有效手段監控反對勢力的政權，必須訴諸成本較昂貴的措施：大規模、長期的監禁，酷刑，暗殺等。這類政權還可能不得不限制基本自由，徹底阻斷資訊流通，從而扼殺市場的正常運作。這類明目張膽的暴力鎮壓，往往能煽動反對怒火，而這正是獨裁者所不願見到的。在最壞的情況下，欠缺有效預防性鎮壓能力的獨裁政權可能迎來慘重後果。[26]二〇一〇至二〇一一年「阿拉伯之春」（Arab Spring）的大規模街頭示威，以及喬治亞（二〇〇三年）、烏克蘭（二〇〇四年）與吉爾吉斯共和國（二〇〇五年）的「顏色革命」，都迫使獨裁政權下台。

獨裁政權的監控

能組建有效監控的獨裁政權，例如柏林圍牆崩潰以前的東德，與後天安門時代的中國，都能事先防堵有組織的反抗與集體行動。至少，這類政權可以透過監控取得及時而珍貴的情報，探知反對勢力的活動與意圖，從而採取措施，例如發布警告，監禁關鍵異議分子，以打亂反對勢力的計畫。監控還有一項重要功能，就是讓人不敢輕舉妄動：單只是想到可能遭到祕密警察與線人跟監，已經足以讓異議分子三思而行，或迫使他們付出高昂代價以躲避當局監控。在某些情況下，發現自己可能遭到監控也能使異議分子放棄原先計畫。

除了預防以外，有效監控還能產生外溢效應，進一步打擊反對派的集體行動。關鍵性外溢效應包括，在反對派陣營中製造一種恐懼與不信任意識。所有的獨裁政權都知道，要收買反對派或反對派嫌疑人的親友（主要是他們的同事與鄰居）充當特務、線人。線人負責向祕密警察通風報信，但他們的價值不僅是通報內容的直接貢獻而已，遭到滲透的可能性也能在反對陣營中製造猜疑，如疑心自己的同事可能是獨裁者派來的臥底，因此而導致不信任，甚至非理性妄想，這些都能使集體行動愈發窒礙難行，因為異議分子不知道誰可以信任，誰可以委以履行計畫的重任。在一個擁有大量線人的社會，反對派想招兵買馬很難，因為當你接觸一個人，要求這人參與具有政治敏感性的活動時，這人自然擔心誤上圈套，不敢承諾。也因此，線人不僅能提供情報，還能憑藉他們的存在，或甚至是可能的存在，來防阻反對勢力成形、擴張與組織。

所有類型的獨裁政權，一般都將預防性鎮壓國內反對勢力的大任委交一個特種官僚，通常是負責監聽通訊與動員線人進行監控的祕密警察。[27]所以要用祕密警察負責監控，背後的原因不難理解。由於監控總是在暗中進行的，負責監控的官僚機構也必須披上神祕外衣。此外，由於大多數監控活動需要特別技巧，如動員線人、滲透反對團體、操作精密跟監裝備，普通警察未必能做得來。也因此，祕密警察在招收新人時較招收普通警員更加嚴格，享有更多精英地位，也獲得統治者更大的信任。

但祕密警察雖說非常有效，賦予他們排他性監控大權也會帶來重大風險。他們身為精英的地位與權力很容易導致貪腐。大權在握的國內監控機構，可能成為一個國中之國，擁有自成一格、未必與統治者一致的官僚利益與行事程序。野心勃勃的特務頭子在長期控有祕密警察後，往往會將祕密警察視為本身的勢力範圍，對他們的政治主子構成威脅。[28]

運用祕密警察還有一項嚴重瑕疵，就是成本。幾乎所有統治中、低收入國家的獨裁者，都養不起一支大型祕密警察部隊。以一九七〇年代的伊朗為例，當時伊朗人口為三千三百萬，而沙王（shah）麾下的國家情報與安全組織只有五千三百名員工與五萬五千名線人。也就是說，每六千二百名伊朗人中，有一名國安探員，每五百五十名伊朗人中，有一名線人。相形之下，美國的精英警署「聯邦調查局」只有大約三萬五千名探員，即每九千五百名美國人中，只有一名探員。據報導，在人口遠超一千萬的智利，當年軍事獨裁政權的祕密警察機構「國家情報局」只有兩千名探員。[29]在前蘇聯，KGB的成員與人口的比例約為一比五百九十五。這個比例在羅馬尼亞為一比一千一百五十三，在捷克為一比八百六十七，在波蘭為一比一千五百七十四。唯一例外是東德。東德的「國家安全部」，或稱「史塔西」在一九八九年擁有九萬一千零十五名全職探員，即每一百六十五名國民，就有一名國安部探員。[30]此外，當柏林圍牆倒塌時，國安部還有十八萬九千名線人，也就是說，每一百名國民當中，就有一名以上是線人。總計，東德存在期間部署了約六十萬名線人。[31]對大多數中、低收入國家而言，維持像史塔西這樣龐大的祕密警察機構所需要的資源，根本是難以想像的天文數字。以中國為例，如要讓每一百六十五名國民就有一名特務人員，當局需要八百五十萬名祕密警察，根據二〇一〇年公安部聲明所公布的數字，這是中國一般警察規模的四倍有餘。[32]

另一條途徑是招收大批通風報信的線人，但這種做法也有本身的侷限。雖說相較於雇用、訓練祕密特務，招收線人可以用較低成本擴大祕密警察的情報能力，但能否建立實際有用的線人隊伍，仍得視經費多寡與影響力大小而定。除非具有意識形態或政治動機，大多數線人得支薪；以海珊（Saddam Hussein）治下的伊拉克為例，線人都領月俸。[33]東德准許線人出國旅遊，還讓他們享有住房、汽車，與電話的優先配給權。[34]在共產政權管治之下，由於黨獨攬經濟大權，壟斷大學與文化組織等關鍵社會建制，祕密警察可以運用各種影響力招募新手，保有龐大而穩定的線人隊伍，但大多數獨裁政權並不具備這種能力。

還有一個問題是，線人愈多未必就是愈好，因為祕密警察可能無法有效管理一大群線人。除了查核與訓練以外，祕密警察還必須定期與線人接觸，評估他們所提供的情報。[35]這種工作非常費時耗力。會見一名線人一般需要兩名祕密警察或警官到場，這是為了確保筆錄正確，並防範祕密警察本身不可信的可能。如果我們假定在一九七〇年代，伊朗國家情報與安全組織的五千三百名全職警官中，只有半數人負責督導他們的五萬五千名線人，則每一名督導官手下有二十名線人。東德國安部探員與線人的比例大約是一比二，即使只有四分之一的國安部探員負責督導線人，他們的工作也比伊朗那些警官要輕鬆得多。

大多數獨裁政權由於養不起像東德國安部這樣一個龐大、資源豐富的祕密警察機構，不得不對祕密警察的規模與監控力度設限。也因此，預防性鎮壓以及監控本身不能只靠祕密警察，如何建立一個更廣泛的監控系統於是成為關鍵。

組織監控

「監控國家」（surveillance state）一詞使用得很廣，但很少有人加以定義。我在這本書裡為它下一個定義：監控國家是一種包括官僚機構、人員與科技網路，以及國家行動的系統。這裡所謂「國家行動」，指國家當局為取得有關公共活動、私人通訊、公開演說情報，特別是針對當局認為會威脅或可能威脅到執政者的個人與組織而採取的行動。根據這個觀點，監控國家包括許多個別組成分子，每一個組成分子可以根據彼此的相互關係，用它們的作業戰術以及其他各式各樣影響其效率的因素進行分析。儘管這些監控成分各自運作，但都有一個共同目標：蒐集、動員有關國內政治反對派的情報，用這些情報進行預防性鎮壓。

監控國家的有效性不僅仰仗每一個組成分子的能力，還得靠這些組成分子的協調與整合。在這種情況下，一般來說，在任何監控國家中都是最關鍵成分的祕密警察，由於享有來自其他成分的合作，應該是最有效的。簡言之，談到監控國家，「一加一大於二」，合作的成果大於單打獨鬥之和。也因此，想深入探討獨裁政權的防禦工事，就得密切注意它的監控活動能不能在祕密警察等各式官僚組織之間取得協調。由於各自為政的官僚部門能增加監控協調的難度，為進行有效協調，一般都會將各部門置於一個個別的傘狀組織下，這個傘狀組織擁有不爭權威，能論功行賞，論罪議處，以謀整個監控系統的無縫接軌，順利運作。

所以說，最有效的監控國家就是在政治授權、組織能力，以及經費、科技能力等物質資源方面受限最小的國家。政治授權指統治者對預防性鎮壓輕重緩急的認定，以及監控組織獲得的權威與自由裁量權。就這方面來說，民主國家與獨裁政權間的差異著實驚人。民主國家執法機構也能進行監控，但由於民主國家保護人民隱私權，就權威與自由裁量權而言，民主國家執法機構遠不如獨裁政權的執法機構。就連獨裁專制政權之間也有差異：軟專制政權，如「革命制度黨」（Institutional Revolutionary Party）領導下的墨西哥，「馬來民族統一機構」（United Malays National Organization，簡稱「巫統」）治下的馬來西亞，以及「人民行動黨」領導的新加坡，相對而言比較不擾民。[36]此外，獨裁政權對預防性鎮壓的重視，可能因時代不同而有所差異。下文就會談到，一九八〇年代的中國，監控系統運作因自由化改革而受到重大政治限制，特別是在胡耀邦與趙紫陽主政期間，中共公安機構在兩人嚴控下收斂了許多。

除了政治授權，組織能力也是有效監控的關鍵要件。一個政權，如果能營造、維護一個複雜、幹練、政治忠誠度高的監控組織，就能成功做到預防性鎮壓，否則就會以失敗收場。特別是獨裁政權的「政權滲透率」愈高（所謂「政權滲透率」，就是政權伸展觸角，控制關鍵性經濟與社會機構，以及草根社會的能力），就愈有能力招收更多能夠協助祕密警察的線人與激進分子。深入社會各個角落的監控網，能為鎮壓機構帶來低成本情報來源，與緊密跟監、嚇阻那些已知與可能威脅人士的手段。幹練的政權還得提升機制，加強鎮壓系統中各組成分子之間的協調。這類機制可能包括前述督導一切監控層面與國內安全的主管機構，負責聚集所有相關政府部門代表，處理單一最高優先要項的專門官署或辦公室，以及政權用來宣導安全議程，讓鎮壓系統各組成分子交換知識的例行性跨部會會議。

最後，擁有豐厚財政資源與先進科技能力的獨裁政權，無疑可以加強它的監控能力。但單只靠物質資源還不夠，沒有適當的組織精密度與政治監管機制，金錢與科技可能會浪擲，遭誤用或中飽私囊。只有結合資源與組織能力，獨裁政權才能建立一個裝備俱全的監控國家。後天安門時代的中國就是這方面的真正範例。

列寧式監控系統

隨意觀察一下有效監控的決定要件，就知道大多數獨裁政權由於組織不夠精密、缺乏資源，不能進行有效監控。這並不奇怪，因為一個監控系統基本上就是一個國家的縮小版。有些獨裁政權的統治手段可能特別殘酷，但如果國家建制組織不佳，能力又差，它們就不可能建立幹練的監控系統。

國家能力與監控系統效率兩者之間息息相關，個人獨裁無論手段多狠，很少能夠建立幹練的監控系統，原因就在這裡。蘇哈托（Suharto）統治下的印尼，沙王治下的伊朗，杜華利家族（Duvaliers）的海地，以及馬可仕（Ferdinand Marcos Sr.）的菲律賓，不過是其中幾個比較著名的例子而已。由於個人獨裁總是由獨裁者一人獨攬大權，而獨裁者擔心自己的權力遭到篡奪，不信任國家建制，這類政權一般不具備強有力的國家建制，得依靠高度政治化的強制體制進行統治，這類體制通常由親信把持，派系鬥爭激烈，不具備技術官僚能力。[37]此外，由於個人獨裁者欠缺與社會的聯繫，主要透過親信分贓安排進行統治，也就是說，將好處分派給個人與團體，以換取對方的效忠，這些獨裁者既無力將鎮壓機構深植社會，也無力動員社會資源，加強監控能力。有些個人獨裁者，例如伊朗的沙王或埃及的穆巴拉克（Hosni Mubarak）擁有極其強大的祕密警察武力。[38]但與蘇聯、東德，以及今日中國的共產國家監控能力相比，即使伊朗沙王的「國家情報與安全組織」，與埃及令人談虎色變的「情報總局」（Mukhabarat）也瞠乎其後，因為伊朗與埃及政權沒有滲透社會的能力，無法將大型監控網路深植國民日常生活的各個方面。[39]也因此，就被動鎮壓而言，伊朗與埃及政權相當有效，但就預防性鎮壓而言就等而下之了。

就營造、維護監控系統的效率而言，軍事政權或許只比個人獨裁政權略勝一籌。像個人獨裁一樣，軍事政權也受限於孤立：個人獨裁者只有狹隘的社會支持基礎，欠缺能夠遂行他們意志的國家建制，而軍事獨裁政權則受制於軍隊的建制性孤立，跨部會進行政策協調、營造與重要社會團體之間的長期關係，以及動員社會資源進行強制與監控的能力都有限。此外，基於一種（大體上有道理的）信念，軍事政權由於相信憑藉武力可以打垮任何對政權構成的威脅，一般對監控的投資不足。[40]

從建立監控系統的觀點來說，或許能力最強的獨裁政權是「列寧式政權」。列寧思想主要是正統馬克思主義，不過我在這裡談的列寧，不是列寧的思想，而是列寧與他的幹部在蘇聯立國初期所推出的一黨專政組織結構。列寧式政權由一個高度建制化的黨統治，這個黨擁有嚴格的組織階級，制式的任命與晉升程序，透過黨對經濟、教育、科學、與文化等關鍵領域的控制，還擁有廣大的社會聯繫。[41]這類政權擁有專為監控量身打造的特性。此外，儘管具有精英性質，列寧式系統透過黨委，以及遍布所有重要國家、社會、與經濟建制內的細胞，維持一種深入人民群眾的存在。[42]甚至在蘇聯與中華人民共和國的極權統治階段，因史達林於一九五三年死亡，毛澤東於一九七六年死亡而分別落幕之後，他們的列寧主義共產黨仍然壟斷大權，證明即使沒有魅力十足的領導人，即使歷經暴力鎮壓，他們的政權依然能夠存在。[43]

列寧式政黨對國家、社會與經濟的滲透，是它能為高精密監控系統建立有利條件的關鍵。

就政治層面而言，黨的地位高高在上，能確保鎮壓機構的忠誠，能透過人事任命、升遷考核與物質獎勵，遂行黨的安全政策。就組織層面而言，由上而下的列寧式系統適合傳達領導層的國內安全優先要項，將它們轉換為政策，督導它們的執行。就運作而言，在中央政府、地方機構、重要商界以及大學等社會建制無所不在的黨，能幫著協調監控，支援行政與物質資源動員，以營造、維護監控系統。列寧式政權的協調能力或許也為它們帶來一種採納監控科技方面的優勢。儘管這些政權未必具備科技創新能力，但它們可以運用組織，下令地方政府、國有實體與民營企業迅速、大規模地建造裝備監控科技。

列寧式政權無與倫比的社會與經濟滲透力，也有助於線人招募工作。如果招募對象不肯當線人、不願監視他們的同伴，祕密警察會以讓他們喪失工作、執照或福利等手段，脅迫他們就範。此外，列寧式政權還能要求黨員在沒有直接報酬的情況下充當線人，盡身為黨員的保安責任。以東德為例，每二十名黨員就有一人是史塔西的線人。在一九六〇年代的中國，約半數地方保安委員會都是共產黨或共青團（中共青年組織）成員。儘管中共沒有公布比較新的數據，但只須瀏覽地方政府與大學網站，不難發現動員黨員與共青團團員參與志願保安活動的訊息。[44]

不僅如此，列寧式一黨專政的國家還能以其他獨裁政權辦不到的方式，承擔監控系統成本。大多數獨裁政權只能運用警政項目下的經費支付監控開支。中國情況不一樣，如同每一個列寧式政權，中國每一個有規模、具重要性的建制，基本上都把持在黨官手中。這些黨官直接控制大學、企業與其他非政府建制。他們也掌控地方政府開支。也因此，無論撥在任何機構的任何款項都可以挪為監控開支。如本書第四章所示，地方政府用於招收線人、維持舉報網絡的開支，比警方的線人舉報作業開支還要大。如本書第五章所示，地方政府的線人與官員負責監控的人數，比警方監控的人數還要多。

中國特色的監控

國共內戰結束後的中共，不僅擁有列寧式一黨專政國無比的監控能力，還結合了可以回溯一千年的一種社會管控系統。中共監控系統用了中國歷朝傳承的「保甲法」。「保甲」是十一世紀北宋改革派宰相王安石推出的制度，主旨在結合都市計畫、人口普查、徵稅，與執法等要件，以維護地方治安。根據這項制度，十「戶」為一「保」，十「保」為一「甲」。每一戶負責將鄰里之間大小問題，包括犯罪、衝突、可疑活動等，一一向保長報告，然後由保長上報甲長。再由甲長遵循指揮鏈報告政府當局。由於地方上一旦出現犯行，附近每一戶人家都得連帶負責，因此家家戶戶都有強大的監控、舉報誘因。[45]每一戶也都得登記列管，以利當局徵稅與徵集民工服強制勞役，政府還會蒐集家庭成員的訊息。

由於當時朝內一些保守派反對王安石這項恢宏的計畫，這種階級分明、將日常生活軍事組織化的做法也引起大多數百姓不滿，「保甲法」沒能全面實施。[46]明代在若干地區實施「保甲法」，不過沒有擴及全國，[47]但清朝卻將之恢復並重建其監控功能，[48]甚至在一九一一年清朝滅亡以後，「保甲法」依然存在。日本殖民當局在中國東北的滿洲與台灣都曾實施「保甲法」，中國國民黨政府在一九三九年為了努力建國，也曾這麼做。[49]

在現代中國，當局運用「戶口」與「網格化管理」形式，將「保甲法」現代化。戶口制度負責蒐集個人情資，包括性別、出生日期、國民身分證字號、種族、宗教、居住地、教育程度、職業、血型、婚姻狀況等。自一九四九年中共建國以來，戶口屬於農村還是城市，將成為這人能否享有公費教育、社會福利等的決定因素。網格制度將全國人口劃分為許多小格，以利公共安全，改善國營服務，控制交通，處理清潔衛生等問題，是保甲制鄰里劃分的進化版。

以現代科技為輔，將戶口與網格化管理結合在一起，效力遠比保甲更強大。在帝制時代，國家欠缺強制與組織資源，無力將保甲轉化為真正有能力的監控工具。但列寧式一黨專政的國家，主要由於能透過遍布全國大小城市的黨員與細胞，既深入又廣泛地滲透至社會各階層，因此而擁有充沛的資源。在二〇二一年年底，中國共產黨擁有九千六百七十萬黨員與四百九十三萬個地方支部。[50]靠著黨員與黨工，中共成立街道與鄉村委員會等半官方組織，在網格化管理協助下加強社會控制。在帝制時代不存在的街道派出所，在今天的中國無所不在，成為國家監控機器重要的一環。更重要的是，帝制時代的朝廷由於不能支配經濟，無法利用保甲控制就業、糧食、住房、與社會服務問題。相形之下，毛澤東主政以來的中國，靠著戶口做到這一切。透過這些措施，當代中國不僅能監控人民日常生活，還能鉅細靡遺掌控一切有關人民的情資。

為確保這種結構繼續為當局提供情報、協助當局維護社會控制，中國這個列寧式一黨專政國家，主要透過不斷嘗試，不斷調整的過程，研發出一種頗具創意、我稱之為「分布式監控」（distributed surveillance）的系統。基本上，分布式監控就是透過專門黨官僚（黨的政法委員會的協調），將監控責任與成本擴散到各類保安官僚、其他政府與非政府機構。

在中國，監控職責由三個警察機關分擔：公安部內的國內安全保衛單位，第一線警察局，省、市公安局。重要的是，這些機關並非依照層級組建而成。就像美國境內的地方、州與聯邦執法機構一樣，這些機關也各有各的管轄領域。由於採用這種方式，中共可以避開權力集中在單一安全機構的困擾。分布式監控做法，與傳統為了預防政變而採取的制衡戰略不一樣。分布式做法對這些保安機構的工作有相對明確的劃分，以防範機構之間因競爭而損及作業效率。此外，黨還會將次級監控任務交給其他公營團體，包括商界企業、大學、街道與鄉村委員會等附屬組織，與忠黨分子、線人等協力者。

分布式監控不僅能防止安全機構內權力集中，還能將相當部分的負擔轉嫁給公營非安全實體與低薪或不支薪的線人，以控制成本。從企業與大學的角度而言，次級監控任務的邊際成本很低，因為就算沒有這些任務，它們還是得部署這些人員；次級監控只是一些額外任務，不需要增添人手，需要員工投入的工時也相對較低。就線人來說，往往只有在提供有價值的情報時才能領錢，不過或許還有非金錢的獎勵。

負責督導分布式監控的機構是黨的政法委員會。「政法委」負責落實黨員忠誠，協調國有與非國有實體的監控活動。這樣一種傘狀結構，因中國是列寧式一黨專政國度而有其可能。所謂列寧式的構想，就是將中央權威構築在每一個社會階層上，讓情報人員與線人不僅進駐大型國有企業等關鍵經濟實體，進駐大學等重要社會建制，還要深入鄰里坊間等社會基層。經由這種方式，「黨、政」才可以融入日常生活的各個方面，主導機會、觀察人民行為以及蒐集情報。

監控系統與中國之謎

根據一直以來一個很有影響力的理論，經濟現代化總是與民主化結伴而行，但一九八九年過後的中國經驗對這個理論形成正面挑戰。[51]這個理論認為，經濟成長促成民主價值，資源分散，以及逐漸壯大、能夠組織力量對抗國家鎮壓的中產階級與公民社會。一旦能夠接觸更多外來資訊，國民採取集體行動的能力、要求更大治理發言權的呼聲也會更強。但中國的一黨專政獨裁政權如何能在持續的經濟發展中不斷茁壯？

有關中共獨裁政權能夠始終不倒的說法有很多。有人認為，這是因為中共成功拉攏了社會精英，尤其是民營企業主。有人說這一切得歸功於黨的應對能力。有人認為中國共產黨是成功的建制改革者，能運用任期制管理內部衝突，滿足公共需求，用選派，晉升黨、政官員的方式建立精英體制，改善政府對人民日常需求的反應。就整體來說，民眾對中共的經濟表現一直滿意，中共政權能夠不倒，這絕對是重要因素。[52]

針對中共這個謎團，一個言之有理的解釋是，由於不斷改進監控系統，提升預防性鎮壓能力，中共能夠抵銷經濟改革與現代化帶來的威脅。[53]中國共產黨由於在預防性鎮壓方面取得驚人進展，可以不必以極其兇殘的手段嚇阻政治反對與集體行動（西藏與新疆的情況例外）。在後天安門時代的中國，儘管違反人權事件層出不窮，無所不在，政治犯人數卻不算多，政治犯人數多寡，是被動鎮壓手段兇殘度的晴雨表。[54]

統治迅速成長經濟體的獨裁政權，擁有加強監控能力的誘因與手段。[55]從事民主轉型問題的學者有一項令人信服的理論：在大多數獨裁政權，轉型邁向民主的決定基本上都是統治精英做成的。一般來說，獨裁者都因一場法統危機而決定自由化。[56]相形之下，統治一個迅速現代化社會的獨裁政權，可以用這項成績證明它們的統治合法性，從而避開這項危機。更重要的是，社會更繁榮增加了政治壟斷的價值，因為獨裁者可以將權力轉換為財富（或收取更多豐厚的「租金」）。結果是，這些獨裁者不但不願推動自由化改革，反而更加鐵石心腸，保衛他們的權力。57

與經濟凋零國獨裁政權不同的是，統治經濟繁榮國的獨裁政權擁有充沛資源，可以不斷擴張祕密警察規模、招募大批線人、鎖定更多群體、取得先進科技，擴大及提升其監控能力。一個獨裁政權能夠不斷利用現代化帶來的財富加強監控能力，當然比較不容易垮台。58

目標與論點

這本書有兩個目標。

首先我要從經驗角度繪出中共監控系統架構形貌，發掘它的計畫與作業戰術，從而認定這個監控系統之所以特別強大，是因為它既擁有列寧式政權的組織能力，還在近年來取得先進科技。其次我要從理論角度提出有關獨裁政權國家監控的理論，探討「分布式監控」如何解決「強制困境」，以及國家監控的實際挑戰。

我另有一項聚焦較窄的論點，討論主題是：何以經濟現代化至少能在短到中期之間，反常地讓一個獨裁政權用更多有效監控手段自衛得更好。簡單說，以一九八九年過後的中國為例，成功的經濟現代化不僅使獨裁者更加下定決心保衛他們的權力，還為獨裁者帶來必要資源，讓獨裁者加強預防性鎮壓，使現代化促成的親民主勢力無法成長茁壯。這項論點指出，相對於推動現代化失敗的獨裁政權，推動現代化成功的獨裁政權更不容易完成民主轉型。以中國為例，更可能為中國帶來未來民主轉型契機的，不是經濟成功，而是經濟失敗。

本書主要重點為經驗論述，要追蹤中國監控系統的演進，測繪它的組織架構，描述它的作業戰術。

第一章要重建這個監控國度的歷史發展。第二章的重心為協調監控的建制與機制。第三章描述中國多層監控體制的組織架構。第四章探討中國龐大的特情與線人舉報網。第五章檢驗兩項以個人為目標的群眾監控計畫。第六章分析監控戰術。第七章描述自一九九〇年代末期以來的監控技術升級。

在進入這些議題以前，有必要先做一項澄清：從概念角度而言，監控與鎮壓或許像是截然不同的兩件事，但在實務上，這兩者之間的差異往往並不明確。為防阻或鎮壓異議而採行的監控，不一定涉及暴力或明目張膽的強制措施，特別是當監控作業在暗中進行，讓監控對象無法察覺時尤其如此。但非暴力監控應該視為鎮壓，因為它的主要目的在於阻止或窒礙對獨裁政權的和平挑戰。從作業觀點來說，部分執行監控的強制機構，同時也是執行恐嚇、騷擾、逮捕等鎮壓活動的警察機構，也因此，監控國家是深深植根於強制體制。

我在前文指出，有關中國監控系統的直接文件紀錄不易取得。這雖是事實，但有關中國監控系統的許多祕密其實藏得並不是很深。我能完成這本書，得力於許多官方檔案（主要包括地方年鑑與公報），它們透露了許多有關中國監控系統簡短但重要的細節。在有些案例，走漏的機密材料也為我提供了珍貴證據。有時，官方網站張貼的訊息也會無意間走漏有用的線索。研究人員只要用心打探，不難從這個監控系統的漏洞中挖出豐厚成果。毫無疑問，這本書未能為許多關鍵問題解答。舉例說，對於中共在西藏、新疆這類少數民族地區的監控系統，我們所知仍然甚少。我在書中談到中共對西藏佛寺的監控，但除此以外，本書並無針對這兩個敏感地區的重點討論。確實，資訊並非唯一障礙。有鑑於這兩個地區獨特的種族、經濟、社會，與地緣條件，或許直到有一天可以取得相關資訊，中共在西藏與新疆監控系統的專題研究才更可能問世。無論如何，我希望這本書的調查，能讓我們深入了解中共的監控機構，了解它如何維護、如何進一步強化這個本應更開放的獨裁政權。

第一章

中國監控系統的演進

中國的監控系統分四大階段。革命成功之後的十年（一九五〇到一九五九年）為第一階段，中共在這個階段透過一項極權體制營造計畫，開始建立基本監控架構。從一九五九年「大躍進」一起，到一九七六年「文化大革命」結束是第二階段，發生在這段期間的經濟與政治動盪毀了監控系統。從一九七九年改革開放到一九八九年天安門鎮壓是第三階段，監控系統在這個階段逐漸修復而且專業化。但在這個階段，重建之後的監控系統欠缺一種明確的政治使命：國內安全機構將大部分資源投入鄧小平的「嚴打」反犯罪運動，預防性鎮壓的運用也因大體容忍的政治氣氛，以及改革派在領導班子的影響力而受限。資源缺乏也損及監控系統的現代化。在進入後天安門時代的第四階段以後，幾乎一切都變了。一九八九年的垂死經驗為黨領導層帶來一種存亡意識，促使他們透過投資、體制化，與科技手段擴大來提升監控能力。

對於後毛澤東時代的中國監控系統，我們可以提出兩個廣泛的說法。首先，這段期間的經濟現代化轉型，並不觸及極權監控系統的基本體制與組織架構。迅速經濟成長帶來的資源，反而讓一黨專政的中共加強它的強制能力。其次，直到後天安門時代，中共才逐漸具備資源充沛、科技先進的監控系統。

毛澤東時代的中國監控系統

毛澤東與他的「革命同志」在執政最初十年間，為鞏固權力，全力剷除被他們扣上「反革命」帽子的潛在國內政敵。舉凡特務、反動黨派關鍵人物、反動集團與黑社會領導人、地主、國民黨，以及仍保持「反動立場」的日本傀儡政權的官員，都是他們所謂的「反革命分子」。[1] 一九五〇年代的中國，沉浸在接二連三的全國性恐怖運動中，運動的目的就是要找出政治反對派，將最危險的反動分子處決或監禁。不過，這些恐怖運動雖或只是害怕遭到反對的一時反應，共產黨還發展出能夠長期執行社會控制的組織結構：包括一支不斷擴張的警隊；一個滲入草根階層的特務與線人關係網；由忠黨分子組成、能委以決策重任的地方保安委員會；一個初具雛形的中央化保安機關與決策組織；以及一些持久耐用的群眾監控計畫。

所有這些工作都面對一項關鍵結構性挑戰：中國是人口眾多、幅員廣闊的國家，想做好安全人員的協調很難。此外，中共建政初期的中國既不富有，科技也不先進。因應這些挑戰，中共的主要應對之道就是群眾動員：依靠平民百姓相互監控、舉報。而且建立監控系統需要時間，進程也參差不齊，都市進展腳步較快，鄉村地區則較慢。此外，做為群眾動員基層的忠黨分子可能對保安目標有異議。由上而下的社會與政治轉型計畫，例如大躍進、反右運動、與文化大革命，都煽動了民眾對政權的支持，但接踵而來的整肅以及大躍進所造成的大饑荒，與文化大革命引發的政治動亂，都削弱了萌芽中的安全系統。直到毛澤東死後，復甦的腳步才逐漸展開。

恐怖運動

像其他極權政權一樣，中共在建政之初也用大舉逮捕、監禁、處決手段建立恐怖統治，找出政治威脅。[2]在一九五〇年十月到一九五五年的年底之間，中共透過恐怖運動，從當時接近六億的全國總人口中抓捕了四百六十萬人。[3]這些人裡面有七十七萬人被處決，一百八十萬人下獄，另有六十萬反革命分子遭到「管制」。這些人雖說不用坐牢，但喪失大部分自由權利：被管制的人就算做日常例行一切工作都得經過授權，都必須報告他們的活動。[4]此外，中共還規定所有「反動黨派團體」成員必須向地方當局登記。省公安廳公安志（史料）透露，數以十萬計的反動黨派團體「重點分子」自首。[5]

在登記運動於一九五二年完成後，共產黨下令查禁擁有眾多成員，可能釀成有組織威脅的「反動幫派」。江西省公安廳宣稱，在一九四九年，江西省內有三十二個大型幫派組織，有近一萬四千名幫派首腦與二十一萬名會眾。[6]在上海，市公安局將兩百零三個已知幫派組織中的五十二個視為「反動」組織。[7]在打擊行動中，幫派領導人紛紛被捕、處決。在江西，警方逮捕九百零七名幫派首腦，迫使十二萬三千餘名會眾退出組織。在上海，六十五名幫派首腦被處決，三十二萬餘名會眾被迫宣布退會。浙江省警方也說，他們查禁了兩百六十四個團夥與祕密會社，逮捕兩千一百三十六名首要分子，讓六十四萬九千二百人宣布退會。[8]

但即使發動如此大規模的恐怖鎮壓，北京政權仍然沒有安全感。一九五五年七月，共產黨因為擔心大批危險分子漏網，下令展開「鎮壓潛伏反革命分子」的新運動（即「鎮反運動」）。根據鎮反運動的說法，所有政府機構、軍方、學校，與企業工作人員，有百分之五是潛伏反革命分子與其他壞分子。[9]當鎮反運動於一九五七年十月結束時，一千八百四十五萬人遭到審查，十萬零二百三十二人被指為潛伏反革命與壞分子。[10]（「壞分子」為警方正式宣告的類型，但如下文所述，這些定義很含糊。）

一九五九年三月，在一波波不斷的恐怖運動終於結束後，黨已經完成大多數關鍵性目標。[11]除了摧毀舊政權殘餘的精英骨幹與潛在反對派領導人以外，黨還找出幾百萬名可能帶來政治威脅的分子，穩穩地建立了一套恐怖統治。一九五七年九月，根據公安部長羅瑞卿估計，全國人口中只有百分之二的人可以視為「反革命社會基礎」一部分。不過根據這個比例，仍有一千兩百萬人被歸類為反革命分子，這些人隨後都成為了國家監控的目標。[12]

警力

除了從一九八六到一九九一年這短短幾年之間以外，中國政府從未公布過它的警察（正式名稱為「人民警察」）的規模。無論怎麼說，我們仍然可以根據地方公安當局的公安志，與公安部內部刊物〈公安工作大事要覽〉透露的訊息，推估中共自建政以來警力增長的情形。[13]（這些推估不包括人民武警。武警是半軍事化內政單位，任務包括保衛外國外交使館、打擊恐怖主義、應付群眾暴動等。）根據公安部的報告說，中共在一九五八年年底有四十萬零八百名警察。[14]到一九八四年六月，這支經政府授權的隊伍已經擴充為六十五萬八千人。[15]這個數目反映的是授階警員人數，假設這也是實際警隊人數（這假設應該與事實所差不遠），那麼在一九五八與一九八四年之間，正式警隊的規模每年增長約百分之二點五，與同期的人口增長率（百分之二點三）大體相同。[16]

不過由於「大躍進」（一九五八到一九五九年）與「文化大革命」（一九六六到一九七六年）兩場對社會造成極大震撼的政治運動，這段期間的成長並非線性。大躍進是毛澤東所發動的一場荒腔走板的經濟與社會轉型運動，結果導致經濟崩潰，引發了現代史上最嚴重的饑荒，死了幾千萬人。毛澤東為了整肅黨內政敵、淨化黨員思想而打響的「文革」，造成群眾暴力與延宕十年的政治動亂。警隊的規模也因此在一九六〇年代縮水，之後停滯，直到毛澤東時代結束。觀察浙江省的數據可以瞥見全貌。在一九五七年，浙江省有七千五百零二名警察；到一九六二年，人數減至六千零二人。在文革前夕的一九六五年，警隊規模反彈到一萬零五百人，但到一九七八年，又跌回六千二百六十八人。過後，警隊規模迅速回升，授階警察人數在一九八二年增加到兩萬三千八百人。[17]再以甘肅為例，在一九五五年，甘肅省警隊有一萬一千五百五十二人；到一九六四年，只剩下六千一百六十五人。到一九八二年，規模小幅回升到七千八百六十人。[18]貴州省在一九五五年擁有授階警力一萬一千二百七十二人，但到一九七二年，由於預算削減與整肅，規模縮減了三成。直到文革結束後，貴州省警隊才逐漸恢復元氣。[19]

這兩場大震撼的運動規模也可以從地方層面窺見其狀況。在一九五〇年代，浙江省象山縣與鄞縣的警隊人數分別為五十八人與五十四人。在一九六〇年代，縣警隊平均人數在象山縣跌到四十一人，在鄞縣跌到三十四人。在一九七〇年代，警隊規模大體回復到一九五〇年代的水準，但相對於不斷增長的人口規模來說，則削減了許多。到一九八〇年代，警隊規模擴大，象山縣平均有一百二十六人，鄞縣有一百五十六人。最後，可能由於一九八九年的天安門危機以及財政資源逐漸豐沛，北京決定加強國內安全，警隊規模在一九九〇年代出現爆炸性成長。在鄞縣，警隊平均人數在一九九〇年代高達三百三十二人。[20]

「特情」與「信息員」①

一九五〇年代初期，新成立的公安部的一項最高優先任務，就是建立一個特情與信息員網絡（我在之後幾章會討論「特情」與「信息員」之間的差異，以及各類型情治人員與線人之間的差異）。誠如沈邁克（Michael Schoenhals）所述，在文革以前，公安部已經建立和運作一個嚴密的「特別情報人員網絡」，中共今天監控系統的一個關鍵要件，就是從這個情報網絡發展而來。

特情人員的人數是祕密，但根據洩密文件與〈公安工作大事要覽〉透露的訊息，我們仍可對這個在毛澤東時代建立、由公安部一手掌控的特情與信息員網絡有粗略了解。當年的人事異動率很高，特情人員任職年限平均不過幾年，在一九五〇年代中期，特情人員總數相對較少。[21]公安部長羅瑞卿在一九五四年說，政治安全保衛系統只雇了兩萬三千名特情，人數太少。此外，羅瑞卿對這些特情人員的素質也表示不滿。他以北京為例，認為北京有大約三百萬人，卻只有一千零一十三名特情。[22]人口近三千萬的湖北省，在一九五五年只有一千二百三十一名特情，其中約百分之五十七的人為政治安全保衛單位工作，負責反破壞與監控政治威脅。[23]

當時公安部有三類特情人員。「專案特情」負責跟監列為調查對象的團體與個人。「情報特情」負責蒐集情報，協助警方進行祕密調查。「陣地特情」負責保衛關鍵地區與設施，將出現在監控地區的可疑活動向警方報告。第一類與第二類特情，大多數從「敵營」招募而來——他們大多是目標群體的成員，一般都是遭到脅迫，不得不為警方進行跟監。[24]公安部直到今天仍在運用這三類特情人員進行工作。

文革期間，這個特情人員網絡被摧毀殆盡，就如同沈邁克所說：「全國各地調查工作受到重創，大多數特情人員被迫害。」[25]實情正是如此：情治工作在一九六七年十二月踩了煞車，祕密基地解散，特情人員本身也遭到調查。不過這種情況沒有持續很久；情治工作在一九七〇年代初期恢復。根據公安部本身的說法，導致其恢復的是一些芝麻綠豆小事。一九七二年十月，北京居民將種在天安門廣場南邊的幾萬株植物挖了出來並帶回自己家中，總理周恩來發現後震怒，認為這是情治工作做不好所帶來的惡果，於是下令公安部重新部署情治人員。一九七三年十一月，公安部正式重新啟動全國特情人員網絡。[26]

① 編按：「特情」是中國用語，類近情治人員，但中國的「特情」似乎是非正式編制人員，用以協助偵查機關完成某些特定任務。「信息員」也是中國用語，即線人。因此書談論的是中國政情，因此保留這兩個中國專有名詞。

地方保衛委員會

在毛澤東統治初期，縣「保衛委員會」是執行監控等輔助保安功能的主要群眾組織。但在一九五二年六月成立的這些委員會，則負責監控並「改造」地主、富農、反革命與壞分子等「四類分子」，並協助警方「管制」反革命。[27]數以千計的這類委員會在地方政府與公安機構督導下運作，每個委員會有三到十一人，主要是來自黨與共青團的志願人員。[28]這些委員會的結構，充分體現了列寧式政權能以低成本、甚或不花成本就能動員數百萬黨工的特殊能力。一九五二到一九五四年間來自吉林、浙江、福建、湖北與江西的數據顯示，保衛委員會成員數目在省人口占比從百分之零點三一到百分之一點一五不等。以這五個省來說，平均占比為百分之零點七四。[29]就這樣，北京政權的警力雖說不足，但擁有一支人數超過警力許多倍的輔助大軍。這話一點不假，從一九八〇年代中期到一九九〇年代初期，這支輔助大軍擁有一千兩百多萬人，約占全國人口百分之一點一。[30]

政法小組

一九五八年六月，中共成立「政法小組」，之後演成「中央政法委員會」，成為後天安門時代國家監控作業的主要督導與協調單位。這個政法小組以政治局委員彭真為首，成員包括最高人民法院、最高人民檢察院院長與公安部部長。小組向政治局與中央委員會書記處直接報告，而彭真同時也是中央書記處書記。[31]中共任命國內安全機構負責人為中央書記處書記的慣例，就從這時開始。

儘管身為中央政法委員會前身，地位重要，但在毛澤東時代，政法小組在協調國內安全政策過程中只扮演一個小角色。後天安門時代的中央政法委每年開會，決定國內安全議程，根據紀錄，政法小組僅在一九五九年一月開過一次這樣的會議。[32]後毛澤東時代第一次中央政法委會議直到一九八二年七月才召開。[33]地方層級沒有真正與政法小組對等的單位。當然，大多數地方黨委在名義上都設有政法黨組，但地方公報透露的訊息顯示，這些黨組既沒有全職工作人員，也沒有專用辦公室。[34]

由於政法小組角色被動，在文革以前，中共完全依賴「全國公安會議」做為政策協調與實施的首要機制。在一九五〇與一九六五年間，中國共產黨開了十四次這樣的會議。文革期間開了兩次（一九七一與一九七三年），一九七八與二〇一一九年間舉行了五次，反映權威軌跡逐漸轉向中央政法委。

戶籍登記

前文已述，「保甲」首創於宋代，目的在於建立一種戶籍登記雛形，並做為一種執法工具。保甲系統能讓政府了解家庭結構，是課稅與徵召民工的重要工具。[35]在一九三〇年代，國民黨政府也依賴這種系統來進行社會管控與執法。[36]中共在一九四九年建政後實施稱為「戶口」的新登記系統，做為分配珍稀資源、控制城鄉移民與執法的重要手段。[37]

戶口系統也是監控的關鍵工具。根據這個系統的規定，居民必須向警方登記住址與家人資料，警方必須進行例行盤查，以進行資料核實。住戶還得隨時更新資料，將出生、死亡、遷徙等事宜報知警方。戶口已經成為下文討論的「重點人口」監控計畫的體制基礎。

戶口系統很管用，但建立、維護這個系統的成本很高。在毛澤東時代，資源貧乏的警方可以將監控階級敵人的工作外包給志願者（大多是文盲）與激進分子，但出生登記、更新戶籍資料、遷居審批這類工作，則只能交由讀過書的人來做。地方公安志紀錄顯示，由於警力不足，大躍進與文革造成的政治動盪也限制了系統發展與效益，戶口系統只能行之於都市地區，而全中國只有不到百分之十八的人生活在都市地區。[38]也因此，「戶口」雖早在一九五一年已經實施，但直到毛澤東死亡，共產黨取得足夠資源與科技、能夠維持一個勞力與資訊密集的系統之後，這個系統才成為一個能充分發揮效益的監控體系。[39]

由於部署鄉間的警力薄弱，戶口系統的全國性進展很慢。根據公安部的紀錄，在一九五四年底，戶口系統已經在全國過半數的縣「初步建立」，但這並不表示許多居民實際已經完成登記。以江西省為例，警方說，已經在一九五六年完成三分之二城鎮的戶籍登記，但不包括農村，也就是說，大多數農村人口沒有登記。[40]在湖南，截至一九五四年只有百分之十的人完成登記。直到一九五九年，百分之四十的湖南農村人口仍然沒有設立戶口。[41]

一九五八年一月發布的「戶籍登記規定」，賦予警方獨占行政管理權威，標示全國性戶口系統的正式建立。[42]政府希望戶口能發揮幾個重要監控功能。公安部長羅瑞卿說，戶口可以「限制反革命和其他壞分子的活動和破壞」。[43]警方與地方法院可以運用戶口，對交保、服緩刑或被剝奪政治權利、必須取得當局批准才能遷居的人犯進行追蹤。反革命或其他犯罪分子可能在戶籍登記過程中敗露行藏。當浙江在一九五八年實施這套規定時，警方用戶口系統辨識逮捕目標，揪出一千五百多名反革命。之後幾年，戶籍登記讓許多過去隱藏的通緝犯與其他「四類分子」落網。[44]

不過即使在全面實施之後，戶口仍然面對嚴重限制。鄉村地區由於警力資源缺乏，政府不得不將戶口系統的行政工作轉交人民公社（在大躍進期間建立的政治與經濟集體制度，所有農村居民都必須加入），讓人民公社那些已經忙碌不堪的簿記人員負責。[45]更重要的是，大躍進緊接著戶口系統全面建立之後出現，損害了戶口的效益。大躍進造成的饑荒導致大批農村飢民湧進城市，許多行政區的戶口系統因警力過於單薄，無力應付湧入的災民而形同虛設。[46]接著文革登場，大批負責執行戶口的警察或被調任或遭解雇。戶籍登記檔案或遺失或被毀。在許多行政區，戶口系統已經不再運作。重建戶口的工作於一九七一年展開，但直到一九七六年文革結束，戶口系統才全面運作。[47]

群眾監控計畫

毛澤東時代的中共有三個群眾監控計畫：管制、四類分子與重點人口計畫。毛澤東政權以前蘇聯為師，厲行社會管控，實施這些群眾監控計畫使個人喪失許多公民與政治權利。[48]由於所有這些監控計畫都以限制嫌疑人活動、不讓他們對黨構成政治威脅為宗旨，這些計畫的監控目標有相當大的重疊之處。被貼上「四類分子」標籤的人可能同時也是「管制」對象，被「管制」的人可能原本也是「重點人口」。

如前文所述，「管制」是一種罪行懲罰，以限制反革命分子的活動為宗旨。「管制」計畫於一九五二年啟動，地方法院與公安局得以對那些犯行不重、不必逮捕坐監的反革命分子進行

「管制」（從一九五六年十一月起，只有地方法院可以判處個人管制）。被判處的人每遭管制一次，最高三年不得享有公民與政治權利，刑期可以延長。管制實施後，判刑事實會在公共集會場所向「群眾」公告周知。儘管名義上，負責執行管制的人是警察，實際上警察得依賴地方安全委員會的激進分子追蹤受刑人活動。在毛澤東時代的中國，管制是最正規、最有拘束力的監控計畫，因為它的流程相對清晰，而且很明確地以反革命為目標。在一九五九年以前，被管制的人口占比保持在總人口百分之零點一五以下。一九五九年過後，下調到最多不超過百分之零點一三。[49]

文化大革命期間，「管制」停止運作。江西省警方承認「管制工作陷於混亂」；在天津，負責監控管制的群體遭到解散，列管檔案被毀，「群眾監控與改造工作徹底癱瘓」。[50]後毛澤東時代重啟「管制」，但在一九九七年修訂版刑法實施後，管制成為一種懲治輕罪的方案。事實上，這時的管制已經併入重點人口計畫。

在毛澤東時代，遭到「四類分子」計畫監控的人，占所有遭監控人口的最大宗。所謂「四類分子」中的兩類為地主與富農，這是根據階級來劃分，另外兩類為反革命與壞分子，則根據政治屬性或個人行為而定。反革命又進一步分為「歷史反革命」與「現代反革命」。「歷史反革命」指曾為國民黨政權，或在中日戰爭（一九三七至一九四五年）期間為日本傀儡政權工作的人。被查禁的幫派首腦也是歷史反革命分子。「現代反革命」分子指的是那些與一九四九年以前的政權沒有瓜葛，但在中共建政以後有反革命犯行的人。最後，所謂「壞分子」是一種大雜燴：所有行為不檢，但不屬於另三類的人都是「壞分子」。誰是「反革命分子」、誰是「壞分子」並無一定標準。中共既沒有明白界定犯行與類型的法律規章，也沒有明確的審判與定罪程序。一九五七年，中共又推出一個新類型：右派分子。所謂右派分子指的主要是那年在「反右運動」中遭迫害的知識分子。儘管增加了第五類，「四類分子」的稱呼仍然普遍。一九七九年一月，「四類分子」計畫取消，「地主」與「富農」兩個標籤也為共產黨下架。但又花了五年時間，中共才將所有標籤一一下架。[51]

好幾千萬中國百姓曾在不同時間、不同地方被貼上四類分子的標籤。由於毛派政權會在政治運動期間加緊監控，在沒有政治運動、鎮壓力度較輕的時候放緩監控，被貼上這類標籤的人數也因時而異。中央政府其實不幹貼標籤的事，也不蒐集有關數據。只有地方當局在遵照政治中心下達的、往往含糊不清的命令，根據通常鬆散的規則，來行使貼標籤之實，也只有地方當局在蒐集有關這類監控活動的資料。

一九八七年《中國法律年鑑》中對四類分子的規模有最具權威性的說明。根據年鑑數據，一九四九年過後，中國有兩千多萬人被指為四類分子。[52]想估算任一指定年分中四類分子的人

表1.1 被指為「四類分子」的人數在各省人口中所占比例

省	年分	人口占比(%)
廣東	1956	1.7
陝西	1958	0.82[(a)]
	1966	0.86
	1979	0.49
天津	1973	0.54[(a)]
江西	1956	2.34
	1978	0.8
湖南	1956	1.70[(b)]
	1973	0.65
上海	1962	1.05
	1979	0.33
福建	1956	2.1
	1979	0.42
甘肅	1979	0.45
吉林	1977	0.24
浙江	1956	1.6
	1979	0.68
廣西	1979	0.60
貴州	1958	2.76[(c)]
	1960	2.36
平均	1977年以前	1.46
平均	1976年以後	0.50

(a) 只包括被「監督改造」的人。

(b) 只包括納入公社的農村四類分子。

(c) 根據1957與1961年人口數據做成的估算。

數據來源見注釋。

口比例很困難，因為死亡、新定義出現、定義的移除等等，都對指定年分的四類分子總數構成影響。我們可以根據幾個省級公安志中所載毛澤東時代與一九七〇年代結束時的相關數據（表1.1），做粗略評估：在文革以前，任一指定年分的四類分子人口比例平均為百分之一點五。甚至在黨於一九七九年決定廢止四類分子計畫以前，這項占比已經大幅下降，在一九七〇年代結束時跌落為百分之零點五左右。

根據已知數據顯示，所謂四類分子的定義隨地點不同而互異：在鄉村地區，四類分子計畫的主要對象是被貼上階級標籤的個人；在都市地區，因政治活動與個人行為而被貼上標籤的人居多。以上海為例，在一九六二年，四類分子有半數是反革命與壞分子，其餘是地主與富農。相形之下，在比較偏遠的浙江，在一九五九年，四類分子有百分之七十三是地主與富農。在貧窮的貴州省，以一九六〇年為例，地主與富農占比更高達百分之八十二，只有百分之八是反革命分子。[53]

對四類分子的監控，程度各有不同。在一九五八年建立人民公社之後，鄉村地區的四類分子又分為幾個小類，其中納入管制名單的人遭到的限制尤其繁瑣。[54]被管制人口在四類分子總人數中的占比，沒有全國性數據可供查證，但地方性數據顯示，各地情況大不相同。占比低的省分包括浙江與湖南。在一九五六年的浙江，只有百分之三的鄉村地區四類分子遭到管制監控；同一時間在湖南，只有百分之五的鄉村地區四類分子遭到管制監控。占比高的省分包括江西與福建。在一九五六年的江西，約有百分之二十的鄉村地區四類分子遭到管制監控，在福建，這項占比為百分之二十五。[55]不在管制之列的四類分子享有較大自由，但仍遭地方保安的不斷監控。在廣西，接受「監督改造」的四類分子的姓名，以及他們必須遵守的限制與規則，都會公開張貼。上海也採用類似做法，讓群眾可以幫忙監控四類分子。在一九六二年的上海，約有四分之一的四類分子接受「監督改造」。在一九五八年的貴州，遭到「監督改造」的四類分子約占四分之一。[56]

根據一般規則，每一名四類分子都得接受「監督改造隊」監控。「監督改造隊」一般由十個「好人」組成，「好人」通常指的是地方官員、地方政法與保衛委員會成員、忠黨分子。監督改造隊負責監控改造對象的體力勞動與動態，定期評估他或她的表現；四類分子必須完成監督改造隊設定的年度表現目標。每年年底，地方社群要對改造對象進行評估，經評定完成改造工作的人可以除去背負的標籤。[57]

四類分子的計畫並不精確，它的運作大體由志願人員，即群眾所操控。由於警察資源有限，潛在監控目標又因恐怖運動帶來眾多情報資料而多到不勝枚舉，北京政權不得不這麼做。結果是，由激進、忠黨分子把持一個野蠻粗糙的群眾監控計畫前後三十年，讓兩千多萬人民淪為犧牲品。被監控的人受盡屈辱，許多人失去了自由與尊嚴，在痛苦、被歧視、被壓榨的世界中苟延殘喘。

重點人口計畫

重點人口計畫鎖定對象為嚴重威脅政權安全與公安的人，規模較四類分子計畫小得多。管制與四類分子計畫形同外包給群眾，但重點人口計畫依賴戶口進行對人犯的辨識、登記與追蹤，而只有警察有權運用戶口。也因此，重點人口計畫為人員不足的公安機構帶來嚴重的行政管理挑戰。在一九五〇年代末期，計畫實施的困境已經很明顯。浙江各地公安局在報告中說，主要由於大躍進造成的破壞，以及節約措施導致警力削減，重點人口計畫列管名單有很長一段時間沒有更新。[58]在文化大革命動亂期間，重點人口計畫暫停。[59]也因此，直到一九八〇年代，這項計畫一直沒能在群眾監控中扮演有意義的角色。

一九五六年三月，公安部頒布「關於重點人口管理工作的暫行規定」，重點人口計畫隨即啟動。[60]這項計畫主要鎖定歷史反革命分子，但就官式意義而言，重點人口分為許多類型，與其他監控計畫重疊。一九六二年，公安部將「地主、富農、反革命分子、壞分子、右派、反革命和其他罪行嫌疑人，以及屬於反革命社會基礎的分子」歸類為重點人口。[61]反革命分子指已知的反革命；反革命嫌疑人指涉嫌參與反革命，但尚未罪證確鑿的人；所謂反革命社會基礎，包括反革命以及資本家、地主等人的家屬，這類職業或社會經濟地位與反革命傾向有牽連。

來自幾個地方的重點人口計畫訊息，讓我們得以窺見毛澤東時代這個計畫的規模。一九五九年，黑龍江省將相當全省人口百分之零點一六的兩萬七千三百二十五人納入重點人口計畫。這些人裡面，一百七十五人是反革命或其他罪行嫌疑人；六千三百三十二人為一般罪犯和「敵對階級分子」；另有一萬九千二百四十三人為需要調查、控管，或教育改造的人。[62]根據推斷，這最後一類人包括一般罪犯與政治異議分子。情況似乎是，在一九五九年，黑龍江以各類型潛在滋事分子為監控優先，反革命活動嫌疑人只占重點人口計畫的一小部分。黑龍江省公安廳沒有直接談到歷史反革命，或許意味這類分子已經在之前的恐怖運動中或下獄或遭處決。

根據一九五〇年代來自幾個地方的資料顯示，該項重點人口計畫僅涵蓋極少數人口。以一九五八年的重慶地區為例，僅有百分之零點零六的人口被劃為重點人口；浙江省六個農村縣的平均比例也同樣微不足道。在一九五五至一九五八年間，杭州似乎是唯一一個嚴厲推行這項計畫的地方，有百分之零點五九的人納入了重點人口計畫列管。[63]我們找不到一九六〇年代的相關數據，在地方公安志裡也沒有發現有關資料，或許這表示在毛澤東時代，極可能由於戶口系統不健全，警力不足，以及持續不斷的政治動盪，重點人口計畫主要只是一個概念，而不是一個實質監控計畫。是在後毛澤東時代，只剩半條命的重點人口計畫得以重現生機，大力反彈，成為了監控系統的支柱。

一九八〇年代打造監控系統

一九八〇年代的中國監控系統的演變，反映了兩個截然不同政治時代在這期間的發展：一是以高壓著稱的毛澤東極權時代，一是強調市場經濟發展的後天安門一黨專政新獨裁時代。也就是在這十年間，中國開始大舉打造監控系統。一方面，在文革期間受到重創的強制機構逐漸得以復甦；另一方面，財政困難仍然使監控系統難以現代化。不主張全力追殺政敵的改革派領導人，開始主導黨的日常運作。

一九八二年，黨發布「關於加強政法工作的指示」，修復監控系統的過程於焉展開。根據這項命令，中共開始加強政法機構規模，強調對特務與反革命的祕密作業。[64]如前文所述，警力擴張反映了這項重建過程。根據公安部的資料，在一九七二年七月，正規警員人數略多於三十八萬（沒有文革結束時警力規模的相關資料）。[65]到一九八六年，正規警員人數已經有六十萬，增幅百分之五十八，大部分增幅可能來自一九八〇年代初期。在一九八九年，根據公安部報告，正規警員人數為七十六萬九千人，在一九八六與一九八九年間平均年增幅為百分之九點四。[66]省級公安機構也在擴張。以湖北為例，公安廳正規人員人數從一九七九年的兩萬一千三百二十一人，增加到一九八九年的三萬三千三百七十四人，平均年增幅為百分之五點六。[67]

這波監控系統的加強同時也是體制化與專業化的結果。毫無疑問，一九八〇年代最重要的體制化發展，是全國人民代表大會於一九八五年九月推出的「居民身分證條例」。居民身分證的頒發與逐步升級，終於大大助長了國家監控能力。

另一項重要的體制化發展是一九八〇年一月建立「中央政法委員會」。早自一九五〇年代起，一直負責國內安全的彭真擔任中央政法委主席，政法委成員包括公安部長，其他執法與司法機構首長。中央政法委在成立之初，任務主要為政策研究與制定。[68]這個新機構由於編制人員很少，地方政法委人力也不足，協調國內安全的能力有限。[69]

中央政法委最具實質性的作用，就是召開全國性會議（儘管不能定期召開），訂定國內安全議程。第一次全國性會議於一九八二年七月召開。一九八三年，中央政法委奉命主持鄧小平的「嚴打」反犯罪運動，同年四月又召開另一關鍵性會議。與會者建議成立新「國家安全部」，以及提升科技、現代化國內安全機構等改革方案。黨領導人很快通過了所有這些建議。[70]

國家安全部的成立宗旨，在於更有效地完成反間與國內監控作業之間的分工。一九八四年六月，黨領導人批准公安部與國家安全部提出、名為「關於加強國家安全部和公安部合作的意見」的聯合建議。這篇未經發布的文件可能說明了這兩個部門的作業權責。[71]此外，公安部還發布一連幾項有關監控的新規定，包括一九七八年的「關於舉報運用的暫行規定」，「關於刑事調查的作業規定」（一九七八年），「關於情報蒐集的一點意見」（一九七九年），「加強城市警察局基本面工作」等文件，以及「重點分子管理規則的兩次修訂」（一九八〇與一九八五年）等。在作業層面上，公安部重建、擴大了重點分子監控計畫。在一九八四年十二月的一篇報告中，公安部達成結論說，在過去幾年，警方「加強了祕密力量的構築」，所謂祕密力量泛指一切特務舉報，「地方保安團體與群眾組織」也加入安全與犯罪防治工作。[72]

在一九八〇年代大部分時期，公安部都在黨強硬派牢牢掌控之下。[73]公安部不斷加強監控能力與對付政治威脅的作業，並定期集會討論政治安全，不斷強調構築情報跟監能力的重要性，對宗教團體進行鎮壓，反覆要求提高警覺，既要打擊內部反革命和「顛覆」分子，又要對抗外來敵對勢力。[74]

儘管有所加強，關鍵安全機構也不斷要求改善，由於資源嚴重短缺，共產黨投入科技與人力的能力有限，整體監控系統的運作仍然捉襟見肘。從一九七九到一九八九年間，政府總營收年均成長百分之八點三，不到一九九〇與二〇一二年間百分之十八年均成長的一半。[75]

就政治面而言，胡耀邦與趙紫陽等改革派領導人的相繼出現，使中共為維護中國走上「改革開放」之路的形象，不讓公檢系統肆意採用激進監控做法。除了胡耀邦與趙紫陽之外，其他高級黨官也不贊同賦予公檢系統過多權力。這些在一九八〇年代主持中央政法委的官員，例如彭真、彭沖、陳丕顯等，雖不是自由派，但都在文革期間受盡屈辱折磨，顯然都不願見到毛澤東時代的極權恐怖重演。

之後公檢系統獲得明確政治支持，但主要任務不再是監控政治威脅，而是鄧小平在一九八三年所展開的打擊犯罪運動，這場運動導致大量的逮捕、監禁、處決。[76]當這場運動於一九八七年一月結束時，已有一百七十七萬人被捕，其中大多數人判處入獄，被處決的確切人數則不詳；不過大多數學者認為，當局既然可以肆意濫捕，自然也可以肆意處決。[77]鄧小平的打擊犯罪，除了迫使當局把稀有警力投入彷彿重返毛時代的恐怖運動以外，還造就大量新目標，讓監控系統的負擔更加沉重。由於從獄中獲釋的人自動列入重點人口計畫名單，警方負責監控的對象突然暴增，其中有些人或許確有犯行，但被視為反革命、或對政權構成威脅的人少之又少。[78]

回顧起來，我們或許可以在這裡找到一個解釋，說明中共的監控系統何以未能防阻一九八〇年代的民主運動。在整個一九八〇年代，倡導民主的知識分子與大學生享有前所未有的書寫、出版和集會結社的自由，主張政治改革的浪潮也因此愈加洶湧。[79]大學校園成了自由主義的溫床，一九八六與一九八九年都出現大規模由學生領導的民主運動。標榜公開討論政治敏感議題的「文化熱潮」在一九八八年成形。如果說當年的監控系統沒有大舉採取行動，沒有全力鎮壓這些對北京政權構成威脅的勢力，原因可能是主張開放的改革派與拿不定主意的保守派不願授權採取強勢鎮壓，此外，鄧小平過於熱衷打擊犯罪，也讓監控系統疲於奔命。

後天安門時代的監控系統

在共產黨一九八九年六月出動軍隊、戰車，鎮壓天安門民主運動之後，北京下定決心不讓類似危及其統治的威脅再次發生。

共產黨維持社會治安的能力也面對新考驗。自一九九〇年代初期起，隨著經濟起飛，城市出現更多發展機會，再加上政府放寬國內遷徙管制，中國出現鄉村人口大量湧入城市的浪潮，讓戶口管控工作非常困難。國營機構在過去一直能有效監控員工行為，但經濟改革造成勞動力流動性大增，也使城市居民不再像過去那樣守著他們的國企老闆。[80]此外，由於財富增加，接觸資訊、公開演說的限制逐漸減少，中國社會拜新通訊科技之賜，面對外面世界的大門得以更為敞開。儘管民主運動遭到壓縮，公民空間仍因其他手段而擴大，為政治抵抗與社會騷亂創造更多有利條件。[81]一九九〇年代後半，有關土地權、工資與汙染的爭議不斷增加，對迷信穩定的中共政權形成考驗。[82]

後天安門時代的社會經濟變局確實為監控系統帶來前所未見的挑戰。毛左時代的監控目標基本上是階級敵人，由於具有特定政治屬性與社會經濟地位，辨識這類型敵人較為簡單，剝奪他們的民權就能簡化、便利監控作業。此外，當局還對市場經濟活動、遷徙移動與資訊取得設限，這類限制在整個一九八〇年代一直持續，雖說實施力度比毛左時代略遜一籌，但它說明了一件事：就算只是一個粗糙的監控結構，也能大體上滿足黨的社會管控需求。但在後天安門時代，中國經濟起飛造成新的社會與政治衝突來源，對監控系統的需求爆增，黨領導人也因此大舉投資更精密的強制機制。

就這樣，在天安門事件過後數十年間，北京不斷投入資源，一面現代化、強化它對政治威脅的監控，一面維穩。過去使用的管控老招經過修整、翻新而重新啟用；強硬派奉命執掌安全機構，政權的生存成為這個一黨專政獨裁體的最高優先。

政權的優先與解決辦法

一九九〇年四月，緊接在天安門鎮壓事件過後，中共中央發布了一項關於「維護社會穩定加強政法工作」的通知。[83]這項里程碑式的文件下令，政府要將維穩做為首要任務。黨中央嚴令地方黨委，要它們將政法工作（這是共產黨術語，意即國內安全任務）置於最高優先，並在人員、經費與政治地位等方面，為地方提供必要支援。一九九一年十月頒布的黨中央關於「加強公安工作的決定」，是又一份關鍵文件。根據一項走漏出來、有關這份祕密文件的摘要，黨保證要投入龐大資源建立監控能力。[84]

十一月，公安部召開第十八次全國公安會議，這也是一九七七年十二月以來舉行的第一次全國公安會議。[85]沒隔多久，公安部展開幾項行動，包括加強重點分子計畫的管理，加強大學校園安全和祕密作業等，以提升對潛在政治威脅的監控。一九九二年，公安部加緊「政治安全保衛」，鎖定地下天主教團體與其他所謂「邪教」，以防「滲透」與「和平演變」（所謂和平演變就是指西方國家透過教育、文化和商業交流手段對中共施壓）。直到二十世紀結束，公安部這類作業都沒有放鬆。一九九七年七月，它加強線上監控，十月，它開始嚴控進入中國社會科學研究機構的外資。[86]

一九九一年二月，黨領導班子與國務院（基本上就是中共的內閣）發布了「中共中央與國務院關於加強社會治安綜合治理的決定」，為保衛政權安全與社會穩定奠定了一套全面戰略（一項後續命令於二〇〇一年九月發布）。[87]這套戰略的關鍵要件包括：全面最佳化公安機構能力；加強地方保安；動員草根保安組織；嚴格問責，以確保地方官員落實維穩措施；在黨領導下加緊跨機構協調；鎮壓、預防、教育，和例行執法同等重要；以及對社會衝突的解決和抑制等。

二〇〇〇年代初期，中共採取更多步驟加強監控力。這一波監控升級行動，與強硬派分子羅幹晉升中央政法委書記，與黨官周永康出任公安部長同時出現。周永康在二〇〇七年繼羅幹之後出掌中央政法委。從一九九八到二〇一二年間，中央政法委就在這兩人領導下大力進行監控現代化。[88]與一九九〇年代初期採取的措施相比，二〇〇〇年代初期這一波行動更有系統、更有雄心得多，二〇〇三年指標性文件「中央關於進一步加強和改進公安工作的決定」反映了這個事實。[89]

這份文件明白指出以下必須對抗的威脅：境外和內部敵對勢力的「滲透」，種族分離分子，宗教極端分子和恐怖分子團體的破壞活動，法輪功和其他「邪教」的非法活動，群眾事件，以及可能搞組織、危害國家安全和社會安定的個人。黨誓言投入巨大資源，加強公安機構基層作業，擴大警力規模，增加警員薪酬福利，做到「科技強警」。文件最後還下令地方黨委，必須將地方警察首長納入黨委常委，並讓他們同時兼任副省長或副市長，提升他們的政治地位，以確保黨在國內安全的領導。[90]

投資與體制化

拜持續經濟成長之賜，在後天安門時代，黨能將巨大資源投入監控系統。[91]中國在一九九一年的國家稅收為三千一百四十九億元人民幣；到二〇二〇年，這個數字高達十八萬兩千九百一十億元人民幣，足足增加了十二倍。[92]表1.2顯示了國內安全開支的對應增長。[93]就名義而言，國內安全開支（不包括人民武警的開支），在一九九一與二〇二〇年間增加了二十四倍，經通膨調整，增幅為大約百分之一千九百。[94]

這些開支主要花在公安事務上，促成警察隊伍的迅速擴張。[95]在一九八九年，

表1.2　警察、檢察院與法院開支（1991–2020年）

年分	金額（10億元人民幣）	公共開支總額占比[a]
1991	10	4.1
1995	30.5	6.19
2002	110	4.99
2004	154.8	5.43
2007	334	6.91
2011	522	4.78
2014[b]	702	4.62
2017[b]	10,467	5.15
2020[b]	11,645	4.74

(a) 指中央、省，與地方政府總開支。
(b) 這些年分的開支為估計數字。
數據來源見注釋。

中國公安機構成員有七十六萬九千人；到二〇一〇年，這個數字躍升到至少兩百萬。[96]來自陝西、湖北與浙江省的數據顯示，與一九八〇年代初期到晚期相比，後天安門時代警力成長步伐快了許多。湖北省公安廳編制人員人數從一九八九年的三萬三千三百七十四人增加到一九九九年的五萬八千八百七十四人。[97]浙江省在一九九〇與二〇〇三年間九次增加警隊規模，添加七千八百四十個職位，相當於它在一九八五年規模的百分之四十。[98]貴州在一九九一與二〇〇〇年間增加了一萬零六百七十四名警察。[99]

地方數據顯示，負責國內監控的單位在二〇〇〇與二〇〇一年間也擴充了。在二〇〇〇年，中央政府授權湖北省，增加四百四十個專職「國內安全基本工作和彈性應變單位」的警察職位。在二〇〇一年，中央政府讓湖北在它的國內安全單位額外添加九十個職位，以打擊「邪教」。[100]浙江省也於二〇〇一年獲得授權，為它的國內安全單位額外添加了五百四十個職位。雖說我們只能從幾個省分取得相關數據，但這一波國內安全警察單位的招兵買馬很可能是全國性的，增加的人數可能超過一萬人。[101]

在擴大公安機構人力的同時，中共也將它的科技監控能力升級。一九九一年十一月，公安部召開一次討論執法科技現代化的全國性會議，宣布中央將在科技現代化計畫中納入「公安科技需求」。[102]翌年八月，公安部開始建立一個「全國性犯罪信息數據中心」，踏出資訊系統數位化第一步。在公安部一九九八年五月發表「關於加強公安科技工作的決定」之後不久，黨正式批准「金盾」計畫，這是一項資訊現代化工程，所謂「防火長城」就是工程的一個項目。[103]二〇〇四年，公安部啟動名為「天網」（Skynet）的高科技影像和感應裝置監測項目。十一年後，中央政法委於二〇一五年推出「雪亮」（Sharp Eyes），這是大舉擴張「天網」的又一個影像監控計畫。

同時，黨也對監控體制進行改造，不斷加強中央政法委與它在地方的分支。這類強化工作透過許多形式進行。其中一個形式是提升公安機構政治地位，以表明當局對監控的重視。例如，為提升地方政法委的政治地位，黨中央下令，地方政法委負責人必須同時也是地方黨委常委或副書記。中央政法委同時成立「中央社會治安綜合治理委員會」。這是一個空殼委員會；沒有工作人員也沒有任務。但根據中國政治傳統，它的存在見證了中央政法工作的重要性。更具實質意義的是，地方政法委獲得任命、晉升執法官員的授權。中央政法委與地方政法委，經過這番強化、改造，有了為國內安全工作提供「宏觀指導」與協調的更大權限。[104]從一九九〇年起，中央政法委每年舉行全國政法工作會議，它在地方的分支也如法炮製。在一九八〇年代，中央政法委雖說也曾不定期、不經常地舉行這類會議，但自一九九〇年起，中央政法委與地方政法委每年集會，無一例外。

除加強中央政法委與地方政法委之外，黨還成立更多特別辦公室，協調特定政治威脅的因應措施。其中包括二〇〇〇年代中期成立，專責處理罷工、抗議與暴動等社會衝突問題的「維穩辦公室」。屬於中央政法委與地方政法委正式編制的維穩辦公室，擁有全職工作人員與屬於自己的舉報關係網。[105]為鎮壓法輪功與其他精神組織，黨成立專責打擊「邪教」、通稱「六一〇辦公室」的領導小組，同樣也在中央政法委與地方政法委編制下（六一〇辦公室於二〇一八年廢止）。一九九八年八月，公安部與其地方對口機構成立特種警察單位「公共信息網路安全局」，監控網際網路、打擊網路犯罪，這是中共又一項為因應新威脅而採取的行動。

習近平時代

當習近平於二〇一二年年底掌權時，中共已經擁有全面現代化的監控系統。不過，儘管極權專制做法在習近平治下再次猖獗，監控系統在這段時間的發展卻出現矛盾走勢。一方面，習近平繼續進行監控科技升級，特別是加強網路監控。他在二〇一四年成立「國家網際網路信息辦公室」，協調網際網路管控；二〇一八年，「網際網路信息辦公室」升級為中央的一個委員會，權限更廣。[106]為進一步強化監控，習近平當局在二〇一六年通過《網路安全法》，於二〇二一年通過《數據安全法》。如前文所述，在習近平治下，高科技「雪亮」計畫於二〇一五年推出，「天網」也進行了升級。「網格化管理系統」的全面實施，與「社會信用系統」的推出，習近平功不可沒。社會信用系統是一種由數據驅動的系統，當局可以憑藉這種系統追蹤個人行為型態，甚至政治忠誠度。[107]

另一方面，隨著經濟成長在二〇一二年後放緩，習近平政府面對嚴峻的財務緊縮問題。二〇〇三與二〇一二年間，年均百分之二十的國家營收成長，在二〇一三與二〇二〇年間只剩下百分之五。[108]國內安全開支增幅因此放緩。在二〇一三與二〇二〇年間，國內安全開支年均名義增幅為百分之十二，而在二〇〇三與二〇一二年間，這項開支的年均增幅高達驚人的百分之三十五。[109]

習近平還將矛頭指向國內安全結構組成分子，以確保其政治忠誠。他在上台後不久就整肅了前中央政法委頭子周永康（二〇〇七至二〇一二年間擔任中央政法委書記）。中央政法委的政治地位也遭到降格：中央政法委書記仍可以是政治局成員，但不能是政治局常委。二〇一四年，黨成立「中央國家安全委員會」，由習近平擔任主席，中央政法委的正式權威似乎因此進一步削減。[110]從二〇一八年起，習近平發動了一項為期三年的運動，整肅國內安全機構，逮捕、懲罰了數以萬計警務人員，包括四名前公安部副部長，許多省公安廳長、省與地方政法委書記，以及大批地方警察首長、檢察官與高級法官。[111]本書後文會詳述這項運動，說明這一切改變並不損及國內安全的重要性。這其實是習近平為解決監控系統難題而祭出的手段：他用整肅造成公安系統人事空缺，然後用自己的親信填補這些空缺。

新冠疫情期間的監控系統

當COVID-19新冠疫情二〇一九年十二月於武漢展開後，中共全面動員了監控系統。疫情爆發後，中共當局立即部署監控力量，執行目的在於消滅病毒的所謂「清零」政策。中共的監控系統儘管設計之初並非一種公共衛生工具，但它擁有追蹤百姓動向與活動的科技與組織手段，能用來找出病患，並將病患隔離。[112]

在科技方面，黨幾乎完全依賴以智慧手機為基礎的工具，例如程式與GPS衛星定位，以追蹤個人健康狀況、社會接觸與動態。[113]政府還與「阿里巴巴」、「騰訊」等民營科技公司，以及「中國移動」、「中國聯通」等國營電信公司合作，研發、實施一種「健康碼」與一種「行程碼」。

理論上來說，健康碼依靠使用者輸入與大數據分析，對個人健康狀況進行評估。健康碼分為紅、黃、綠三種顏色，有綠色健康碼的使用者才可以自由出行，進出商店、餐館、學校、醫院等公共場所。紅色或黃色（紅色指高風險與已經確診的患者，黃色指風險較低者）健康碼的使用者，則必須居家隔離。健康碼系統的基礎，是阿里巴巴為了追蹤員工健康狀況、關閉社會接觸，而於二〇二〇年二月部署的一個智慧手機程式。阿里巴巴總部所在地杭州的市政府立即採用了這個程式。沒隔多久，所有各省政府都與科技公司（主要是阿里巴巴與騰訊）合作，推出自己的健康碼；全國統一的健康碼一直沒有出現。啟動健康碼的程式與「微信」、「支付寶」相連。「微信」是騰訊研發的一個程式，在中國有超過十億使用者，「支付寶」是阿里巴巴研發的一種數位錢包，在全國各地廣為使用。微信與支付寶使用者必須輸入他們的個人資訊，包括身分證號碼、年齡、性別、住址，以及健康相關訊息（疫苗注射狀況與新冠檢測結果）。使用者的旅遊史也在追蹤之列，微信與支付寶程式因此可以知道使用者是否曾與患者有過近距離接觸。

健康碼究竟如何運作，從來無從得知。這些程式背後的算法仍然不透明，此外，也沒有所謂國家標準。許多新聞報導說，地方當局利用健康碼為工具，限制抗議者與異議人士的行動。根據這類新聞報導，地方當局顯然用健康碼進行與追蹤病毒散播無關的活動。[114]在中共當局二〇二二年十二月突然宣布放棄新冠肺炎的「清零政策」前，健康碼嚴重限制了百姓日常生活，就連沒有感染新冠肺炎的人也無法倖免。即使持綠色健康碼的人，由於擔心不期之遇可能使自己的綠碼轉黃、甚至變紅，也只能每天提心吊膽，難以正常生活。

除了健康碼以外，中共還推出一種可以追蹤個人旅遊史的「行程碼」。這種程式根據三家國營電信公司提供的定位數據，可以將一個人過去兩週去過的地方列表。當局可以根據這張表判定這個人是否去過疫情爆發地區，或是否在公共運輸工具上與染疫的旅客接觸。二〇二二年十二月十一日，在爆發激烈抗議、迫使政府放棄清零政策之後，政府廢棄了行程碼，還說已經刪除所有相關數據。

儘管健康碼與行程碼似乎果能發揮官方公開宣稱的、保護公共衛生的作用，它們也使黨在全國性監控的科技應用上取得重大進展。中國史上第一次，政府能使用先進科技判定百姓健康狀況與旅遊史，從而限制百姓移動的自由。對於今後國家監控能力的提升，新冠肺炎疫情期間蒐集的巨量健康與行動數據或許也是一項珍貴資源。

沒錯，健康碼確實擁有做為雙重用途工具的潛能，二〇二二年十一月，中國政府宣布要在三年內打造一個全國統一的公衛平台，蒐集全國民眾的數位化健康紀錄。[115] 一旦完成，這個平台可以為當局提供如健康碼等識別注記，進一步加強政府監控人民的能力。

不過，將新冠肺炎清零措施視為純科技行動是一項錯誤。為有效執行新冠肺炎清零措施，中共還動用一種勞力密集的工具：網格管理。如前文所述，網格管理源自保甲，北京在二〇〇三年採取這種做法以防堵犯罪，改善都市設施運作，但它逐步演變成一種強有力的國家監控工具。[116]這個系統將社區劃分為若干網格，每一網格一般有大約三百戶住家。每一網格派有一名網格員，網格員可能是地方街道居委會或村委的兼職或全職員工，職司協助執法，提供有關基礎設施問題、與交通違規等小事件的即時報告。比較富裕社區的當局會為網格提供先進科技，例如有關公共設施的專用程式與數位化訊息等。早在疫情爆發以前，當局已經運用網格管理監控鎖定的個人目標。

由於網格管理系統能幫助健康碼與行程碼維護清零，新冠疫情帶來第一個用網格管理在全國各地執行中央政府政策的機會。在疫情剛爆發的二〇二〇年二月初，習近平在一次政治局常委會上指示黨「加強社區網格管理」以防堵湖北疫情擴大。[117]這項指示有道理，因為疫苗注射、群眾檢測、消毒、健康碼驗證、居家隔離執行以及大型設施（如旅館與公寓樓）的封鎖，都需要在社區進行勞動密集的作業。網格管理系統為這類作業提供了現成結構。

根據習近平這項指示，湖北等省地方政府開始依賴網格管理系統報告疫情狀況，清點來自疫區的旅者，提供基本服務（例如為遭到封鎖的家庭運送日用必需物資）、派人在公寓樓駐點、通報官方宣布等。網格員透過微信向網格內住戶傳遞訊息、進行消毒、檢驗健康碼、協助集體新冠肺炎檢測、宣導疫苗注射。[118]

網格員在疫情期間擔負的各式各樣職責，對網格管理系統的作業能力是一次考驗。經過這次考驗，這項社會管控機制似乎有了大幅改善。就最低程度來說，獲得執行公衛措施授權的網格員，很可能有了新技巧，還能取得有關一般百姓的、前所未有的巨量個資。當局也很可能因此取得如何在緊急狀況下、長期運作這項系統的寶貴知識。

中共在毛澤東統治期間，建立了監控系統的體制與組織基礎：一個中央化的公安機關，一個情治網，志願保安組織，集體監控計畫與戶口登記系統。就這樣，中共用建政後二十五年時間打造了牢靠的監控架構。做為這本書討論焦點的後毛澤東時代監控系統，就構築在這個架構之上。為彌補物質資源欠缺的劣勢，毛澤東政權的殘酷與組織能力發揮得淋漓盡致。共產黨利用民眾支持與黨員狂熱，用微乎其微的成本建造了一個龐大、勞力密集的監控組織。毛澤東政權曾經大舉運用「群眾路線」（用普通百姓進行例行性、低層次保安任務），習近平也倡導這種監控方法，直到今天，群眾路線仍是中共監控系統的關鍵工具。[119]

畢竟，毛澤東時代建立的監控系統有嚴重弱點。由於欠缺資源，又無力發展較精密的指揮協調建制、無力取得先進科技，它的成效相當有限。最後，毛澤東政權淪為它本身最大的敵人。極端意識形態導致「大躍進」與「文化大革命」，打斷、重創了原本用來保衛這個政權的監控系統。

後天安門時代的中共監控系統故事與過去天差地遠。共產黨以毛澤東獨裁政權的建制為基礎，透過投資與體制化手段，大幅提升了監控系統。政情相對穩定，再加上以安全與社會穩定為優先的決策，監控系統取得新的作業能力與戰術精密度。一九九〇年代與之後採用的先進監控科技，為分布式監控增添了新維度，讓黨可以更有效地遂行監控數位通訊、特定個人動態等工作。今天中共的監控系統所以如此強大非凡，不僅靠的是它的人力資源與列寧式階級結構，還仰仗充裕的資金與先進科技。

第二章

指揮、管控與協調

所有獨裁政權在執行有效監控的過程中都得面對兩大挑戰。其中的政治挑戰，就在於處理「強制困境」：如何讓掌控鎮壓機關的官員（特別是祕密警察）對主子忠心耿耿。野心勃勃、心懷不軌的人一旦掌控鎮壓機關，有可能跟監他們的主子，與主子的對手串通。[1]第二項是作業挑戰：如何確保政權的安全議程全面落實。獨裁政權能不能應付這兩大挑戰，取決於它們的體制安排與組織能力。

為解決強制困境，個人獨裁政權統治者一般都會依賴親信掌控祕密警察。舉例說，伊朗「國家情報與安全組織」的頭子內馬圖拉・納西里（Nematollah Nassiri），就是伊朗沙王的密友。伊拉克獨裁者海珊雇用他的第二個堂弟指揮情報部門，而且就像海珊本人，海珊獨裁政權中的許多官員都來自提克里特（Tikrit）地區。[2]同時，在許多軍事執政團中，主事的將領一般都會任命自己的親信領導祕密警察，智利就是這樣的例子。[3]一黨專政政權則通常會指派一名資深黨官主持祕密警察。在前蘇聯與其附庸國中，祕密警察首長通常由一名政治局委員兼任。以東德為例，執政黨成立一個名為「中央委員會安全問題部」的特別黨組，負責監督「史塔西」的工作。[4]

如何確保強制機構的政策執行與作業協調有效，或許比如何因應強制困境更艱難。官僚議程與強制組織的利益，往往與統治者的利益不同。[5]強制組織未必能趕緊處理統治者視為最高優先的要務。官僚機構中的敵對派系可能阻礙情報共享與合作。由於分屬不同的指揮鏈，地方當局與全國性官僚之間很難合作。[6]

幾乎沒有獨裁政權能夠建立定期例會或專門組織等體制化的機制，以落實統治者的安全議程，協調強制機構之間的活動。政治顯然就是一個解釋。想達成適當程度的協調，起碼得有一個政治權勢夠大、能將政治權威具體化的組織。面對這個負責督導的實體，安全架構內其他機關（每個機關個別部門的領導人都極力保衛自身權威與自主）就算不抗拒，也很可能厭惡不已。另一個實際的解釋是成本。除了政治權勢必須夠大以外，這個特種官僚機構必須將作業觸角深入國境每一個層面，以提供有效協調。因此需要大量人力與設施，除非握有豐富財務資源，一般獨裁政權無法負擔這樣的開支。就連東德「中央委員會安全問題部」也沒有地方黨支部。

在毛左時代的中國，也為這類政策落實與協調的挑戰而掙扎不已。當年的中共，儘管能夠建立「分布式監控」的基本體制架構，但礙於資源貧乏，始終無力建造及維護一種大型強制組織，想建立成本龐大的特種官署以進行協調，就更加不可能了。除了全國公安會議以外，毛左政權不具備能夠協調鎮壓與監控工作的體制化機制。

在一九八〇年代，中共沒能大幅改善它的協調能力。新設的中央政法委與其地方分支，專屬工作人員既少，所獲授權也有限。直到一九八九年以後，黨在確保監控系統政治忠誠與作業效率的過程上才取得成功。在這段期間，黨最重要的體制創新就是加強中央政法委，成立人力充沛的地方政法委，由中央政法委與地方政法委監督、協調強制組織與黨、政其他機構的活動。

本章首先要檢驗的，是今天中共用來協調強制作業的各種機制。這些機制包羅萬象，讓人目不暇給。之後我要討論負責監督、組織其他機構的關鍵官僚：中央政法委。

委員會、領導小組與會議

像所有其他共產國家一樣，中共的國內安全政策制訂也是黨中央最高層的專利。目前以習近平為首，由七名最高領導人組成的政治局常委會，首先批准重大國內安全計畫，然後下令黨、政官僚實施。提出政策案的人可能是政治局常委本人，或是公安部，或是中央政法委主事官僚。

透過各式各樣的會議、工作會、委員會與小組，黨本身也發揮重要的協調功能。就全國層面而言，能發揮這類功能的組織包括中央委員會與「領導小組」。這類組織的成員包括黨中央各部會首腦，國務院各部會與司法、軍隊等其他實體首長。中央委員會與領導小組成員不常集會，在政策決定與協調過程中可能扮演一種大概屬於形式上的角色。中央委員會與領導小組的例行性、更具實質性的功能，由人員配備齊全的辦公室負責，主持這些辦公室的，一般都是相關政策領域專責部會的副部長。為避免工作與資源重疊，中共通常採取所謂「兩個組織銜、同一班工作人員」的做法，在既有官僚機構內成立委員會。

中央專門委員會

中央專門委員會負責提出政策建議，並督導與協調政策執行，成員包括具有相關政策領域職責或專業的、關鍵黨中央部會與政府部會首長。自習近平二〇一二年底當上黨總書記以來，這類委員會的數目已經增加。在習近平治下成立的、最值得注意的中央委員會有「國家安全委員會」、「網路安全和信息化委員會」、「外事工作委員會」，以及「中央軍民融合發展委員會」。[7]這些委員會不經常集會，其日常作業由一個附屬在各委員會的特別辦公室進行。這些辦公室各有自己的高階領導。國家安全委員會辦公室主任由習近平的幕僚長兼任，凸顯其特殊地位。

近年來，雖說也有網路安全和信息化委員會的專業介入，國內安全政策一直是中央政法委的地盤。一九九一與二〇一八年間，中央政法委內部根據「兩塊牌子、同一班工作人員」模式，成立又一個中央委員會：「中央社會治安綜合治理委員會」，簡稱「中央綜治委」，主要介入國內安全政策領域。中央政法委主任一般兼任中央綜治委主任。[8]沒有建立新的官僚機構，中央政法委與中央綜治委基本上是同一組織。國家層級以下的省、市與縣級，也採用同樣模式。名義上，它們各有屬於自己的綜合治理委員會，但這些委員會都隸屬政法委，與政法委共用同一組工作人員。

也因此，如果中央綜治委在名義上相當於國家統治結構中的中央政法委，中央政法委與地方政法委仍是行動中心，直到今天仍像過去一樣，繼續督導、執行國內安全政策，協調監控系統的作業。值得注意的是，其他的中央委員會一般依賴附屬辦公室，中央政法委則不一樣，它擁有完整編制的工作人員。就這一點來說，中央政法委與中國共產黨最高階的部會類似。

領導小組

領導小組沒有中央委員會正式，威望也稍遜一籌。為了策劃國策與確保國策執行而設的領導小組，可以視為一種高層特遣隊。[9]像委員會成員一樣，領導小組成員也是關鍵黨中央部會與政府部會首長。領導小組不定期集會，負責其例行運作的，是擁有特定政策領域管轄權的部會的全職人員。領導小組可以有幾個專業領域，其中包括安全領域。在二〇一八年三月廢止以前，「中央防範和處理邪教問題領導小組」與「中央維護穩定領導小組」，負責擬定政策以鎮壓違禁精神團體與社會動亂，並確保相關政策能在全國實施。[10]

中央防範和處理邪教問題領導小組成立於一九九九年六月十日，當時用的是另一個名目。它的行動權責隸屬前文提到的一個特別辦公室，即「六一〇辦公室」。該辦公室坐落在中央政法委內，由一名公安部副部長主持。[11]在次國級層面，六一〇辦公室設在地方政法委內。六一〇辦公室的權責在二〇一八年由中央政法委與公安部瓜分，在這以前，它在黨鎮壓法輪功等違禁精神團體的行動中扮演關鍵角色。[12]

中央維護穩定領導小組成立於二〇〇〇年，從它的領導班子就能看出它的重要性：它的組長為中央政法委書記。中央維護穩定領導小組辦公室，簡稱「維穩辦」，設於公安部內，負責人為公安部常務副部長。[13]除了進行一些社會動亂原因的研究以外，官方媒體極少透露有關這個辦公室的運作細節。舉例說，公開報導顯示，在二〇一四年，維穩辦派遣代表團到山東省一個國營鋼鐵廠，研究減少「多餘產能」（就是關閉工廠）可能對社會安定造成的影響。我們還知道，維穩辦副主任曾在二〇〇九與二〇一五年，領導兩個代表團前往江西與山東進行研究。[14]根據已知領導小組在決策與協調工作中所扮演的典型角色判斷，中央維穩領導小組可能為政治局常委研擬了國內監控建議。

協調小組

協調小組是中國保安架構的又一基礎性體制形式。顧名思義，這類小組不參與決策；在政治局常委這類機構做出決策後，協調小組負責為這些決策的執行進行協調。投入國內安全的協調小組有三個，一個負責一般性協調，另兩個分別聚焦於西藏與新疆的協調工作。

西藏與新疆的協調小組，由政治局負責少數民族事務的常委主持。由最高層領導班子「七常委」親自主持的事實，說明這兩個協調小組的重要性。這兩個協調小組各有人員配備齊全的辦公室。根據一份報告顯示，新疆工作協調小組辦公室於二〇〇〇年在中央政法委內部成立，但於二〇一三年轉移到「國家民族事務委員會」。根據最近的一份報告，在二〇一九年，這個辦公室的負責人是中央「統戰部」的一名副部長，任務是爭取著名宗教人物、華僑、少數族裔等，黨認為具有戰略重要性的盟友和社會精英的支持。[15] 雖說新疆小組的工作完全聚焦於新疆省與新疆的維吾爾人（Uighur），西藏小組的工作範圍除了西藏以外，還包括四川、青海、甘肅與雲南等四個擁有大批藏人居民的省分，主持新疆協調小組的那名政治局常委，同時也主持西藏協調小組。新疆協調小組的副手由新疆黨委書記兼任，而西藏協調小組的副手則由統戰部部長兼任。西藏協調小組的官僚架構不詳，但很可能也在體制上隸屬於國家民族事務委員會。[16]

負責一般性國內安全協調的小組名為「平安中國建設協調小組」。這個小組的前身顯然是中央社會治安綜合治理委員會。平安中國建設協調小組成立於二〇二〇年，以中央政法委祕書長為首；中央政法委的其他成員出席了「平安中國」小組第一次會議，顯示他們也是小組成員。儘管就技術面而言，平安中國小組的角色是協調跨部會的國內安全政策實施，但這個小組極可能同時也參與政策建議。畢竟，小組領導人中不乏國家級政壇高官的中央政法委成員。[17]平安中國小組有四個專項組：「社會治安專項組」，由公安部副部長擔任組長；「公共安全專項組」，由一名應急管理部副部長擔任組長；「市域社會治理專項組」，由中央政法委一名副祕書長主持；「政治安全專項組」，由另一名中央政法委副祕書長主持。[18]「政治安全專項組」的主要任務可能就是協調監控與政治鎮壓。

大型會議與工作會議

在例行工作會議與大型會議中，來自中央與次國級政府部門的官員聚在一起，推動強制組織。這類會議的一個關鍵性功能，就是將最高領導層的安全議程傳達予省級與地方級。這類會議中最重要、最有聲望的首推「全國公安會議」。中共自一九四九年以來召開過二十一次全國公安會議，其中後毛澤東時代只開了五次，或許這是因為每年舉行的中央政法委工作會已經大體上取代了全國公安會議。在寫到這裡時，最近一次全國公安會議的舉行日期為二〇一九年五月。根據慣例，黨中央會在這類會議舉行以前發布文件，提出新的中程國內安全議程。舉例說，就在第二十次全國公安會議舉行前，黨中央於二〇〇三年十一月十八日發表「關於進一步加強和改進公安工作的決定」。[19]黨與國務院最高領導人的出席，顯示這些會議的地位與重要性。在後天安門時代，所有最高領導人（二〇〇三年胡錦濤例外）都曾親自接見與會代表。[20]

召開全國公安會議的目的，在於動員強制組織（主要是公安部），落實政權的中程國內安全議程，透過中央政法委的「政法工作會議」，將年度國內安全優先要務周知全國。在全國層面上，這類會議在每年的年底或年初召開。全國會議結束後，隨即召開省級會議，然後是市與縣級會議。

公安部也會舉行自己的會議，以落實年度政法工作會議訂定的議程。在全國層面上，每年年初在中央政法委工作會議結束後所舉行的公安部年會，稱為「全國公安局長會議」。在次國級層面上，省級政法工作會議在全國會議結束後立即舉行，市級政法工作會議在省級會議結束後立即舉行。

這種由上而下的官僚動員與政策實踐機制，是列寧式一黨專政國家的經典特性。但即使是架構嚴密的官僚系統，也未必能保證地方政府與安全機構一定能忠實、有效地，執行黨最高領導層的命令。領導小組與特別辦公室沒有對口的地方性機構，而工作會議的會期不過幾天，除了資訊共享與短程的官僚動員以外，也做不了什麼事。

中央政法委員會

中共透過反覆試驗，找出協調強制組織、維護其政治忠誠的辦法。如前文所述，黨在一九五〇年代末期的政法工作領導小組只扮演一個小角色。在一九八〇年代，黨建立中央政法委員會，將這個小組的地位提升為委員會。但在成立之初，中央政法委在地方上的組織力很弱。[21]就國內安全政策制訂與實踐而言，它的活躍程度遠遠不及一九八九年後的中央政法委。

後天安門的投資，為中央政法委與它在地方上的對口機構帶來長足的體制性發展。在這段期間，黨逐步打造了一個垂直整合、擁有監督強制機構大權，與充分組織資源、能執行國內安全政策的體制。中央政法委成為人員配置齊全，在省與地方各級都有對口單位的黨官僚組織，地位與黨中央其他四大部門相等：組織部（負責數以百萬計官員的考核），宣傳部（負責傳達官方思想與控制媒體），中央紀律檢查委員會（中共最高反貪機構），與統戰工作部（負責管理與非黨員以及海內外非共組織的關係）。就像這四大部門都是一黨專政的體制性支柱一樣，比照這四大部門的全國性組織架構建立一個專責安全的黨官僚組織，說明黨對政權安全的重視。此外，比照這四大部門模式建立中央政法委，也說明黨對列寧式系統的信心。用來動員的資源與落實政策的組織架構既然管用，中共就將它們應用在為自保而成立的強制機構上。[22]

就這樣，在列寧階級模式上，中央政法委成為國內安全最高督導機構。在前文所述的附屬官僚與諮商團體協助下，中央政法委負責將黨的國內安全命令轉換為特定政策措施，負責協調各安全機構間的行動，負責監督法院與檢察院的工作，以及法治計畫、鎮壓異議分子、打造高科技監控系統等優先要務的實施。根據公安部一份官方文件，我們知道中央政法委在技術上透過中央委員會書記處（中央政法委負責人是書記處書記），直接向政治局常委會負責。中央政法委接受政治局常委會的政策指示，向政治局常委會提出國內安全報告。[23]

今天的中央政法委，由負責國內安全的一名政治局委員擔任書記（這其實是一種降級：在習近平掌權以前的十年，中央政法委由一名政治局常委擔任書記，而政治局常委會是二十五人政治局的日常決策機構）。這名政治局委員的常務副手一般是公安部部長，說明公安部在國內安全工作上的關鍵重要性。但實際掌控中央政法委運作的是它的祕書長，相當於西方國家內閣部長的幕僚長。中央政法委的其他成員還包括最高人民法院與最高人民檢察院院長、司法部長，與人民武警司令員。最高國家安全與情報官員也是中央政法委成員，其中包括解放軍政法委與國家安全部的負責人。國家安全部是結合國內、國外情報與反情報組織而成的祕密警察機構。

為了防範強制組織取得太多權力，黨對中央政法委書記設下任期限制。中央政法委書記一般只有一任五年的任期，不過羅幹幹了兩任，從一九九七做到二〇〇七年。在次國級層面，大多數政法委負責人只做一任即五年任期，由省委書記輪調，以免個人建立勢力範圍。

自一九八九年以來的中央政法委

政法委領域包括許多官僚機構。除了法院與檢察院以外，屬於政法委領域的還有公安部與地方公安局，國家安全部與其地方機構，人民武警、司法部（也負責監督監獄）與其地方機構，以及警察學院。中華人民共和國自一九四九年成立以來，中國共產黨一直透過專門委員會以及前文已述的中央政法小組等編制，緊緊掌控政法事務。在中央政法小組於一九五八年成立後，省、縣／市、城鎮級黨委也都成立政法小組，負責協調執法機構的工作。[24]

但這些團體的責任區限於罪案與法律爭議，它們在制定、實施或協調社會管制與監控措施的工作上，並沒有任何角色。在地方層級上，政法小組沒有人員配置齊全的辦公室。隨著文化大革命亂潮席捲全國，政法小組也不再運作。文革結束後不久，中共重建中央政法小組，賦予有限權限，讓它進行重大政策議題研究，協助最高人民法院、最高人民檢察院，與公安部的工作。[25]

一九八〇年，中央政法小組升級為中央政法委員會，中央與次國級政法委員會結合在一起，成為黨的職能部門。它們的責任包括「維護通訊，為政法領域各部門提供指導；協助黨委和機關部門評估管理幹部；組織和進行關於政策、法律和理論的研究；協調聯席會議處理重大、艱難案件；組織和推動『綜合社會治理』。」[26]儘管授權擴大，中央政法委與其次國級單位並不直接涉入執法機構的例行作業或決定。但組織和推動「綜合社會治理」的規定，為十餘年後，中央政法委與地方政法委在監控系統扮演的關鍵角色埋下了伏筆。

中央政法委從成立到一九九〇年代大舉擴張期間，曾經短暫廢止。一九八八年五月，在總書記趙紫陽領導下，主張黨、政分家的改革派廢了中央政法委，另設權力有限的中央政法領導小組取而代之。但僅僅一年以後天安門事件爆發，次國級改革來不及全面實施，大多數省與地方政法委依舊運作。一九九〇年，天安門事件過後不久，黨重建了中央政法委。[27]

根據中央政法委重建期間的說法，政法委的首要任務就是提供「宏觀指導和協調，當好黨委的參謀和助手」。政法委為同一行政階層黨委的下屬，但他們接受上級政法委的指導。地方政法委的特定職責由黨委決定。一九九〇年重建中央政法委與次國級政法委的文件規定，政法委書記必須由同一階層黨委副書記或由黨委常委兼任，提高了政法委的政治地位。[28]

從一九九〇年代中期起，共產黨逐漸增加次國級政法委的人事與經費，擴大它們的職責，讓它們更有力量制定、協調、實施社會管控與政治鎮壓。[29] 一九九五年，黨中央委員會辦公廳下令政法委「組織協調社會治安綜合治理工作」。[30] 一九九九年，黨在各級政法委內部成立六一〇辦公室，進一步加強它們做為黨的國內安全監督人的地位。

後天安門時代對中央政法委的依賴，可以從全國政法會議是否經常舉行看出其中端倪。在一九八〇年代，這樣的會議只開了三次。自一九九二年起，全國政法會議每年舉行。在一九八〇年代，鄧小平或總書記胡耀邦都不曾出席這類會議，但自一九九二年起情況轉變，江澤民、習近平等最高領導人都會出席這類會議，並在會中致詞。

二〇〇〇年，政法委在國內安全事務上的權力進一步加強。二〇〇三年十一月，為加強黨在公安機構的領導地位，黨中央下令，地方公安機構的負責人必須是地方黨委常委，或是副省長或副市長。由於地方政法委負責人同時也是地方黨委常委，指派同一人擔任地方政法委與公安局負責人，已經成為標準慣例。就這樣，中共不僅一舉提升了地方公安局的政治地位，還讓地方政法委在公安事務上扮演前所未有的直接角色。[31]

與此同時，強硬派領導人、冷血無情的幹練黨官羅幹與周永康出掌中央政法委，中央政法委書記也晉升政治局常委。在羅幹與周永康領導下，中央政法委與地方政法委有了更多維護「社會安定」的責任。二〇〇三年十一月，黨中央下達一份里程碑式的國內安全文件，保證增加經費，而且說到做到：中央政法委與地方政法委轄下各機構支用的國內安全預算迅速增加。

在習近平二〇一二年十一月當了總書記以後，中央政法委的地位顯然下挫。二〇一三年底，周永康因貪腐遭到調查，最後以收賄數百萬美元與洩漏國家機密罪，被判處無期徒刑。他的接班人孟建柱是政治局委員，但不是政治局常委。事實上，早在周永康被整肅以前，中央政法委與政法委的角色已經不如既往。在二〇一二年以後，地方上以政法委頭子領導公安局的慣例逐漸取消。[32]二〇一三年十一月，黨中央宣布成立「中央國家安全委員會」，由習近平親自主持。[33]鑑於它以國內安全為首要任務，至少在理論上，這個新機構可以承擔原本由中央政法委承擔的許多國內安全權責。

儘管習近平主持的這個委員會，就像懸在中央政法委頭頂的「達摩克里斯之劍」（sword of Damocles）一樣，隨時可能斬落，但在實際運作上這把劍一直沒有落下。直到目前為止，儘管有了國家安全委員會，中央政法委仍是黨的國內安全事務主要監督人與協調人。坦白說，取代既有官僚機構是一項龐大的組織性挑戰，新成立的地方國安辦公室都寄生在地方政法委內部就是證據。雖說或許有一天，黨中央會擴大地方國安辦公室權力，讓它們成為獨立於地方政法委之外的官僚機構，但同樣的可能是，今後的地方國安辦不過是重新包裝了的地方政法委而已。

情況似乎是，習近平的目標不是取代中央政法委與地方政法委，而是更直接地控制這些政法機構，對獨裁者來說，如何保有手下鎮壓組織的政治忠誠，始終是時刻掛在心頭的要務。就這樣，二〇一〇年代末期，在建立中央國安委多年之後，習近平仍然盯著政法委，不斷整肅中央與地方政法委官僚，並在二〇一八年一月宣布重組中央政法委。這項運動讓許多資深公安官員以及一般警員被整。[34]根據代表習近平主持這波整肅運動的陳一新的說法，到二〇二一年六月為止，已有一萬二千五百七十六名警員自首，近十萬名警員因「違法犯紀」被調查與懲處。[35]這或許是自文革結束以來最徹底的一次整肅運動。此外，習近平在二〇一九年一月發布重要文件「中國共產黨政法工作條例」，確立既有做法，強化黨對政法系統的主控優勢。這份文件的一項重要目標是讓政法工作更加深入中國鄉村地區。多年來，政法委一直以縣為運作最底層，現在城鎮也成立了政法委。[36]

換言之，習近平並沒有削弱政法委。他是在將政法委國內化：要在中國數以萬計的城鎮中成立政法委，將政法工作深入平民百姓的日常生活。

中央政法委與政法委的組織與職能

儘管負責監督龐大的國內安全機構，中央政法委與地方政法委本身都不是大型組織。目前的中央政法委編制員額不詳，不過由於一九九〇年代中期中央政法委的編制只有九十人，推估它今天的編制在兩三百人左右應不為過。至於地方政法委，我們可以根據特定委員會的狀況推估它們的規模。在一九八三年，濟南政法委只有三個處：祕書處、研究處，與監督政法官員任命的政治工作處。到一九九六年十一月，濟南政法委重組，擁有五個處：總務處、研究宣傳處、執法監督處、社會治安綜合治理處與一個負責人事考核的幹部處。組織規模擴大與責任增加自必增加人手。二〇〇〇年代初期，政法委編制又增添了六一〇辦公室與維穩辦公室。我們知道這一次擴編的人力增加狀況：濟南政法委從二〇〇二年的三十二名官員與工作人員增加到二〇〇九年的四十六人。[37] 同樣的，雲南省元謀縣政法委也從一九九五年的只有五人增加到二〇一〇年的十八人。[38]

隨行政區不同，政法委的規模與組織圖也不同。在二〇二〇年，大城市武漢的政法委有六十九名官員與工作人員。[39] 相形之下，在二〇一〇年代末期，大多數縣級政法委有大約十到二十名官員與工作人員。[40] 地方人口與財政資源可能是當地政法委規模的決定因素。開封市人口十四萬的禹王台區政法委，在二〇一八年只有六個人，安徽省人口約為禹王台四倍的天長市政法委，在二〇一九年擁有十二名全職官員與工作人員（在大多數情況下，「區」與「縣」同屬一個行政區等級，但「縣」一般下轄許多農村城鎮，而「區」通常都是從大城市劃分出來的行政區）。[41]在富有與具有政治重要性的行政區，政法委的規模也相對較大。在二〇一八年，北京擁有五十萬人口的密雲區政法委，有五十一名正式編制工作人員，外加十七名輔助人員。[42]

我們在中央政法委網站上找不到有關這個組織內部運作的資料，不過我們可以對它的分工狀況做出合情合理的判斷。[43]根據二〇一八年三月中央政法委重組計畫，中央政法委要與公安部聯手擔起鎮壓「邪教」的責任，成立一個專責處理這個問題的部門顯然有其必要。中央政法委接獲的另一項任務是協調、推動、督導社會治安綜合治理，這樣的任務或許也需要擁有一個屬於自己的部門。二〇一八年三月的重組計畫廢了中央維穩領導小組與小組辦公室，將維穩責任轉交中央政法委。中央政法委很可能必須成立一個專責維穩的部門。應該注意的是，中央政法委的權力實際上並不因添增了這些新職責而增加，因為遭重組計畫廢除了的辦公室與委員會，都位於中央政法委內部，它們的工作人員也都是中央政法委的工作人員。因此，所謂「轉交」不過是將中央政法委管理結構進行精簡，除去不必要的空殼部門而已。

由於次國級的政法委往往能反映中央政法委的組織架構，我們只需觀察地方政法委，也能窺知中央政法委內部組織架構一二。在這些地方政法委中，有幾個省級政法委透露過內部組織細節，貴州政法委是其中之一。根據貴州政法委網站資料，貴州政法委有十五個「處」與辦公室。其中包括十三個「科」：幹部科；宣傳科，包括網路行政；兩個法治落實督導科；四個綜合治理科；兩個維穩科；一個可能是負責執法舉報審查工作的情報監控調查科；一個罪犯防治科；與一個負責改造「邪教分子」的科。貴州政法委還有一個負責總務、一個負責研究等兩個辦公室。[44]由於權責廣被五大領域：政法幹部的管理與審核；傳統執法與公安（綜合治理與資訊調查）；政權安全（維穩與情報）；政法工作協調（督導法治），以及鎮壓違禁宗教團體；建立這許多組織分工不足為奇。中央政法委的組織架構似乎也根據這五大領域進行劃分。

檢驗地方政法委的網站與地方政府發表的年鑑就能得知，城市與縣在本身的政法委內部組織架構上享有很大自主權。[45]在二〇一〇年底，典型的地方政法委由一名黨書記擔任領導，由兩名副書記擔任副手。這三名正、副領導手下有六或七個職能辦公室，或許包括一個處理行政事務的總務辦公室，一個處理例行公安和執法議題的治安綜合治理辦公室，一個負責督導政法系統的辦公室，一個負責政法幹部審查和考核的辦公室，一個維穩辦公室（一般也是人員編制最大的辦公室），一個六一〇辦公室，與一個宣傳辦公室。有些政法委還額外負責國家安全、反恐、反毒與反滲透活動的辦公室。從這些辦公室的名目判斷，這些負責社會安定、反「邪教」作業、反滲透作業與國家安全的辦公室，會直接監督、協調監控系統的工作。[46]

中央政法委的書記都是政界高官，過去是由政治局常委兼任，現在位階稍降，但仍由政治局委員兼任；同樣的，地方政法委書記也是重量級人物。特別是，地方政法委書記同時也是地方黨委常委會成員（有點像中央政治局常委會，但只有地方權威）。地方政法委其他成員包括地方公安首長、地方法院院長、地方檢察院院長與地方司法局（負責監獄與政法專業）。如果一個縣或區設有國家安全部辦公室，這個辦公室的負責人同時也是相關政法委委員。[47]

地方政法委的活動

有鑑於地方政法委規模甚小，不直接介入執法、公安、監控與維穩工作也就不足為奇，其任務是為直接負責這類工作的法院、檢察院、公安局的活動進行督導與協調。政法委擁有地方黨領導的權威，也就是說，其行動背後也有政治誘因。黨把執法官員升遷考核的權力交給政法委，從而打造出一個有力工具，以確保強制組織官員的服從與合作。更重要的是，這種安排使地方黨領導人的政治誘因與政法委的任務一致。在進入後天安門時代以後，隨著維穩成為黨的最高政治優先，地方黨領導人自然不敢在國內安全事務上稍有疏失。

對地方政法官員來說，工作會是一項重要職責，也是一個重要機會。為期兩天的中央政法會議與會者，不僅包括負責安全與執法工作的首要中央政府官員，以及國營企業相關人物，還有各省政法委負責人，以顯示省政法委負責人對黨的重要性。如前文所述，在中央政法會議結束後，各省隨即舉行類似會議。出席省級政法會議的人包括市與縣政法委負責人，緊接這些會議之後，市、縣首長也要召開自己的年度工作會議。根據這樣的排程，每年二月底以前，黨的年度國內安全議程已經全面轉達到全國各縣、各區。

對若干地方政法委報告進行的檢驗顯示，它們的職責分為五類：

(1) 國內安全任務，包括鎮壓違禁宗教組織，在敏感時段為加強的保安措施進行協調、辨識和監控重點人員。所謂重點人員包括解放軍老兵（老兵們往往能有組織地行動，要求提高養老金與其他福利）、違禁宗教組織成員，還有上訪者，即那些不滿遭到官員欺壓，向高層申冤的百姓。此外，處理群眾事件也是一項重要的安全任務。所謂群眾事件包括抗議、暴動、罷工與大批民眾聚集公共機關門外的大規模請願事件。

(2) 針對在政法領域工作，或有意在政法領域工作的官員，進行政治忠誠度考核。

(3) 監督國內安全基礎設施的營造。

(4) 協調解決和處理重大法律案件。

(5) 監督執法、公安，以及打擊犯罪和保安運動。[48]

地方政法委雖說也監督法院與檢察院，干預重大法律爭議，督導例行打擊犯罪運動，但它們最主要的工作是確保地方強制監控官僚，落實黨的國內安全議程。政法委是否能完成這些任務，取決於它們組織、協調運動的能力，在敏感時期採取保安措施，處理資訊與情報，向上級、向側面傳遞資訊的能力。在打造網格管理與「雪亮」這類科技監控系統要件的過程中，黨極度依賴政法委，這說明了政法委的重要性。

政法委活動報告顯示，它們最經常介入的強制作業包括：在敏感時期監督、協調臨時增加的保安措施，[49]這項特定任務之所以非常重要，是因為如果在政治色彩濃厚的週年、或在重要活動期間發生重大事故，地方官員可能遭到嚴懲。以天津市政法委為例，負責在每年「兩會」（即「全國人民代表大會」和「中國人民政治協商會議」）期間督導保安措施的升級。在二〇一七年兩會舉行期間，天津市政法委每晚召開視訊會議，聽取來自警方與其他機構的報告，以協調保安工作。政法委高官還會親自視察關鍵政府機關，檢驗保安措施，詢問針對重點群體的監控狀況。二〇一七年九月，在「全國人代」即將召開前，天津市政法委開會，動員全市保安警力、網路審查機構與其他地方部門。會議結束後，天津市政法委派員監督、落實臨時增加的保安措施，例如防止退伍軍人發動抗議、保護重要基礎設施與全國人代會場等，[50]其他行政區的地方政法委也會在敏感時期投入類似活動。[51]

地方政法委在年度報告中總不忘對它們扮演的協調角色大吹大擂。以安徽省蕪湖市政法委為例，就在它的二〇一〇年年度報告中強調它如何協調公安工作、倡導跨政府部會的資源共享。深圳政法委在一九九〇年代末期的報告中，誇耀它「協調當地國安和公安機構工作和祕密政治安全行動」。深圳政法委還說它「蒐集大量重要情報和資訊，成功執行對闖入深圳的敵意分子的有效監控……打擊了意圖滲透中國的外國宗教團體」，並且「瓦解了一項組織『團結工聯』式非法勞工團體的陰謀」。[52]所謂「非法勞工團體」可能指的是地下工會。

我們還知道地方政法委負責督導對重點目標的監控。二〇〇〇年，深圳龍崗區公安與國安機構在龍崗區政法委督導下，對當地法輪功信徒展開一項大規模調查。龍崗區政法委說，它們成立幾個三人小組，對法輪功重要成員實施嚴密監控，在敏感時期還將幾名法輪功重要成員監禁。二〇一〇年代初期，上海崇明縣政法委也進行過涉及許多政府機構的類似監控活動。

一般來說，徵召線人與其他輔助保安人員，是地方政法委的一項例行工作。[53]政法委還參與推動中國「安全城市」計畫。所謂「安全城市」是一項類似公安的計畫，內容包括對科技、人力、基礎設施，與宣傳的投資，以減少犯罪、交通事故、火災，與其他災害。政法委負責協調資金，管理宣傳活動，評估驗證安全城市項目。[54]

為了仔細觀察地方政法委運作，我隨手翻出深圳福田區政法委二〇一五年十二月底的一份工作紀錄：「第四週工作匯總」。[55]這一週沒有特殊事件，這份文件讓我們得以近距離觀察典型政法委在一週七天的生活。在十二月二十二日到二十九日間，福田區政法委維穩辦公室與市「信訪局」一起工作，處理自稱遭到線上募資平台詐騙的一群人提出的申訴。由於深圳一些退伍軍人計畫發動維權，為免引發騷亂，維穩辦公室還與相關單位進行協調、處理。此外，維穩辦公室也密切注視著本地兩家公司當時正發生的勞資爭議。福田區政法委還為深圳市維穩辦公室編寫了幾份報告，說明它的日常維穩作業，以及它在鎮壓抗議者和上訪者方面的成績。同時，福田區政法委社會治安綜合治理辦公室視察了反恐保安措施的落實，下令打擊野生動物走私，並籌備一項大型交通安全宣傳活動。在深圳國家安全局局長在福田區進行「調研」期間，福田區政法委六一〇辦公室進行協助，督導兩項對「邪教」活動的調查，還發布兩份文件，證明特定公民與「邪教」無關（這些公民必須取得這類文件才能求職）。

地方政法委就這樣，從干預瑣碎的民事紛爭到採取先發措施以防阻潛在顛覆活動，做著各種工作。對一個偏執而又極度感到不安的政權來說，就算花再多的錢，能練出十八般武藝樣樣精通的政法委都是值得的。

與其他獨裁政權相形之下，中國共產黨在建立精密指揮、管制，與協調基礎設施的工作上確實成就非凡，就連前蘇聯集團那些共產政權也不是它的對手。就大體而言，一方面由於最高領導層將政權的安全置於最高優先，另一方面也由於迅速成長的經濟帶來打造新系統的資源，這個基礎設施在一九八九年後逐步完成。

就算再遭到習近平整肅與改革後，中共監控系統的組織關鍵，毫無疑問仍是以中央政法委領軍的政法委。其他國內安全實體或許有更資深的黨領導人，有更響亮的頭銜，但只有政法委能扮演兩個必不可缺的角色，不僅能解決強制困境，還能協調各式保安機構與國營、非國營單位之間的監控作為。這兩個角色如下：首先，政法委審核強制機構關鍵人事，使黨得以指派、提升忠誠分子擔任警察與祕密警察要職。其次，政法委在例行基礎上協調落實黨的安全議程，使中共的分布式監控系統得以有效運作。

各級政法委的政治影響力與安全責任不斷擴增，說明中共已經能善用列寧式組織原則對抗它面對的威脅。毫無疑問，中國共產黨的指揮、管制，與協調系統絕非完善。強制組織（包括政法委高官）內部層出不窮的詐欺與腐敗，說明中共統治者還解決不了貪腐問題，而貪腐正是所有獨裁政權免不了的又一挑戰。但若是少了政法委，很難想像中共還能像一九八九年那樣，牢牢掌握政權，那樣成功而無情地鎮壓。

第三章

組織監控

中共龐大的強制架構包括人民解放軍；人民武警；擁有一支約兩百萬警察的警隊（根據二〇一〇年數據）的公安部；國家安全部；人民民兵；以及一支規模可能比正規警隊還要大的輔助警隊。[1]但在這個架構中，只有少數體制在監控作業中扮演一種直接角色。就我所知，中共的監控系統由三個體制形成：警察的「國內安全保衛」單位，一般性社區警察局，以及國家安全部與其地方分支。這三個體制遵照政法委指示（政法委奉黨最高領導人之命），執行中共特有的強制做法。

中共的強制架構本身有許多值得注意的特性。其中一個特性是，與中國人口相比，它的規模很小；與國際標準相比，中共的警力不大。[2]更讓人吃驚的是，中國沒有東德的「史塔西」或俄國KGB，這一類權力很大的祕密警察機構，負責在海外進行諜報，在國內進行反情報與政治情治人員的監控機構。[3]在中國，這三種功能：海外諜報、反情報，與監控顛覆分子，都由兩個不同的安全機關分掌。在「國家安全部」於一九八三年成立以前，中共的海外情報蒐集、反情報，與國內監控作業的分工，其實更像民主國家，而不像共產獨裁政權的做法。黨的「中央調查部」負責國外諜報情蒐，就像美國的「中央情報局」或英國的「軍事情報局六處」（簡稱「軍情六處」）一樣。同時，公安部也像美國「聯邦調查局」與英國「軍情五處」一樣，負責反情報與國內監控。

中國的國家安全部比較近似史塔西或KGB，但並不完全類同。它負責海外諜報，處理國內反情報，但它在國內監控方面的權力有限，主要以少數民族、外國人，以及有海外關係的國人為監控對象。主控國內監控的，是負責第一線警務的公安部。此外，公安部部長的政治地位超越國家安全部部長，說明公安部比國家安全部更有權勢。[4]國內監控責任在公安部內進一步劃分，分屬國內安全保衛單位與規模大得多的普通警隊。國內安全保衛單位主要負責政治安全工作，普通警隊則在其他國家實體、黨員，與熱心公民協助下維護治安。

中國所以沒有「全職」祕密警察有幾個原因，高幹們的權力角逐是其中一個原因。從歷史角度來說，在位數十年的總理周恩來，在中共革命期間與文革以前那些年，一直努力掌控黨的情報部門（即中央社會事務部，之後改為中央調查部）。[5]他很有可能因為這項利益而不肯成立全職祕密警察。周恩來的顧慮是，中央調查部如果同時也負責國內監控，他可能會失去其控制權。如此強大的祕密警察組織會引起毛澤東的猜忌，毛澤東會因此指派親信督導這個結合國內外情報監控大權於一身的部門。周恩來不是毛澤東的親信，為保住他情報頭子的角色，周恩來有足夠理由希望維持現狀，不讓他的中央調查部擴權。

周恩來的利益或許因此能與毛澤東的利益重疊。以偏執與蔑視官僚著稱的獨裁者毛澤東可能也覺得，權勢過大的祕密警察機構會對他構成威脅。也因此，由幾個相互競爭的官僚分攤保安權責是比較好的辦法。此外，毛澤東之所以反對祕密警察獨攬大權，還有一個意識形態方面的理由。毛澤東一向標榜所謂「群眾路線」（即動員群眾推動政權的工作），不相信精英體制。在一九五一年對公安部下達的指示中，毛澤東駁斥「祕密」做法，主張「在黨的領導下動員群眾」，以落實打擊反革命的運動。[6]

由於中共刻意擺脫蘇聯的影響力，建立本身的模式，中共與蘇聯在監控組織方面的差異更加驚人。沒錯，早在中華人民共和國一九四九年成立之初，莫斯科就派遣安全專家前來中國，之後還繼續不斷派員來訪。但蘇聯專家對中共國內安全系統基本架構的塑造幾乎沒有影響。[7]中共可能從蘇聯進口列寧式體制，但特別是在鎮壓與監控政治威脅方面，毛澤東政權以群眾動員為統治工具，對群眾動員的重視遠勝於列寧體制。一言以蔽之，依賴群眾路線使毛澤東政權得以將正規強制機構的規模保持得相對較小。

如前文所述，毛澤東政權初期做成的決策，塑造了正規監控系統未來的組織結構。特別是中共從這些決策中，發展出一種多層次組織架構與各有特定任務的多重保安機構，並由所有這些架構共同保衛黨的政治壟斷。與依賴全職祕密警察機構的獨裁政權相比，中共這個系統似乎有幾個優勢：成本較低，在鎮壓潛在反對勢力的工作上更有效，對政權最高領導班子構成的危險也較少。

國內安全保衛單位

國內安全保衛（簡稱「國保」）單位，肩負了中共監控系統的基本作業責任。地方年鑑中載有許多有關國保活動的簡短資料，但沒有相關的學術研究資料。全國等級的國保警隊配置在公安部內，地方等級的國保警隊配置在公安局內。在二〇〇〇年以前，國內安全保衛的名稱是「政治安全保衛」。在二〇一九年，中國政府恢復「政治安全保衛」的舊名，很可能意在強調它的首要任務是保衛共產黨，對抗威脅。[8]但為免混淆，我在這本書裡使用「國內安全保衛」，簡稱「國保」一詞。

在公安部內，「國保」又稱公安部「一局」，以彰顯它的份量。一般認為，一局是公安部最重要、權力最大的部門，根據一名前公安部官員的說法，一局局長毫無例外，一定晉升公安部副部長。[9]省、市、縣，或區公安局內也設有國保警隊。

官方來源中有關地方國保警隊規模的資料甚少，為一窺全貌，我們得從各式資料中進行探索。在一九五〇年代初期，公安部政治保衛單位（即國保的前身）約有四萬名警員。這四萬之數約占警隊總規模的十分之一。[10]今天的國保警隊規模較小，可能占警隊總規模百分之三左右。一九八五年，在擁有一百零六個行政區的新疆，派駐國保警隊的警察只有六百一十八人。[11]在一九九三年，河南省中級城市濮陽市的國保警隊有四十名警察，只占警隊總規模百分之二點四。[12]其他行政區的國保警隊占比也很小。在二〇一二年，烏魯木齊水磨溝區的國保警隊有二十四名警察（占警隊總規模百分之五點七）。相形之下，同區公安局犯罪調查單位有四十八名警察，占警隊總規模百分之十一點四。在一九九七至二〇〇〇年間，湖南省中級城市株洲的國保警隊只有二十名警察；在二〇〇二至二〇〇四年間，湖南省大慶市薩爾圖區的國保警隊只有六名警察；在二〇一二年，棗陽縣的國保警隊有八名警察；在二〇一四年，人口一千多萬的武漢市，國保警隊只有二百一十六名警察。[13]我們假定，如同有限的地方數據所示，全中國國保警隊的警力為警隊總規模百分之三到百分之五，中國的國內祕密警察總數約在六萬到十萬人之間，相當於每一萬四千到兩萬三千人才有一名國保探員。如前文所述，在一九八九年，東德境內每一百六十五人就有一名國安部探員，在前蘇聯，每五百九十五人就有一名KGB。[14]據此，即使只有半數東德國安部與蘇聯KGB的探員負責國內諜報，就國內安全人員在總人口所占比例而言，東德至少比中國多四十倍，蘇聯也比中國多了十一倍。

值得注意的是，即使在資源許可時，中共也沒有大幅擴增國內祕密警察的規模。在毛澤東與周恩來時代，中共即使想，也無法建立一支像東德「史塔西」那樣的警力。但在一九八九年以後，中共在國內安全的投資不斷增加，但國保的規模仍然很小。或許中共領導人了解，既然第一線的普通警察就能處理大多數例行監控任務，他們不需要大批用來對內的祕密警察。當然如前文所述，黨還有另一層的考量：不能讓祕密警察權勢過大，以免威脅本身的政治優越地位。

有鑑於縣與區的國保警隊規模過小，我們可以推斷，只有規模較大的省級與市級國保警隊能從事高優先調查，能監控重點目標、進行精密情報蒐集分析。縣與區級國保警隊的首要功能似乎侷限於招募線人，指導社區警員進行例外監控任務。它們的次要功能是執行上級國保警隊與地方黨委的命令。地方國保警隊因此必須伺候兩個主人。它們是功能性階級架構的一部分，因此必須接受上級單位督導。但它們同時也依賴地方政府的經費與人員，必須因應這些地方政府的需求。[15]這種雙重角色帶來一個效應，就是縣與區級國保警隊一般會執行少數高優先行動，將例行任務委交地方警察辦理。

公安部大約每三年就會召開一次全國國內安全會議，發布指示，提供作業指導，促進下屬國保警隊的意見交流。[16]中央政府（或許透過公安部）也會舉行「政治調查工作」專題會議，目的很可能是與地方國保警隊一起研發、共享監控科技，對具有政治威脅的個人與組織進行監控與調查。[17]

文保單位

地方除了設有負責監控普通百姓的國保，還有負責文化與經濟保衛的「文保」單位，處理對教育與學術機構的監控。在全國層面上，公安部沒有特設的文保部門，但有一個「大學處」。若干省級公安廳，例如浙江省公安廳，依照公安部模式，在國保警隊內成立大學科。其他地方，例如北京，設有獨立於國保之外的文保單位。若干縣級市公安局設有獨立的「文保支隊」。[18]其他縣級市公安局，例如山東省濱州與河南省鄭州，在國保警隊內設有「文保大隊」。[19]區與縣公安局或許也有文保單位。由於大多數大學與重要學術研究機構都位於縣級市，這些機構的治安與監控責任屬於市公安局文保單位。

文保警員使用的監控戰術與國保一樣。文保警員的例行工作包括巡視大學校園，視察對少數民族學生的監控等維穩工作，並提供相關建議。[20]以擁有許多重要大學的西安市為例，根據西安年鑑的報告，西安市公安局文保單位積極蒐集資訊和情報，運作舉報網，為警方提供情報，監控「重點人員」，調查「敵人」，鎮壓非法宗教活動與國內、外非政府組織的「滲透」，處理市內文化與教育機構的群眾事件。市公安局文保單位每季開會，討論校園安全事宜，料想市內高等院校都必須派員出席。[21]武漢市公安局的年鑑也有類似工作紀錄。[22]

著名異議分子已經證實，文保警員負責處理他們的案子，經常透過喝茶、用餐的形式，與他們定期會面。上海的一名教授說，就他所知，幾名文保警員以專案方式處理他的案子。政治學者、前中國社會科學院研究中心主任徐友漁說，國保與市文保經手他的案子，但以文保單位為主。人權運動人士、律師，也是中國政法大學教授的滕彪，遭到北京公安局文保單位監控，負責協助監控的還有昌平區（滕彪住在昌平區）的國保警隊。[23]

調查與情報作業

根據一本有關公安警察工作的權威著作，國保警隊的角色是蒐集分析情報，偵察和反制危及社會治安、政治安定和國家安全的個人，監控宗教和種族團體，加強學術機構和國營實體安全，以及招募線人。[24]江西省石城縣國保大隊的職責聲明，或許可以反映典型地方國保警隊的工作內容，就是負責「蒐集、掌握、處理、進行涉及社會治安、政治安定、國家安全的情報和資訊；提供看法和措施；組織、調查、管制、防治、處理危及社會治安、政治安定，和國家安全團結的案件和事件」。除此而外，石城縣國保大隊必須監控違禁宗教團體，進行反恐工作，還得面對社會各階層招募線人，但聲明中沒有提到這一點。[25]

根據地方年鑑中有關國保警隊活動的摘要，國保警隊最常見、最重要的工作，就是調查對中共構成潛在威脅的個人和組織，以及涉及這類潛在威脅的事件。儘管一般縣級國保警隊人力不足，無法進行例行監控，但它們可以執行一般警察因缺乏調查技巧而難以做到的特別調查。特別調查的目標包括組織、參與暴動、叛亂、抗議的領導人和激進分子；從事滲透和破壞的敵對外國人；非法組織和刊物；從事種族分離運動的組織和個人；祕密幫派的領導人和激進分子；和境外勢力串通的個人；以及從事恐怖主義的組織和個人。[26]

根據地方公安局發布的訊息，我們可以確定國保警隊負責對大多數上述目標的監控。湖南省株洲的公安志中，株洲公安局對大學校園進行調查的國保單位，在一九九〇年代的調查與行動成果有相對詳盡的描述。在這十年間，株洲市國保警隊在大學校園進行調查，找到幾名涉嫌參與非法組織的個人。調查還以外籍教師和非政府組織成員為對象。一九九四年，在「科技手段」和「內線線人」的協助下，株洲市國保警隊追蹤天安門運動出身的一名學生領導人，對他的商業活動施壓，以防他「用商業資助政治」。一九九七年，這個單位將重心轉移到宗教團體；二〇〇〇年，這個單位對幾個氣功組織進行祕密調查。[27]

共產黨對組織化反對勢力的恐懼從不間斷，國保警隊優先鎖定非法與未登記、可能祕密運作的宗教和政治團體，反映的正是這種恐懼。以黑龍江省大慶市薩爾圖區為例，在一九八〇年代末期，薩爾圖區國保警隊調查宗教人員和祕密幫派成員，甚至還將其中一些人轉變成線人。[28]在一九九〇年代與二〇〇〇年代初期，吉林省舒蘭市國保警隊調查宗教人員和祕密幫派成員，逮捕其領導人。[29]自一九九〇年代初期起，對宗教團體進行類似的祕密調查，「粉碎」所謂邪教的紀錄，在大多數行政區國保警隊的工作報告中隨處可見。[30]外國非政府組織也是主要目標。二〇一六年，四川省漢源縣的國保警隊調查了幾個外國非政府組織。武漢國保警隊說，曾在二〇〇九與二〇一三年採取行動偵查境外團體的滲透。[31]

這些報告同樣說明了一件事：國保警隊針對各式各樣可能構成政治威脅的個人進行調查。西雙版納自治縣的年鑑指出，西雙版納國保警隊在二〇一〇年對一千多名進入西雙版納的維吾爾人進行調查，查獲一些將維吾爾人走私出中國的團體。西雙版納位於寮國與緬甸邊界，住有許多少數民族。四川省米易縣國保警隊說，它們在二〇〇八年對去職的私校教師、退伍老兵，以及不滿領不到工資的工人進行專案調查，因為它們認為，這些人和其他重點分子可能在兩會和北京奧運期間惹事。[32]

國保警隊蒐集情報的目的，不僅為了防阻抗議、進行抓捕，也為了營造一個關於已知和潛在政治威脅的資料庫。國保警隊的現行行動準則，可能是公安部在二〇〇二年發布的「關於開展國內安全保衛工作對象基礎調查的意見」。這份文件的內容未經公開，但有理由相信，它為國保蒐集個人生理特徵、家庭背景、住址、職業，和社會關係等基本個資的工作，奠定工作準則和優先順位。[33]地方年鑑公布的內容，說明中共多年來（包括二〇〇二年行動準則發布前）是如何蒐集這些情報資訊。早在一九九一年，當湖南省公安廳舉行「祕密鬥爭」會議，發布一份如何辨認政治威脅的文件時，湖南省株洲國保警隊已經進行了這類「基礎調查」。株洲國保警隊完成一項所謂「九一項目」，找出一千多名個人調查對象。這些人的情報資訊隨即輸入警方檔案。除這些個人資訊以外，九一項目還找出二十幾個目標組織，將它們輸入「組織檔案」。[34]

除了抓捕以外，國保警隊還用更多精力進行調查。武漢國保警隊在二〇〇五年對市內外國非政府組織進行調查就是例證。[35]北京國保警隊在二〇〇〇年全力鎖定非法組織進行調查。[36]北京國保警隊在二〇〇六年一份有關「邪教」和「反恐信息管理系統」特種數據庫的參考資料中，談到它們監控的對象，以及它們蒐集、處理的情資。[37]

蒐集這些情報資訊的人有些是線人，這些線人負責監視個人和團體，打探民眾對國家政策的反應以及重大社會趨勢。線人為國保警隊提供的情資分為三類：敵情、政情，與社情（在有些地方，政情與社情合併為一類）。

根據兩本公安教材，敵情包括有關敵意團體與其活動的情報資訊。敵意團體中，尤以那些「打探情報，煽動叛亂，搞破壞，危害國家安全，顛覆國家權力，損害國家團結，為武裝叛亂和滋擾事件加油添火」的團體的情報最具價值。國境內外敵對勢力的串通和祕密接觸，敵對勢力的滲透，以及危及社會治安的活動等相關情報資訊，都屬於敵情，有關毒品走私和組織犯罪等重大犯行也屬於敵情範圍。

「政情」指的是「國境內外影響或可能影響社會治安、政治安定，和國家安全的政治趨勢和發展」的有關情報資訊，包括「各類人群對黨政政策、法律，和國內外重大事件的反應」。儘管在若干情況下，「政情」和「社情」難以區分，根據上述兩本公安教材的定義，所謂「社情」指「存在於社會內部，造成社會不安，或可能影響社會治安和內政安定的各種因素」的有關情資。「有關重大意外、天然災害和罷工的輿論，特別是『代表性個人』的反應，和重大社會趨勢」，也屬於社情的項目。[38]

雖說當局對有關線人招募的事守口如瓶，但公開資料中不乏國保線人如何成功的報導。[39]事實上，國保探員與線人人數及其工作成果的資料，在地方年鑑中俯拾皆是（探員由警方招募，身分保密。線人由政治當局招募，身分可能保密，可能公開。詳見以下幾章）。整體而言，市級或縣級國保警隊平均每年會蒐集幾百件關係政權安危的情報資訊。[40]在一九九八年，湖南省株洲國保警隊說，除了招募六十五名探員以外，還和兩百四十九人交了「朋友」，建立「工作關係」。[41]在一九九八至二〇〇二年間，吉林省舒蘭市國保警隊除了人數不詳的探員以外，每年平均募得一百六十三名線人。

國保警隊在不斷招募線人與探員的同時，還得研商蒐集到的特定情報，以便對異議分子進行干預。米易國保警隊承認，它的線人在二〇〇八年協助警方「及時取得關於米易中學教師企圖透過網際網路組織罷工的情資」。線人還協助警方取得「關於一項集體請願計畫，與一項在新商業開發工地，阻止施工企圖的詳盡情報資訊」。[42]

例行工作與直接鎮壓

國保警隊經常委由第一線警力代為執行例行監控作業。這種做法不僅有助於釋出國保警隊有限的人力，還能在不必擴張祕密警察規模的情況下，有效延伸祕密警察的掌控能力。一九九一年，吉林省磐石市國保警隊指派負責政治警務的警官進駐市內各派出所，全市所有第一線警員必須接受據推斷由國保警隊提供的政治安全訓練。[43]二〇〇〇年，北京公安局頒布「派出所國內安全保衛工作規範」，這雖是一份機密文件，但它對派出所的國保任務做了特定規範與評估標準，這是眾所周知的事實。[44]根據這項規範，派出所必須在社區成立情報蒐集關係網，加強對重點人員的監控，保持對這類個人的「管控」。在二〇一六年，湖南省岳陽市岳陽樓區國保警隊與第一線警力合作，建立對「重點目標」的監控。警方奉命將目標的一舉一動隨時通報國保警隊。二〇一二年，四川省樂山市第一線警力，每天為市國保警隊提供「不安定因素」報告。[45]

除了一線警力以外，國保警隊也與其他政府機構一起工作，協調監控與保安作業。根據北京國保警隊二〇〇五年的報告，它在這一年與市海關、教育委員會，和觀光局合作，設立一項例行協調機制以「防範外國宗教團體滲透」。河南省國保警隊與內黃縣統戰部、宗教事務局合作，在重要節日與其他節日期間實施「安全檢查」。[46]

儘管規模相對較小，地方國保警隊不僅對重點目標進行直接監控，還要參與打擊非法宗教集會、沒收非法宗教材料、逮捕政治嫌犯，和鎮壓抗議等保安行動。貴州省甕安縣國保警隊在二〇一二年對重點人員和退伍老兵進行監控。[47]在一九九九與二〇〇三年間，磐石國保警隊每年對法輪功等非法宗教團體採取行動，監控他們的集會場所與人員動向。在一九九一與二〇〇五年間，福州市台江區國保警隊加強對非法宗教團體的監控和調查，採取的行動包括打擊集會、沒收材料、逮捕集會成員等。[48]

地方國保警隊在防範和鎮壓抗議方面所扮演的角色，反映中共在後天安門時代的政策優先。事實上，自一九九〇年代末期維穩成為優先要務以來，國保警隊涉入的抗議管控工作已經不斷增加。這類工作通常涉及線人的部署：線人滲透涉嫌抗議團體，向警方舉報它們的計畫。

武漢國保警隊在報告中說，在二〇一三年，它「有效運用情資取得有關群眾事件的預警」，「成功處理了一百多起」這類事件。[49]國保警隊一般以「處理」這類簡短、委婉的語言來討論這類事件。但無論如何，這些事件證明國保警隊在協助地方當局鎮壓社會不安的工作上，扮演了重要的角色。[50]

派出所

中共的第一線執法系統是警察局，一般稱為派出所。派出所執行最例行性的執法與公安職能，自一九五〇年代中期以來，這類職能的範圍已經愈來愈大。根據一九五四年發布、一直實施到二〇〇九年的「公安派出所組織規則」，派出所的任務為執法，維護公共秩序，鎮壓反革命的破壞活動，防阻犯罪和遏止進行中的犯罪，保持對反革命和其他罪犯的管控，執行戶口，為地方保安委員會提供指導。[51]在後毛澤東時代，特別在一九九〇年代末期，一線警力逐漸承擔更多執法責任，在監控系統中扮演更積極的角色。公安部一九九七年的全國「基層國內安全工作」會議是一大關鍵。公安部在這次會議中宣布，「維穩」現在是重點警務；派出所必須設立國內安全辦公室，或指派警員專責國內安全任務。[52]

將監控職責派給一線警員承擔的做法，大幅增強了監控系統能力。與國保警隊相比，普通警察擁有許多優勢，使他們更能有效執行例行監控任務。最明顯的是，一線警力規模大得多。此外，這些警察由於都派駐在社區（每天在街道上巡邏，守著面向民眾的警務基礎設施），與地方廣泛接觸，無論是蒐集情資或招募線人的工作，做起來都更能得心應手。藉由與監控目標近距離接觸之便，一線警員可以奉國保警隊與其他保安機構之命，隨時跟監目標。

第一線警員與派出所的總數多少，沒有相關公開資料，但一名公安部高官在二〇〇五年六月提供的資訊，至少可以提供參考。截至二〇〇四年年底為止，中國顯然有四萬三千七百七十二個派出所，與編制警察約四十二萬人。其中一萬一千四百九十二個派出所與二十萬兩千零六十人駐在城市，一萬九千四百一十四個派出所與十五萬七千九百人駐在城區，一萬兩千八百六十六個派出所，與六萬零二十名警察駐在城鎮。城市派出所平均有十七點六名警察，城區派出所平均有八點一名警察，城鎮派出所平均只有四點七名警察。[53]但這只是編制警隊警力的一部分，而且是很小一部分。根據二〇一四年一月公安部的一則新聞發布，在二〇一三年，全國有五十五萬六千名警察，其中只有百分之二十七點八的警察派駐在派出所。[54]

公安局與公安廳還聘用不在編制內的「輔警」。這項措施大幅提升了派出所可以使用的警力。廣東省公安廳曾在二〇一一年五月建議，設在「公共也秩序情勢複雜」地區的派出所，可以為每一名編制警員聘用兩名輔警。至於其他地區的派出所，可以為每一名編制警員聘用一名輔警。[55]廣東省與河北省公安廳並且規定，派駐農村地區派出所的警員總數，不得少於城市與縣警力總數的百分之四十。[56]

在納入一線警力與輔警之後，與純靠國保警隊撐持相形之下，中共監控系統的規模擴大無法以道里計。事實上，警方負責的大多是例行監控職能，讓國保警隊得以全力投入高優先目標與案件。

警方的監控工作

公安部二〇〇二年發布的「公安派出所執法值勤工作規範」，說明了正規警員的監控職責。[57]這些職責包括執行重點人口計畫，招募線人提供有關社會治安、政治安定的情資。特別是，警方要招募線人以查察民眾對國內外重大事件和議題的反應，用線人蒐集敵對和非法組織活動相關情報資訊。最有用的線人往往是那些能在日常生活中與「群眾」接觸，或能與重點人員互動、而不引起猜疑的線人。

鄭州一個城區公安局的績效考核標準顯示，一般警察的績效考核，部分取決於他們的國保工作。派出所警察考核使用一種一百點的系統，國保工作表現令上級滿意可以贏得最高二十點，就理論而言，這表示國保工作要占用社區警察約百分之二十的時間。這二十點又分為許多小項。監視重點人口可以得四點。「保持對法輪功等邪教、非法宗教和組織活動的警覺」可以得兩點。每一名警察每年必須招募至少兩名「治安耳目」和三名線人，又可以得兩點。城市派出所「必須每一季蒐集二十件有關政治安全保衛的情報」，而「鄉村派出所必須蒐集十五件這類情報」，又可以得兩點等等。[58]

地方年鑑發表的活動摘要證實，監控系統例行性工作大多由普通警察執行。這類工作包括對重點人員的監控。以二〇〇二年北京和四川省樂山市公安局年鑑為例，都談到對重點人員的監控。[59]河南省開封市禹王台區在二〇一〇年代末期的一份報告，說明了警方如何執行重點人員辨認和數據庫更新。開封市其他地區的警員也對退伍軍人實施長期監控。[60]河南省平頂山衛東區「五一路派出所」（在中國，以五一國際勞動節為公共設施命名是普遍做法）在二〇一九年的報告中說，它經常和其他政府實體合作，對「邪教」、國內安全重點人員、上訪人員、精神病患和退伍老兵進行監控。衛東區的另一派出所說，在二〇一九年敏感日期，警察每天都要和重點人員會面三次，其他警方轄區也採取類似監控做法。[61]

「敲門」是警方慣用的一種監控戰術。這種做法多半指的是為跟監和嚇阻，突然造訪目標住家。在一般情況下，敲門行動由國保人員和負責目標住家社區的警員聯手執行。[62]在二〇一六年，禹王台宏陽路派出所對法輪功成員發動敲門行動。禹王台區其他派出所在二〇一九年也實施過類似行動。[63]深圳一個區的警員似乎對敲門情有獨鍾。在二〇一七年，他們對六十七名重點人員實施了七百五十次敲門，平均每個月對每個人敲一次門。[64]

流亡海外的異議分子與激進分子（這類人士在停留中國期間，幾乎必然都會遭歸類為重點人員）在接受訪問時表示，對高價值目標進行的監控都以國保人員為主，以普通警員為輔。國保探員在第一次造訪目標住家時，地方警員會代為指引，並將這名國保探員介紹給目標人士。之後，國保探員開始接觸該目標人士，警員與目標人士之間的直接接觸有限。[65]人權律師滕彪說，一名社區警員偶爾會找他，探詢他的計畫，看他是否在家。[66]但與滕彪共事的華澤說，就她記憶所及，敲門比這激進得多：一名地方警員經常找上與她同住一棟樓的姑媽，要她姑媽「管好我」。這名警員還會出言威脅，迫使她姑媽與警方配合。[67]在六四天安門鎮壓週年與二〇〇八年北京奧運這類敏感期間，地方警察會加強對高價值目標的監控。北京一名學者說，在敏感期間，無論他到什麼地方，身後都會跟著幾名正規警員與輔警。[68]

一線警員不僅在與監控目標互動的過程上扮演各種角色，在招募線人的工作上，他們也無疑舉足輕重。[69]宏陽路派出所的報告說，他們在二〇一六年招募了三十六名特別情報人員與線人，用因此取得的情報「適當處理」群眾事件。在二〇一七年，他們又招募了四十名生力軍。同屬禹王台區的新門關派出所，在二〇一九年也有同樣成績。在二〇一九年的報告中，河南省濮陽市一個派出所，描述了它是如何在重點人員周遭布置線人，將縣民安插在可能是宗教組織的「特別團體」內。警方還會招募重點人員本身為線人：警員奉命與重點人員發展「友誼」，從而「接觸內部情報……了解他們的計畫」。湖南省隆回縣二〇一九年年鑑指出，它轄下的一個派出所全力動員特別情報人員和線人，蒐集有關恐怖主義和重點人員的情報資訊。[70]

一線警力的最後一項職責是監督、管控「陣地」，包括旅館、網咖、租房和印刷廠等。我在第六章會詳述何以對這類地點的管控是監控系統的一大支柱。在二〇一八年，雲南省峨山彝族自治縣警方就在報告中說他們視察了旅館、網咖、租房和娛樂場所。在二〇一九年，衛東區五一路派出所警察對旅館、租屋和包裹快遞業者進行例行視察。深圳觀瀾派出所說，它在二〇一七年在網咖、旅館、租屋，和其他「複雜場所」進行重點執法。[71]

國家安全部

中共最神祕的安全機構，或許首推「國家安全部」。中共官媒對這個機構的結構或活動幾乎隻字不提。國家安全部成立於一九八三年，是黨中央調查部與公安部反情報部門合併的產物。由於國家安全部的首要任務包括海外祕密作業和國內反情報，它在國內監控系統上扮演的角色鮮少引人注意。但仔細研究地方政府與大學出版的年鑑，以及與流亡異議人士的訪談，顯示國家安全部在國內監控方面，雖然角色有限，但卻積極參與其中。

國家安全部的組織與其地方機構

國家安全部於一九八三年成立後不久，地方政府開始成立省級、市級，和縣級的國家安全廳或局。不過各行政區所費的時間有長有短。北京石景山區直到二〇〇五年才成立國安單位就是例證。[72]各地國安單位的名稱也各不相同，為求簡便，我使用最常用的名稱：國安局。

就行政劃分而言，國安部的地方機構得向上級國安部機構和相關市、縣黨委政法委報告。國安部部長是中央政法委成員，各地國安局局長也是地方政法委成員。國安局重要幹部由上級國安機構和地方黨委聯合審核、指派。但在工作上，國安局主要由國安架構內的上級督導。[73]

雖說國安部的結構一直是學者們討論的議題，但我們對地方國安單位內部組織卻所知甚少。[74]根據吉林省臨江國安局的報告，它在一九九七年有一個「總務辦公室」與一個「任務部門」。[75]河北省邢台市國安局黨委在報告中透露了更多有用線索。邢台市國安局的二〇〇二年報告顯示，黨在國安局內設有一個總務處和五個分處。由於共產黨一般會在每個作業部門內設一分處，因此可以合理推斷邢台市國安局有五個專案部門。邢台市國安局當時在報告中論及的任務包括「專案調查」、「基本勤務搜索」，就是「特別情報」、「祕密力量發展」、「情報」、「破解專案」、和「資訊工作」。[76]

國安局透過黨的政法委（國安局局長也是政法委成員）與地方黨委保持密切合作。地方當局為國安局提供情報和資訊，而國安局則在涉及安全事務的問題上為地方當局提供訓練、技術，和工作支援。[77]例如，武漢市國安局就在報告中說，在一九九七年，政府機構、企業，與其他組織內部約三百七十個國安小組，為武漢市國安局提供未經說明的「援助」。報告中說，這些小組代表市國安局「密切注視各種可能影響社會和政治安定的因素」。武漢市漢江區政法委透露，它直接為市國安局提供情報和資訊。[78]

國安部監控活動

地方國安單位有各式各樣的任務。舉例說，信陽國安局在一九九九年成立時，主要責任為進行「關於敵情的調查和研究」和打造「祕密力量」。臨江國安局的任務為參與「反情報和其他國家安全相關工作」，發動一場「祕密戰線上的鬥爭」。[79]但實際上這些官式任務究竟內容為何，相關報導卻極少。我們必須從措辭謹慎的報告與證人證詞中旁敲側擊才能略窺一二。我們的發現顯示，國安局不僅執行各式各樣例行性執法工作，也密切參與監控活動。

國安局能執行傳統執法任務，最可能的情況是利用專業技術，以一種支援的方式投入反情報。舉例說，國安局可能監控嫌犯通訊以協助警方。雲南省大理國安局在報告中說，曾在一九九八年與鄰縣國安局合作，破獲一起大型毒品走私案。[80]湖北省鄂州國安局說，曾在一九九六年參與「嚴打」運動，為其他執法機構提供不詳的「服務」。成都國安局承認也參與了一九九六年這一波「嚴打」。[81]湖南省衡陽國安局說，它在二〇〇二年協助地方警察和檢察當局調查「經濟犯罪」。「經濟犯罪」是中國的一種正式犯罪類型，包括走私、仿冒、詐欺、逃稅等等。[82]

做為一個聚焦外國情報的國家安全機構，國安部將一些有關國家安全的工作委交地方國安單位處理。地方國安局的一項重點工作是為出國公幹的政府人員提供國安簡報，然後在他們返國時聽取他們的述職。舉行這些簡報的目的，可能是防止這些政府人員洩漏「國家機密」，但所謂「國家機密」的定義，往往模糊而且廣泛。國安局探員顯然利用這類工作，審查出國人員在海外的活動，蒐集出國人員在海外停留期間可能獲得的一切有價值的情報。有鑑於報告中不斷提到這類工作，它們似乎是國安局標準工作。[83]地方國安局還會審查轄區內的外國投資項目，以搜尋國安顧慮。[84]

地方國安局的反情報任務，主要鎖定住在當地的外籍居民與來自台灣、香港、澳門的人士。山東省曲阜國安局局長透露，在一九九〇年代末期，曲阜國安局「及時掌控外籍居民」與港、澳、台旅者情勢。雲南省迪慶藏族自治縣國安局規定，為外國旅客提供住宿的旅館必須簽署「安全責任協議」，目的應該就為了方便國安局進行監控。

地方國安局雖以外來人士為主要監控對象，但也鎖定一些中國公民。前述曲阜國安局局長說，他的單位布下一個大網，鎖定來自「地方社會各階層」人士，包括「重點人員」，而中共所謂「重點人員」只指本國公民。[85]少數民族聚居地區的宗教機構，也可能是地方國安局的監控對象。迪慶藏族自治縣國安局的報告說，在二〇一三年，它「對重要寺廟採取監控行動」。[86]四川涼山彝族自治縣國安局說，它鎖定「我們縣界內外的敵對勢力和民族分裂分子」採取行動。涼山有大批彝族居民，彝人是中國最大的少數民族。[87]新疆省喀什的國安局在報告中說，它在二〇〇〇年向上級提報了四十三件情報資訊，其中只有五件供新疆省國安當局使用，其餘都交付地方黨委和政府機構使用。這說明了喀什國安局所蒐集的情報，主要與少數民族騷亂有關，與外國人諜報活動無涉。[88]

確實，有鑑於國安部監控少數民族的案例頻繁出現，國安部的首要責任可能就在於監控少數民族地區、特別是西藏與新疆。很顯然，中共相信外來的支持正在煽動少數民族地區的騷亂，國安部憑藉其反情報能力足夠應付這種威脅。

像國保警隊和警察一樣，地方國安局也用線人進行監控。地方年鑑中有關這類活動的記述大多語焉不詳而且籠統。舉例說，曲阜國安局在摘述它在一九九六至一九九八年間工作的報告中說，它「加強打造我們的情報和資訊網路」。青島即墨區國安局的報告說，它在一九九四年進行「多管道情報和資訊蒐集」。[89]但有時地方國安局報告也會講得很詳細。例如迪慶國安局說，它在二〇一三年招募了不明數目的「人民防線聯絡員」，在對外籍旅客住宿的旅館中進行安全盤查時，會用到一些這樣的聯絡員。江西省景德鎮國安局說，它在一九九九年透過財物獎勵和舉辦訓練講習的方式，大力發展「資訊蒐集」。景德鎮國安局特別提到，在鎮壓法輪功和北約轟炸中國駐貝爾格勒（Belgrade）的大使館之後，它為市黨委提供來自它自己管道的資訊。[90]在一九九九年鎮壓法輪功期間，貴州省六盤水國安局蒐集「大量內部和早期預警情報」，為「相關部門提供支援」。換言之，就是國安局的線人（內部人士）蒐集情報，協助辦案人員鎮壓法輪功。[91]

數不清的證據可以證明，地方國安局用鎮壓手段參與國內維穩。四川涼山縣（境內住有眾多少數民族）國安局提出的優先情報蒐集清單就是例證。根據涼山縣國安局的報告，它在一九九九年將有關建國五十週年的預警和內部情報蒐集列為最高優先，清單上的其他重要事項還包括澳門回歸、法輪功、北約轟炸貝爾格勒、台灣總統李登輝所提出強調台灣獨立的「兩國論」、一九五九年西藏暴亂四十週年（那一年中國軍隊擊潰西藏反華叛亂，殺了幾萬名藏人，十四世達賴喇嘛逃亡印度），以及六四天安門事件十週年。[92]無錫國安局在二〇〇〇年報告中說，它「蒐集了約一百件有關社會和政治安定的預警和內部情報」。顯然「黨中央委員會中央辦公廳和國務院辦公廳用了其中十幾件」，而不是上級國安單位用了這些情報，更加佐證了國安單位蒐集的這些情報，往往與國內安定有更密切的關聯，而與反情報無涉。[93]江西省宜昌國安局透露的情報資訊，也指向同一結論。一九九八年麕昌國安局為上級提供了三十一件情報，其中九件交由省級國安機構和國安部使用，省黨委、省政府，和市委共同使用了其中十一件。[94]換言之，表面上應該是反情報機構的麕昌國安局，似乎是更重要的維穩工具。

地方國安局不僅負責處理、報告情報資訊，還要透過監控直接參與情報的蒐集，國安局並且參與根據這些情報而展開的行動。國保警隊主要負責國內情報安全行動，國安局則在政治敏感期間、在重要節日之前動員維穩，也難怪地方年鑑經常提到國安局的「維穩工作」。一九九九年，貴州省六盤水國安局在六四事件十週年、兩會、建國五十週年活動期間均進行了不明「保安工作」。二〇〇二年，湖南省衡陽國安局在第十六次黨全國代表大會舉行期間，也進行了類似保安工作。由於大批地方國安局都說它們在政治敏感和節日期間參與保安行動，這類維穩工作似乎是一種全國通用的做法。[95]

與著名流亡異議分子的訪談證實，國安部經常奉命在關鍵時刻進行國內監控。在二〇〇八年八月北京奧運籌備期間，人權律師滕彪與國安部人員並無接觸。但在那年三月，在為一名著名人權運動激進分子進行了法律辯護，並發表公開信呼籲政府尊重人權後，滕彪便遭到國安部的特務綁架。[96]二〇一〇年諾貝爾和平獎頒給人權運動人士與政治犯劉曉波，導致國安部又一波國內鎮壓行動。當時幫忙滕彪蒐集支持劉曉波公開信簽名的華澤，也遭到國安部人員綁架、拘禁，與酷刑。[97]

二〇〇二年，景德鎮國安局在獲悉基督徒在市內不明地點組織一場大型集會後，直接參與國內安全工作。國安局人員與地方公安局聯手，逮捕活動組織者與驅散參與者。在一九九八年，景德鎮國安局「成功防止了一次可能對社會安定造成衝擊的事件」。安徽省蕪湖國安局說，它在二〇〇三年破獲了幾起涉及法輪功成員的案件。[98]

最後，與流亡異議分子的訪談顯示，地方國安局與國安部在鎮壓重點對象的工作中扮演重要角色，而這項任務理論上應為國保警隊的職責。然而，重點對象往往要同時面對國保警隊與國安部人員的監控。根據曾遭鎖定的異議人士的描述，國安部的工作有幾個值得注意的細節。國保警隊一般在找出重點對象後便會啟動監控，一旦案件涉及外籍人士，包括台灣人，國安部就會接管。一名原本遭到國保警隊監視的公民運動者說，在她二〇一一年結束一次台灣之旅歸來後，她的案子就由省國安局接手了。奉派監視她的那名國安局探員與她的年齡、經驗、教育背景都相仿。這名探員為了與她套關係，還會為她的孩子帶來一些書本、糖果之類的禮物。當這個目標在中國會晤西方人士，國安部與國安局人員會變得特別激進。這名公民運動者告訴我，在前往另一省出席了一場有幾位著名美國學者參與的會議之後，在機場準備搭機返家時，幾名國安部探員不斷打電話給她，堅持要在機場見她，她拒絕了他們的要求。[99]

另一名原是北京學者的流亡人士說，在他涉嫌為一個西方國家政府提供情報之後，他成了國安部盯梢的對象。他原本由國保警隊監控，在國安部參與之後，他遭到長達十個月的嚴密監控。在一開始，國安人員每天對他進行盤問，每次盤問七、八個小時；之後盤問次數減為每月一次，然後減為每兩個月一次。國安人員搜查他的住家，沒收他的電腦。他懷疑國安人員還在他的手機上植入惡意軟體：在遭到國安部盤查之後不久，他發現他的手機變得奇熱，而且莫名其妙地耗用大量數據。國安部探員還會跟蹤他，密切監視他與西方人士的一切接觸。他在一開始奉命不得出國訪問，而且必須事先將一切國內行程通知國安部。後來他獲准出國，但必須將行程通知國安部。[100]

公衛與同志權利運動人士萬延海是另一名被盯上的目標。一開始，負責監控他的是北京國保警隊，但在一九九五年世界婦女會議（World Conference on Women）召開前不久，他成為國安部監控的對象。像其他重點對象一樣，在六四週年這類敏感時間，萬延海也遭到嚴密監控。

由於為那些因不安全的捐血而染上愛滋病的患者請命，萬延海在二〇〇二年遭國安部拘禁。根據標準工作程序，萬延海每次會晤西方捐血機構代表時，都會遭到國安部探員盤查。每年年初，國安部也會找上萬延海，以了解他所接獲的海外捐助資金，以及他的非政府組織的活動。[101]

國家安全機構之所以如此積極介入國內安全事務，可能因為渴望討好地方黨委來證明它們的價值。地方黨委領導的政治前途往往取決於他們維護治安的能力，國安人員給了地方黨委領導這個好處，以後自然可以獲得回報。這類交換很有價值，因為國安局是一個比較冷的衙門。國安部雖說以精密、幹練的諜報機構而聞名，但地方層級國安單位的組織能力與政治地位，卻比公安部的地方單位落後甚多。[102]

總體說來，由國保警隊、一線警力，與國安部共同構建的分布式國內監控系統，對一黨專政的中共很有用。北京政權因此可以避免因祕密警察勢力過於強大而帶來的潛在風險。儘管這些機構不斷互動、重疊，各機構之間的正式分工依然不變，使官僚機構之間的競爭不能損及監控系統的整體能力。此外，多餘的警力還能確保任務必達。

就強項與弱點而言，中共的分布式監控模式的三個成員可以互補。做為監控系統首要運作機構的國保警隊，似乎頗為精瘦、健壯。中共能在後天安門時代控制異議分子與社會動亂，國保警隊的運作似乎相當成功。不僅如此，國保警隊對中共還有一項絕佳價值。國保警隊規模夠大，足以執行日常監控與特種工作（有時在其他機構協助下執行），但不足以威脅政權。另一方面，社區警員擁有人力可以輔助國保警隊工作，擴大國保警隊能量，使精英探員可以集中力量鎖定重點目標。但身為一線警力的社區警員，缺乏成為獨立權力中心的地位與精密性。除非奉黨之命介入，他們只能處理例行性的執法與公安工作，這使他們不能涉足於政治圈。經由這種方式，負責例行執法與公安事務的警員，同時也能保護黨的安全，協助黨實現其政策議程。

最後，國安部讓監控系統的威名令人不寒而慄。就其反情報授權而言，它的國內運作規模應該有限。但共產黨精明，在地方層級也設立國安單位，鼓勵它支援國內安全，從而證明國安官僚存在的合法性。但這裡有一些潛在隱憂：國安部把部分能量投入國內安全的做法，可能損及本身的反情報任務，並且使它與公安部之間的關係更加緊張。同時，國安部介入國內事務，也是對公安部的一種制衡，讓權勢比國安部龐大的公安部不敢造次。

若是沒有分布式監控，很難想像中共還能如此有效地解決強制困境，若不是因為一黨專政，分布式監控能如此有效運作也同樣讓人難以想像。強制結構確立黨的至高無上，其首要任務也反映了這一點：強制結構的首要任務不是確保公安，甚至不是保衛國家免於外敵入侵，而是保衛黨的政治壟斷。列寧式組織讓分布式監控有一種極具創意的特性：它有一種多層面架構，在各級黨委設立保安首腦，然後將黨委設在各級保安官僚機構，從而將黨與官僚結合在一起。黨可以透過這種系統牢牢掌控安全組織，確使安全組織不能對其政治主子構成威脅。

同時，一黨專政政體發明的這種分布式監控模式也有其缺點。監控系統執行的許多工作似乎沒有必要：追蹤上訪人士、邪教分子與宗教組織的活動，除了能讓黨的偏執稍加舒緩以外，似乎並無成效，這類過度的手段還可能造成反效果，激發民怨，讓鎮壓組織觸角更加延伸，對黨國卻並無明顯好處。在經歷一九八九年垂死邊緣的那場劇變之後，中國共產黨是否犯了矯枉過正的錯，只有靠時間來說明一切。但就目前而言，黨似乎對浪擲保安警力，或自我毀滅式的鎮壓手段並不關切。北京政權仍然不倒，說明這種監控系統的成功大於失敗。

第四章

「特情」與「信息員」

用線人蒐集情報線索是全球各地慣用的一種傳統執法戰術。雖說民主國家與獨裁國家的警察都運用線人，兩者在做法上卻有重大差異。[1]在民主國家，警方運用線人有嚴格的法律限制與行政監督。當然，民主國家的執法機構有時也會基於政治理由而濫用線人，胡佛（J. Edgar Hoover）治下的聯邦調查局或許就是最著名的例子，但根據法律，它們招募線人應該為的是打擊傳統犯罪。[2]但相形之下，獨裁國家的警察機構不斷用線人進行傳統執法與政治鎮壓。由於獨裁者認為政治威脅比犯罪更危險，而且也因此認為這類威脅充斥社會每一個角落，獨裁者們一般都會招募大批線人幫著進行政治刺探工作。在一九五三年的保加利亞，祕密警察麾下有五萬五千名線人，大約每一百名國民就有零點七名線人。在一九八九年柏林圍牆崩塌時，東德人民有超過百分之一的人是國安部的情報人員。[3]

民主國家會限制使用線人進行傳統執法，獨裁國家則不理會這類限制，這些做法都是有其道理的。在民主國家，基於對民權的保護，政府不能純以政治理念為由對人民進行調查。線人充斥的社會一定充滿不信任，民主與市場經濟的基礎將因此腐蝕。獨裁國家沒有這類顧慮。事實上，正因為社會信任是集體行動的溫床，獨裁國家很害怕這種信任。就這樣，使用政治情治人員就可以一石二鳥：既可以找出對政權的潛在威脅，還能在國民之間散播不信任。[4]

在獨裁國家，線人的招募與部署只有實際考量方面的限制。招募線人的一個潛在障礙是利害權衡：獨裁政權得說服普通民眾為祕密警察工作，但對大多數民眾來說，這都是一件令人道德不快的工作。獨裁政權用來說服普通民眾的工具包括給予金錢報酬、特權、升遷機會，與免於（政府）加害的保護等等，欠缺這類工具的獨裁政權，建造大型線人關係網的能力也受限。第二項挑戰是運作。線人愈多的獨裁政權，為監督、利用這批線人，必須建立的祕密警察規模也會愈大，而這是許多獨裁政權無力負擔的成本。最後一項挑戰是線人的「產值」。怎麼做才能讓線人全力發揮，以免浪擲寶貴時間？有些線人（通常是那些被迫加入工作的人）盡可能什麼也不做。還有些線人急著表現，蒐集巨量情報，但蒐集的都是些沒有價值的垃圾。

在中國，「特情」與「信息員」的正式差異在於，「特情」由警方招募、督導，而負責招募、督導「信息員」的是政治當局。就特情與信息員的招募與處理而言，中共的分布式監控體系效率頗為驚人。由於黨的觸角遍布經濟、社會各角落，警方與地方黨委享有對民眾的巨大影響力，可以相對輕鬆地募集大批民眾為之效力。[5] 祕密警察（國保警隊與公安局）、一線警力與地方黨委（主要是政法委）之間的分工，使祕密警察可以精選一小批情治人員擔任重要任務。共產黨憑藉其龐大的黨員數量優勢，可以輕易募集較大的線人關係網，委以較例行性責任。

不過如下文所述，產值問題仍然令黨傷透腦筋。中共的監控體系顯然是一場數字上的成功：就人口占比而言，中國境內的線人與當年的東德一樣充裕，但中共這些線人的工作品質卻令人懷疑。由負責例行監控的政治當局招募的線人，約百分之六十顯然沒有提供任何情報，其餘四成的人雖說提供了情報，但這些情報中似乎有價值的只占四分之一。（見附錄）

儘管線人關係網不理想，它的體制性創意仍能讓中共引以為傲。中共的監控體系以規模大、層層覆蓋而著稱。不同類型的情治人員與線人執行不同的任務。中共將列寧式政權的組織觸角發展到草根階層，將列寧式政權對資源與機會的掌控發揮至極限，建立與維持了一個就連東德國安部也會豔羨不已的線人關係網。

「特情」

中國政府於一九五〇年代初期開始使用「特情」，[6]在一九六七到一九七三年間因文化大革命而中止，但除了這段期間以外，這些情治人員一直是北京政權為揭發、鎮壓政治反對派活動而採用的主要手段。在後毛澤東時代，情治人員的運用逐步體制化與擴大。一九八一年，公安部發布「刑事調查使用特情臨時規則」，將招募、部署這些情治人員的規定格式化。這些規定經過修訂，在一九八四年隨著「刑事特情工作細則」的發布而成定案。[7]二〇〇一年，公安部發布「刑事特情工作規定」，又一次更新相關規定。此外，公安部還訂了緝毒調查與監獄內偵查工作臨時規則。[8]

根據這些規則，特情的目的在於執法：情治人員要協助刑事調查。這種做法反映了中共的一項宣傳戰術。中國政府不希望明目張膽地承認它動用警力來刺探政治反對派，所以特情表面上只是傳統的警方線人，協助警方防阻犯罪活動，抓捕罪犯。事實上，特情有兩種目的，除了協助執法，他們還負責舉報政治敵人。

儘管特情與信息員之間有正式差異，但安全機構往往在報告中將兩者混為一談，還會用各式各樣別的名詞取而代之。除了特情以外，有時安全機構還會稱他們為「聯絡員」與「朋友」。有時，所謂特情指的其實是信息員（線人）或「耳目」，在大多數情況下，耳目就是信息員。公安部一九八四年的「刑事特情工作細則」說，所謂「特情」是「公安和國安機構內部使用的一個通用名詞，指的是執行特別任務、祕密蒐集情報的個人」。[9]在以下討論中，我使用「特情」而不用西方人慣用的「間諜」一詞，既因為特情在中國是一個法律類型，也因為特情在執行偵察任務時並非單打獨鬥。不過就若干方式而言，特情與眾不同。在中共警方招募的千千萬萬情治人員中，能稱為特情的幾乎肯定是一時之選。

招募、管控與規模

特情的招募與管理有嚴格的程序。警方不得招募黑幫老大、慣犯、騙徒、吸毒犯、重大案件嫌疑人，或負責情治人員管理的警員的親戚。只有縣級（或以上）公安局刑事調查單位負責人可以批准特情的招募。部署海外特情的招募，必須經過縣級公安局警察首長批准，並向市刑案調查單位報備。如果招募了著名人士、公司高管，或犯罪組織重要成員為特情在海外工作，必須向省當局報備。必須為每一個特情建一個極機密的檔案。檔案內容包括當事人登記表、照片、簡介、一個識別號、化名、通訊方法、和用來與管控人進行機密通訊的密語。「特情檔案」還會追蹤這位情治人員過去辦案的表現、獎懲紀錄，他或她所提供的特定情報，以及警方調查人員因應這些情報而採取的行動。警方管控人員只能接觸由他們直接監督的那些情治人員的檔案。[10]

特情一旦招募，得在警方一處一般偽裝為飯店、商店、餐館之類商業實體的祕密基地中受訓，受訓時間從幾天到幾個月不等。根據一名前警員的說法，訓練有時可能會在拘留所或監獄中進行。[11]河南省山門縣公安局規定，負責蒐集情報的警方「特情幹部」，每年得為手下每一名情治人員辦一次訓練。[12]為保護情治人員的身分，訓練地點必須保密，而「特情幹部」一詞也說明警方指派專人管控特情。西安灞橋區國保警隊的一份二〇一八年工作摘要，與山東省齊河縣的一份二〇一七年工作摘要都證實，至少部分特情由專責警官管控，事實上，就算並非全部，大多數特情都由專屬警官管控。[13]在一九九六年，陝西省公安廳指派一百六十二名幹部管控一萬零六百九十三名特情。[14]每一名特情每一季都要接受一次考核，經考核認定無績效的會遭剔除。[15]齊河縣說特情得接受嚴厲審核，警官首先得提出招募要求並請准，這是第一步。之後，特情候選人必須接受面談與評估，特情管控相關的開支是例行評估的議題。[16]當局得採取措施為特情身分保密。陝西省公安廳說，陝西省在二〇〇三年有一百一十二個祕密訓練中心與集會所，其中四十三個是「商業基地」，就是警方做為前線單位的商店。商業基地的營利用來獎勵特情，資助其運作。[17]

根據河南警校年鑑發表的一篇文章，警方用四種方法來招募這些情治人員。首先，特情主管透過個人接觸，找出能為警方進行偵查的人。其次，這些主管招募犯過輕微罪行的犯罪團夥「一般」成員。這種做法的優勢是：接受招募的人同意擔任特情以換取罪刑減免。第三，警方從已經服完刑的前罪犯中招募特情。最後，特情幹部仰仗一線警力找出可用的人。[18]由於特情異動率很高，平均兩、三年就會離任，公安局、國保警隊等保安機構都會預先進行招募。山東省國保單位在二〇一〇年代中期發布「組建國內安全保衛祕密力量五年計畫」就是例子。[19]

大多數特情由地方公安局刑事調查單位招募、管控。事實上，地方公安局還會公開透露負責招募、管控的特定單位。舉例說，北京公安局網站就說，它的刑事調查處負責組織特情，操作供特情使用的祕密基地。北京公安局「機動偵查總隊」（似乎是一支專門打擊街頭犯罪的祕密警隊）也使用和管控特情。[20]儘管這些做法似乎顯示，打擊犯罪與對抗政治威脅的情報偵防兩者之間有明顯分界，但如前文所述，由於這兩個領域都是特情用武之地，實際上這樣的界線相當模糊。[21]舉例說，一名特情可能奉派監視某個公共場域，或奉派加入一個能與大量不同人物接觸的行業，如計程車司機。無論屬於前者或後者，這名特情都能打擊犯罪，監控政治威脅。

由於有關特情的官方統計資料屬機密，我們無法確定警方到底雇用了多少情治人員。陝西省公安廳透露的

表4.1　受雇於陝西省公安廳的特情人數

年分	特情人數
1957	689
1980	538
1983	1193
1984	1907
1985	3100
1986	2994
1987	4383
1988	6691
1989	9975
1996	10693
2001	12108
2003	14004

數據來源見注釋。

轄區特情數據（見表4.1），是我們取得的唯一有關特情人數的官方資料。這些數據顯示，陝西警方在一九八〇年代中期以後大幅擴展特情關係網。到二〇〇三年，陝西省擁有一萬四千名特情，是一九八〇年的二十六倍，大約每一萬人中就有四名。[22]

想估算警方聘用了多少情治人員，有一個簡單的辦法，以二〇〇三年陝西省的比例為準則（每一萬人中就有四名情治人員），就能算出全中國的特情總數。根據這個基準，中國全境在二〇二二年有五十六萬名特情。另一個算法是將國保警隊人數乘以每一名國保警官按照規定必須招募的情治人員數目。但這類估計相當不精確，因為國保警官人數本身就只能靠評估判定，而且招募的名額多寡也各不相同。舉例說，在二〇〇〇年代初期，青海省西寧市的刑警每人至少必須招募兩名情治人員，負責刑事調查的刑偵隊副隊長必須直接招募一到二名「尖子」情治人員。[23]河南鄭州金水區公安局也規定，每一名刑警每年必須招募兩名；但西藏稻城縣警方在二〇〇四年說，每一名刑警只須招募一名；[24]而在二〇一〇年，河南省三門縣公安局規定，它的刑警大隊警探每人每年至少得招募三名。[25]

我們且假定，每一名國保警隊警官必須每年招募兩名新的情治人員。中國在二〇一三年有大約兩百萬名編制正規警員，根據我們可以取得的有限的地方數據，縣級國保警隊人數大約占警力總數百分之三到百分之五。[26]也就是說，國保警隊約有六萬到十萬名人員。如果我們的假設正確，中國國保警隊每年招募十二到二十萬名情治人員，專門對付已知或潛在政治威脅。

這些情治人員大多支領薪酬，這是特情管控當局的又一項挑戰。公安部沒有獎勵特情的明確而統一的規則與程序，[27]它的相關指示中只說：「應該給予提供線索、導致成功偵辦的情治人員獎勵；協助偵破大案的應該獲得重賞。」[28]但或許由於經費不足，公安機構往往不能提供這些情治人員酬勞。[29]撥交特情項下資金遭濫用的情況也很普遍：由於保密，而且欠缺財務管控機制，警方可以虛報、浮報特情開支，因此特情業務貪汙腐敗問題非常嚴重。[30]為解決欠缺可靠資金與酬勞機制的問題，安全機構用了一些有創意的解決辦法。舉例說，二〇〇五年十一月，青海省西寧市公安局成立了一個打擊犯罪特別基金，為情治人員支付兩百到一萬元人民幣（撰寫本文時，約合三十到一千五百美元）的獎金。[31]由於是專為打擊犯罪而設，這個基金獲得包括地方商家在內的許多金主踴躍捐輸。但這個項目的受益人不是打擊犯罪的人，而是同時也負責政治偵防的情報人員。實際上，西寧市公安局為酬勞祕密特務，挪用了為獎酬普通線人而設的基金，其他許多地方很可能也採納了西寧市公安局這個做法。

政治偵防類別

特情根據他們應聘執行的任務而分類。招募「專案特情」用來協助專案調查。在一般情況下，這些都是「拉出來」的作業，目的在製造對付幫會頭目的證據，招募的人一般都是相關幫會中的小角色。[32]但專案特情的對象也包括政治反對派。照理說，在相關調查完成之後，專案特情的價值也隨告消失。第二類是「控制特情」，招募這類特情的目的在於用他們監控公共場域，或讓他們投入一個能與大批目標接觸的行業，如擔任飯店員工、計程車司機等等。[33]在二〇〇一年，西安公安局從城裡計程車司機中，招募了六十名情治人員與八百名線人。由於當時西安市有大約一萬零七百輛計程車，即大約每十二名計程車司機當中，就有一人為警方工作。[34]第三類與最後一類情治人員是「情報特情」，招募這類情治人員的目的在於用他們蒐集各種情資。陝西公安廳發布的資料顯示，在二〇〇〇年代初期，大多數特情是控制特情或情報特情，這很合理，因為專案特情必然是獨特、特殊化、能與特定嫌疑人接近的個人。在二〇〇三年，陝西省警方聘用了一萬四千零四名情治人員，其中一千四百五十八人是「專案特情」（百分之十點四），五千七百三十三人是「控制特情」（百分之四十點九），六千七百七十四人是「情報特情」（百分之四十八點四），其中只有極少數（三十九人）是支薪的全職警員。[35]

遭北京鎖定的激進人士談到他們遭到專案特情的跟蹤。一九八九年天安門鎮壓過後下獄的資深異議人士張林說，在他於一九九一年獲釋後，經常有兩名前「學生領導人」造訪他。後來他才發現，原來這兩名情治人員向警方舉報他的活動。其中一名對張林的命運表示同情，坦承不諱自己幹下的事，說自己是在被關了六個月後才同意協助警方刺探張林。這名情治人員並且告訴張林，警方已經在張林住家裝了竊聽器。[36]另一名異議人士楊子立憶道，當二〇〇〇年他與幾名友人在北京一所大學成立一個青年團體時，北京國安局招募了一名同學滲透這個團體，錄下成員之間的對話，並將相關材料交給祕密警察。[37]

包括縣級政府在內的行政體系也聘用情治人員進行監控。由於偏遠農村地區人口較少，可用資源有限，地方上已知的政治威脅相對較少，在縣級行政區工作的情治人員也較少。如表4.2所示，儘管有少數例外，大多數縣級國保警隊每年招募、保有的情治人員不到五十人。鑑於特情的招募與使用都有嚴格規定，地方國保警隊往往想方設法避開標籤，聘用無須經過嚴厲核准、審批程序就能取得的線人。四川省國保警隊說，它在二〇〇六年招募二十二名特情，二十五名「朋友」，八十六名「聯絡員」，三十六名信息員，和十一名國保專幹，或許原因就在這裡。在二〇一三年，貴州省甕安縣招募二十二名特情（包括兩名專責線上活動的特情），一百六十一名「安保信息員」，九十二名聯絡員，和六十名朋友。四川省樂至縣國保警隊與一線警力在二〇一三年據說有二十七名特情；在之前一年，樂至縣說，它有四百八十四名「相對較穩定的信息員」和五百七十六名聯絡員。[38]這些數據顯示，每年招募的情治人員數或許不超過前文估計的十二萬到二十萬之譜，但投入政治偵防的線人總數或許高出甚多。

表4.2　縣級國保警隊在2010年代招募、保有的特情人數

年分	縣名	特情人數
2013	貴州省甕安縣	22
2013	四川省樂至縣	27
2014	貴州省甕安縣	19
2014	山東省齊河縣	86
2014	黑龍江省巴彥縣	15[a]
2016	四川省漢源縣	56
2016	四川省北川羌族自治縣	25
2017	陝西省富昌縣	86[a]
2017	甘肅省莊浪縣	120[a]
2018	陝西省西安市灞橋區	3
2019	貴州省貴陽市雲岩區	66[a]
平均		48

(a) 報告中使用的名目為「祕密力量」，而不是「特情」。
數據來源見注釋。

地方年鑑有關情治人員的運作敘述甚少，這自然可以理解。但無論如何，我們可以從中窺得一些有關情治人員的運作對象，以及他們蒐集情報類型與數量的線索。例如，宗教團體似乎是情治人員滲透的首要對象。黑龍江省巴彥縣國保警隊說，二〇〇五年部署的「尖子」情治人員協助警方偵破四起「非法宗教活動」，還支援了三項調查行動。[39]山東省齊河縣國保警隊說，它在二〇一六年成功將一名「邪教」教士策反成為有效的情治人員。內蒙古阿榮旗公安局從被拘禁的宗教組織成員中吸收情治人員。西安灞橋區國保警隊說，它在二〇一九年依靠情治人員「控制、取得」有關一個大清真寺的情報。新疆省尼勒克縣國保警隊說，它將調查對象身邊的人吸收為特情，證實從關係親近的人下手是警隊一項重要的滲透戰術。[40]

在大多數時間，年鑑對於當局使用哪些類型情治人員的事語焉不詳，因此無法確定它們用的是特情或是其他類型的情治人員。新疆鞏留縣國保警隊在二〇一三年說，在重點村落、清真寺、商家，和重點人員周遭均部署了「祕密力量」（這支警隊還說，它建立了五個「祕密行動基地」，表示擁有可進行祕密作業的安全屋）。陝西省富縣國保警隊也在二〇一七年部署祕密力量，用以監控「重點組織、行業、單位和團體」。[41]

地方國保警隊偶爾也會談到它們的情治人員蒐集了多少情報和訊息。或許由於他們人數少，情資品質要求標準高（特情提供的情資必須新、特定而且有實質性），與其他來源相比，特情提供的情資較少。就這樣，烏魯木齊米東區國保警隊在二〇一〇年蒐集了七百四十九件維穩相關情資，其中只有三十六件是由「祕密力量」提供的「珍貴」情資。[42]陝西省洛南縣國保警隊管控的偵搜人員在一九九八年提出六十五件情報，不過其中只有兩件是最有價值、很可能由特情提供的「敵情」。雲南瀘西縣國保警隊在二〇〇三年蒐集到六十一件情資：其中二十四件來自國保警隊警員，二十三件來自一線警員，只有十四件來自特情。四川省大竹縣特情提供的情報更少：只占全縣蒐集到的情報總額不到百分之五。[43]

但雖說特情提供的情資數量很少，他們在中共監控體系中扮演的角色卻很重要。特情提供的情資雖然不多，但都是極具關鍵性的。他們經手最棘手的刑案，對我們的研究而言更重要的是，他們處理的是最難纏的政治偵防工作。政治偵防工作所取得的情資，關係到預防性鎮壓的成敗，對維穩、以至於對維護黨的政治壟斷至關重要。

執法的「耳目」

「耳目」是中國警方正式雇用的又一種線人類型。本書主要探討的是以維護公共秩序與安全為主的「治安耳目」。如果說特情是特定警官管控的尖子探員，治安耳目更像是刑警口袋裡的一名舉報線人。負責招募、管控耳目的人不是刑警與國保警隊，而是一般的派出所警官。耳目執行一般性監控任務，例如舉報他們在日常生活中目擊的可疑人物和活動等等。像控制特情與情報特情一樣，耳目也負責監控高犯罪地區、涉嫌從事非法活動的公司行號與其他公共場所。由於普通警員人數眾多，也由於需要警方監控的公共場所眾多，我們可以合理猜測治安耳目的人數遠超過特情。

從公安部派出所檔案管理的相關規定，我們可以取得一些有關耳目的關鍵資訊。根據公安部規定，只有派出所所長可以批准聘用耳目。像特情一樣，每一名耳目也有一個機密檔案。檔案中記錄背景與行政資訊：包括耳目提出的為警方工作的申請、登記與批准表格，化名、照片、簡歷、評估、獎懲紀錄、通訊和支付資訊，有時還附有解職通知。檔案中還載有耳目的情報成果，包括耳目提供的情資摘要，耳目的書面報告和口頭報告紀錄，以及提供情資的確認等等。[44]

招募耳目有四個步驟。適合做為耳目的對象，通常是一名可以在公共場所進行監控的人，例如街頭小販、清潔工人或保安等。當一名警員找到一名可用的耳目時，首先要考核對象的政治忠誠度、社會關係、家庭狀況，並確認他們是否能夠接近監控目標。接下來，如果招募對象符合要求，這名警員就得營造一種個人關係，與招募對象「綁」在一起。第三步是試用：這名警員指派簡單任務給招募對象，試探他們的效率。最後，如果試用結果令人滿意，這名警員必須報請派出所主管批准。[45]之後，這名警員就成為新聘耳目的管控人，兩人必須每個月至少會面一次。耳目不可以與任何其他耳目建立關係。耳目的成績至少每年考核一次，以他們提供的情資的質與量為考核標準。經考核認定無效的耳目，經派出所主管批准可以解雇。[46]

像特情一樣，耳目也支領酬勞。一本關於警務規則的官方刊物指出，「表現特出的耳目可以獲得物質酬勞」，這表示，耳目不支領固定薪酬。[47]不過隨警察機構不同，做法也有差異。在一九九〇年代末期，天津警方運用公安局業務預算與臨時戶口稅，為治安耳目提供績效獎金與津貼。[48]

與公安部有關出版公司發表的書籍，談到耳目在監控體系中所扮演的各種角色。事實證明他們多才多藝，既能用於預防性鎮壓，又能投入傳統執法工作。治安耳目得評估群眾對黨的政策和重大政治事件的反應，得協助揭發犯罪，得舉報可疑活動，得辨認可能犯罪、從事暴力行動的個人，得蒐集情報，了解可能出現的群眾事件與其他可能危及社會安定的發展。[49]

讀者現在很可能已經知道，有關治安耳目的官方訊息不對外公開。不過我們可以經由旁敲側擊估算出他們的人數。不妨這麼想：二〇〇〇年代初期，河南省鄭州金水區公安局規定，區內各派出所每一名警員每年必須至少招募兩名耳目。[50]假設這項規定能反映全國平均值，則我們就得了解警員如何配置在派出所。如前文所述，根據二〇一三年官方數據，駐在派出所的編制內正規警員總數為五十五萬六千人，但若干已知省公安廳文件明確指出，警隊必須將總人數百分之四十派駐派出所，我因此認為進駐派出所的警力應該接近八十萬。或許有些警員不理會官方規定，不願招募耳目，所以我們不妨保守一些，假設只有四分之三的派出所警員按規定招募耳目。如果四十一萬七千名到六十萬名警員每年招募兩名耳目，則在任何指定一年，中國的耳目人數在八十三萬四千人到一百二十萬人之間。當然這是根據無法證實的假設做出的粗略推斷，但這能讓我們對耳目網的規模有一個概念。

「信息員」

投入政治偵防的人員除了特情與耳目以外，還有「信息員」。所謂信息員，可以按照字面解釋為「通風報信的線人」。信息員與特情和耳目不同之處，在於信息員由地方當局根據官僚體系需求負責招募、部署。信息員的招募與部署沒有一套核心授權或程序。有時，雖說在任何中央化政府檔案系統中都找不到相關資料，信息員卻是家喻戶曉的事實。信息員的使用普遍而有彈性；他們為一家或另一家機關工作，為公安局、政法委下屬維穩機構、人民民兵、大學或國營企業等國家組織工作。信息員扮演的角色與特情和耳目類似；不同之處在於信息員的地位與人數，這種差異很重要。國家機構在聘用特定信息員方面享有的特權，是龐大的全國性關係網的基礎。

信息員類型

依照招募機關與指派任務的不同，信息員分為兩類。像耳目一樣，信息員中也有「治安信息員」，這類型的信息員受聘於派出所與地方公安局調查單位，負責提供線索，監視嫌犯與激進分子，提防政治威脅。第二個類型是「國保信息員」。

警方有時大量招收治安信息員，希望運用他們工作性質之便，就近監視某些目標。杭州建德市警方招募街邊小店老闆擔任治安信息員，因為小店老闆比較關心附近交通與過路行人，也因為他們更可能成為強盜、偷竊等罪行的受害人。[51]上海普陀區警方在食物和包裹外送員中招募「騎士信息員」，因為他們可以接近住宅區。根據二〇二〇年普陀的年鑑紀錄，警方從八家外送公司招聘了兩百七十七名騎士信息員。據說，這些信息員在之前一年提供了三十三件「有用的線索」。江西省樟樹市公安局用「主要公路沿線小店老闆、清潔工人、資源回收中心、珠寶店、二手手機店鋪人員和計程車司機」建立「治安信息員網」。[52]

有關國保信息員的資料可以回溯一九九〇年代初期。吉林省舒蘭市在一九九一年開始招募國保信息員，直到二〇〇二年，每年聘用人數約在一百一十到三百六十人之間。吉林省磐石市國保警隊說，它在一九九四年聘了三百二十五名國保信息員。[53]在二〇〇〇年代，國保信息員相關訊息出現在官方報告裡的頻率不斷增加。二〇〇五年，黑龍江省大慶市薩爾圖區警方說它聘了五百七十三名「政保信息員」，這是國保信息員的又一稱謂。新疆省克拉瑪依區的二〇一四年年鑑說，它在之前一年招聘了三百七十九名國保信息員。[54]甘肅省金昌市龍首區國保警隊在二〇一〇年的報告中，刻意將國保（新聘一百三十人）與特情（新聘六人）做了區分。[55]

若干地方年鑑登錄的內容，讓我們瞥見國保信息員蒐集的情報類型。薩爾圖區警方說，它在一九八六與二〇〇五年間從國保信息員處取得總計六百九十六件情資。其中三百二十三件與上訪人有關；八十件涉及非法宗教團體與活動；十五件有關中國境外事件和團體；十五件有關不特定「敵情」，猜想應該是已知政治威脅活動的相關情資；還有一百八十二件是「具有重大社會衝擊事件的相關情資」。[56]山西省岢嵐縣公安局說，國保信息員在二〇一六年取得兩百二十四件情資。其中三十七件和「邪教」有關，六十二件和不特定維穩議題（很可能是上訪和群眾事件）有關。三十四件屬於「恐怖主義相關」事件，九十一件和不特定「國保議題」有關。[57]這些訊息說明，國保信息員提供的情資主要與傳統國安或公安威脅無關。它鎖定的對象主要是宗教活動與百姓合法的抗議行動。

流亡異議分子談到信息員提供的情資，與特情和耳目提供的情資之間的差異。中國社會科學院著名政治學者徐友漁說，社科院人事部副主任盯著他的一舉一動。徐友漁還說，他住的公寓樓的維修工人也為警方工作，經常製造藉口闖進他的住處，例如管理員會說他的電表或什麼東西壞了，貿然硬闖。社科院另一著名學者說，他住的公寓樓入口處的接待人員為警方工作。[58]這類線人很可能都屬於信息員，他們運作手法的相對粗糙就是一項證明。特情和耳目的手法較細緻，較不容易為人察覺。

「維穩信息員」

「維穩信息員」是一個籠統總稱，組成分子包括激進黨員與其他自願扮演一般監控角色的人員。這類線人由隸屬政法委的地方維穩辦公室，往往在與警方合作的方式下招募。[59]根據地方年鑑與地方政府發布的通知，維穩信息員的招募行動似乎在二〇〇〇年代中期展開，一開始規模不大。舉例說，廣東省江門市蓬江區潮連街道在二〇〇六年開啟一個種子項目，招募志願信息員。同年，江西省贛州市章貢區街道委員會說，它聘用了十四名維穩信息員反映輿論。浙江省舟山市定海區政法委在二〇〇七年三月為維穩信息員舉辦訓練班，當時人口三十七萬四千的定海區有一百五十一名維穩信息員。[60]從二〇一〇年代起，中國各地地方政府大舉擴張招募維穩信息員。

根據各地地方政府發布的線上通知，對維穩信息員有以下描述：

(1) 地方政法委在與警方、六一〇辦公室、以及信訪局（負責處理公民申訴）的協調下，管控維穩信息員。

(2) 有些行政區根據人口多寡設定維穩信息員名額；有些則否。

(3) 理想的招募對象，是可以藉工作之便觀察身邊人員與活動，而不啟人疑竇的人。於是保安、住宅管理員、計程車司機、公車司機、清潔工人與停車場服務員等，都是特別理想的維穩信息員。由居民選出、代表居民與地方當局討論的「樓棟長」，由於熟悉居民活動，也是理想的招募對象。

(4) 維穩信息員的職責包括蒐集、舉報可能與社會安定有關的情資，特別是有關上訪和群眾事件的情資。這類情資包括輿論對政府政策的反應。

(5) 維穩信息員向指定的城鎮和街道官員提出報告，再由這些官員呈報縣或區維穩辦公室，或其他相關部門。

(6) 有些行政區訂有評估維穩信息員表現的正式規章；有些則否。維穩信息員根據他們提供的情資價值領取財務獎勵。

(7) 維穩信息員的身分一般保密，但在有些行政區可能是公開資訊。[61]

地方年鑑與其他可以公開取得的材料，佐證了上述描述。舉例說，廣州海珠區二〇〇九年的年鑑說，海珠區每一百名居民就有一名維穩信息員，其中許多是住宅區管理員、停車場服務員或出租屋房東。[62]在二〇一六年，為南京秦淮區當局工作的九千六百九十八名信息員中，六千七百六十四人是樓棟長，六百零一人為物業管理公司工作，八百五十七人是國營企業與政府機構員工，四百五十五人是房地產經紀。在這個龐大的關係網中，只有兩百八十七名信息員（不到百分之三）是國保信息員，說明大多數信息員的工作是一般性監控任務，而投入政治偵防的信息員人數就更少了。秦淮區政府聘用的信息員（不是那些直接為警方攻擊的信息員）協助當局取得有關重點人員活動的「即時」訊息。

在二〇一一年，寧夏回族自治區的賀蘭縣，信息員每提供一件「有價值的情資」，即可獲得五十元人民幣。雲南大關縣為它的信息員訂定「明確的責任和評估標準」，大關縣信息員也領取津貼。[63]在二〇一三年，哈爾濱阿城區成立一個訊息和情報工作組，成員包括維穩辦公室、六一〇辦公室、公安局與信訪局。這個工作組為草根信息員進行例行訓練，每一個組成部門都要對信息員提供的情資進行分析與報告。阿城區撥款五萬元人民幣獎勵信息員。[64]在二〇一三年，廣西省靈川縣政府聘用了一百多名信息員跟監「重點團體」和「重點人員」。[65]

其他信息員

不只是維穩辦公室與政法委，其他體制也建立龐大的草根信息員關係網。人民民兵就是一個例子。根據國防部的資料，中國在二〇一一年有八百萬民兵。[66]只要其中一小部分擔任信息員，絕對人數就可以多達幾十萬，地方年鑑中經常提到這一類信息員自然不足為奇。安徽天長縣政府就規定每一個民兵單位都要指派信息員。[67]從山西省太原市一個區級民兵單位招募的信息員參與了情報蒐集、線上監控和宣傳工作。浙江省舟山的民兵接受了信息員訓練。上海徐匯區民兵訓練隊員「蒐集和恐怖主義、地下宗教團體、法輪功有關的情資，以及新信息科技的使用」。[68]

地方政府也倚賴大批「紅袖標」（指戴著紅色臂章的志工）的服務。這些志願人員負責替政府散發宣傳資料，執行街道與購物商場巡邏、交通執法等例行公安工作。他們配戴紅臂章說明他們不是祕密特務，但他們確實執行監控任務，負責觀察可疑的人與活動，然後向警方舉報。儘管就技術角度而言不是信息員，但「紅袖標」應該算是中共監控體系的一種周邊組件。

「信息員關係網」的規模和產值

我們不可能知道中共「信息員關係網」的確切規模。事實上，或許有關這個主題的全國性數據根本就不存在。由於各式各樣地方與省級政府都自有一套做法，就算只是蒐集相關數據也是一項艱鉅工程。不過我們可以合理確定，中國境內每個社區都有多種各不相同的信息員。我在這裡要試著評估信息員關係網（不包括特情與耳目）的規模，像進行其他評估一樣，我首先以地方透露的資訊為基礎，然後展開進一步推斷。

依據行政區的不同，招募信息員的規定也大不相同，江西省泰和縣公安局規定，每一名警員必須招募三十到五十名情報信息員。根據北川羌族自治縣二〇一八年年鑑，縣內每一個大鎮必須有五到八名信息員和聯絡員，每一個小鎮必須有三到五人。在二〇一二年，河南省新密每個村或都市社區必須有兩名維穩信息員。[69]

有些行政區根據人口數訂定信息員招募配額。在二〇一二年，廣東省雲浮市雲安區規定，每一百名居民要有一名信息員。同年，江西省高安縣規定，都市地區每一百到五百戶必須有一名信息員，鄉村地區每一百戶必須有一名信息員。[70]北京在二〇一四年招聘了十萬名「安全穩定信息員」，占居民總數約百分之零點四七。[71]同年，北京海淀區有一萬一千一百零八名信息員，占居民總數約百分之零點五。北京西城區有一萬七千一百五十八名安全穩定信息員，占居民總數約百分之一點三。[72]保安意識較強的行政區，雇用的信息員也較多，海淀區和西城區的差異就是例證：西城區位於北京市中心，中共最高領導人辦公、居住的中南海就在西城區。西城區提升保安措施，料想與這有關。

根據三十個行政區年鑑（大多為二〇一〇年代的年鑑）中透露的信息員人數，我估計，「均值信息員關係網」由百分之一點一三的居民組成，「中位數關係網」由百分之零點七三的居民組成（見附錄表1）。這表示中國有一千零二十萬到一千五百八十萬人是信息員，還有人數不詳的「民兵信息員」。中國有八百萬名民兵，只要其中百分之五是信息員，信息員總數就又增加了四十萬。

這是個大得驚人的關係網，但它的產值如何？我根據已知訊息對信息員的產值進行評估。附錄表2顯示，信息員提出的情報數量因行政區不同而大不相同。少數行政區的信息員生產力大得匪夷所思：北京順義區的報告說，那裡每一名信息員在二〇一三年提供約十七件情報，多得令人難以置信。江蘇省連雲港連雲區是又一個異數，不過差了些：那裡每一名信息員在二〇一四年提供約三件情報。有些行政區的信息員生產力極差，河南省平頂山（二〇一九年）和廣東省高要（二〇一四年）的信息員，每人只提了零點一件情報。這兩個行政區的排名雖說掉尾，但並非異數。許多行政區的信息員生產力都很低。

如果剔除以上兩個異數，一名信息員平均每年可以提供零點三八件情報。這表示，約百分之六十的信息員（很可能比這更多）根本不提供情報。但即使只有百分之四十的信息員確實在做著情報工作，我們可以合理估計，在中國境內，至少有四百萬民眾正為地方當局蒐集情報。

信息員大軍提供的情報，大多與嚴重、近程的政治威脅沒有直接關連。有關國保工作的公開資料顯示，這類情報只有極小一部分（百分之三）歸類為「敵情」，涉及已知政治威脅的活動和意圖。根據推斷，這應該是最要緊的情報。信息員提供的情報中，有百分之二十一歸類為「政情」，即民眾對政府政策和重大國內外事件反應的相關情報。信息員提供的情報大多（百分之七十六）為「社情」，涉及民眾之間較廣的時事潮流（附錄表3）。

所以，就整體而言，中國的信息員關係網主要是一種評估輿情的手段。負責蒐集敵情的信息員主要為國保警隊工作，政治當局聘用的信息員一般不負責蒐集敵情。大多數信息員不會接觸當局視為政治威脅的異議分子與非法宗教團體成員。而且，當然，或許也沒有那麼多政治威脅需要防堵。

各式各樣特情與信息員蒐集的情報品質如何？只要盡可能查明經上級官員認定為有價值的情報多寡，我們就能針對這個問題作答。當信息員提供情報時，警隊和地方黨委的訊息管控人員會先對情報進行審核，然後將之呈報上級。十九個行政區年鑑透露的資料顯示，信息員蒐集到的情報只有約四分之一呈報上級（附錄表4）。這說明中國信息員關係網提供的情報大多不可靠、沒有用，或不相關。

不過這一切並不意味著信息員關係網已經失敗。事實上正好相反。敵情與實際可用的情報缺乏，雖說證明信息員關係網欠缺效率，但也證明中國政局因反對勢力孱弱而相對安定。而無所不在的監控，正是反對勢力無法有效組織的部分原因。

中共的信息員關係網確實龐大而複雜，眾多信息員在中央和地方各級黨、政機構的政治、執法、國家安全當局管控下行事。國保警隊和一線警力，號稱擁有一百多萬名特情與線人，對高價值目標進行監控。但中共的監控體系真正與眾不同之處在於：規模龐大，結構累贅重疊，依賴各式各樣情治人員去偵查各種政治威脅與社會議題，而中共這個分布式監控體系的基石，正是群眾。

就這一點來說，毛澤東的「人民戰爭」概念仍是中共生存戰略的基礎。沒錯，今天的中國共產黨不再像當年對付日本侵略時、在內戰期間對付國民黨那樣，以群眾做為軍事戰略主軸。但人民戰爭是中共監控體系的精神源頭：共產黨沒有讓祕密警察壟斷情報蒐集，而是將政治偵防工作授權地方組織與國有實體，讓它們營造自己的監控關係網。由於已經滲透中國社會各角落，影響力遍及各經濟層面，中共得以輕鬆建立這樣一個巨型監控關係網。就這樣，在一九九〇年代末期的社會動盪，成為政權穩定的一項嚴重威脅之後，中共迅速組建信息員關係網，做為監控基礎。

這樣一個大型關係網不可能成為效率模範。中國的信息員多數消極而被動，提供的情資也大多沒有太大價值，但共產黨看來對此不很在乎。畢竟，就算是被動的信息員也自有其用處。單只是知道你的鄰居、同事，甚至親戚（更別說那些泛泛之交或在附近店鋪工作的店員）中可能藏有為政府工作的祕密特務，就足以令人不敢造次。一旦擔心身邊的人可能向當局打小報告，為免惹禍上身，民眾無論說什麼、做什麼都會小心謹慎。這才是中共監控體系真正厲害之處，若是沒有好幾百萬平民百姓在日常生活中睜著眼睛、豎起耳朵看著聽著，這樣的體系根本建立不起來。

第五章

群眾監控計畫

無論任何監控體系，核心任務都是找出可能威脅政權安全或公共安全的人，來進行監控。這是艱鉅的挑戰。對數以百萬計群眾進行監控是一項成本高昂、敏感的作業。無差別的偵防不僅所費不貲，還容易造成過度高壓，但監控覆蓋面過小又可能忽略潛在威脅。如何決定應該針對哪一小撮人進行監控？如果這一小撮人即使對整體人口而言只是少數，但就絕對數量而言仍然可觀，又將如何？

事實證明，如欠缺強大組織能力，或不能深耕底層民眾的獨裁政權，無力建立、維護群眾監控計畫。就算是組織得很爛的獨裁政權，要將大批可能威脅政權的人納入黑名單，相對而言不難，但要實際上監控這許多人又是另一回事。根據傳統，共產政權一般都能建立大型官僚，對社會與經濟進行相當滲透，但即使是共產政權也發現群眾監控很難。當史達林於一九三〇年代建立群眾監控時，由於監控對象分類標準混淆，草根層級的後勤支援欠缺，以及有關對象的情資又往往過時，使整個系統運作效能很差。[1]

有鑑於中國人口規模巨大，就算只想監控一小部分人，也得建立大得似乎不切實際的監控系統。但中國共產黨學會做到了其他獨裁政權沒能做到的事。在一九四九年建政後，中共立即建立了兩個群眾監控計畫。其中重點人口計畫雖說由於政權缺乏警察資源，加以經濟與政治政策錯誤而顯然失敗，四類分子計畫卻在實施三十年間，成功追蹤、限制了兩千多萬人的活動。

本章要討論的是，在後毛澤東時代，中共不僅重啟塵封已久的重點人口計畫，將它打造成一種威力強大、覆蓋數百萬人的警力監控計畫，還建立規模更大的重點人員計畫。重點人員承襲四類分子計畫的許多特點，包括將數以百萬計未納入「重點人口」計畫的人納入其中。

與包括前共黨政權在內的其他獨裁政權相比，中共的群眾監控計畫不僅監控人口規模特別大，其制式化程序（重點人口計畫有嚴格規則）與投入的人力與組織力也非同小可。毫無疑問，中共的兩個群眾監控計畫，特別是重點人口計畫有嚴重瑕疵。舉例說，有人說重點人口計畫因過於偏重政治威脅而忽略了公共安全，不過，或許這項計畫設計之初本就以對付政治威脅為主，從中共觀點而言未必是缺失。無論有什麼缺陷，這兩項計畫都完成了黨的目標，將所有所謂威脅都納入嚴密監控下。

後毛澤東時代的中共，能在群眾監控計畫的運作上取得相對成功有幾個原因，可供監控的資源增加了當然是一個重要原因。不過，共產黨並不只是花錢解決問題而已。它善用能力，精打細算，以便將更多力量投入高價值目標。為達到這個目標，它實施分層監控，讓最迫在眼前、最明顯的威脅受到最嚴密的監控，對於可能在日後惹是生非的人則只是稍加提防而已。也因此，有些目標可能遭到信息員、制服警員與便衣警察全天候跟監，他們的行蹤、通訊與財務交易在第一時間遭到科技系統監視。這類目標可能為執法當局跟蹤尾隨，不斷遭到騷擾和盤查，而且未經許可不能離家或出門旅行。另一方面，當局對次要目標的做法只是將他們納入數據庫而已，直到有一天當局認為他們變得重要時，才會調出他們的資料，集中力量對他們進行監控。

所以要對已知或潛在威脅進行監控，目的就在於查明他們對政權安全所構成的危險，也因此，有關這些人的檔案需要定期更新與評估，但並非每一個人都必須時刻加以積極監控。就這樣，重點人口與重點人員計畫都將目標按照威脅等級分類，應該投入多少監控力度，在什麼環境下進行監控，視威脅等級不同而有所不同。就算被歸類為嚴重威脅的目標，在平常時刻也未必隨時有人跟監，只有在敏感時間才會遭到嚴密監控。

中共能夠像這樣運用監控資源，部分原因是共產黨已經滲透整個中國社會，遍布社區、商業機構、社會團體，無所不在的黨細胞，使北京政權能夠打造、維護這人力密集的群眾監控基礎設施。「戶口」將全國人民幾乎全數建檔，提供一個關鍵性體制基礎。如前文所述，中共當局還把群眾監控包裝成一種必要執法工具，成功將它推銷給民眾：儘管監控系統也用來對付政敵，但政府把它說成是一種對公共安全的保障。沒錯，根據已知數據，大多數重點人口與重點人員計畫的目標不具政治威脅性。但中共的這些群眾監控計畫將異議分子與一般罪犯混為一談，為共產黨的政治壟斷打下必要基礎。

重點人口

由於缺乏警察與行政資源，重點人口計畫在一九五〇年設立之初，只是中共監控體系的一個邊緣組件。但在後毛澤東時代，在投入鉅額資金、政治支持與人力之後，它逐漸轉型。今天，重點人口與重點人員相輔相成，擁有全世界最成功的群眾監控基礎設施，可以隨時追蹤顛覆分子、罪嫌，以及其他可能威脅社會治安與政權安全的人。重點人口系統管理規定於一九五七年發布，一九八五年再發布，並於一九九八年修訂，內容一直未經正式公開。但一九九八年修訂版內容在線上流出，詳如下述。[2]

誰是重點人口？

重點人口計畫目標鎖定兩大類。根據一九九八年修訂版管理規定，「重點人口」以「危及國家安全嫌疑人」為首要監控目標，反映出這是以政治威脅為第一優先。這一類型嫌疑人又進一步分為可能有重疊的七個小類別，包括：

(1) 有從事顛覆國家政權、分裂國家、投敵叛變、叛逃等活動嫌疑者；

(2) 有參與動亂、騷亂、暴亂或者其他破壞活動，危害國家安全和社會穩定嫌疑者；

(3) 有組織、參加敵對組織嫌疑，或者有組織、參加其他危害國家安全和穩定的組織活動嫌疑，或者與這些組織有聯繫嫌疑者；

(4) 有參加邪教、會道門活動，或者利用宗教進行非法活動嫌疑者；

(5) 有故意破壞民族團結，抗拒國家法律實施等宣傳煽動活動嫌疑者；

(6) 有從事間諜或者竊取、刺探、收買、非法提供國家祕密或者情報嫌疑者；

(7) 有其他危害國家安全活動嫌疑者。

重點人口計畫鎖定的第二大類是「刑事犯罪嫌疑人」。這類嫌疑人包括殺人、強姦、傷害、拐賣婦女兒童、搶劫、盜竊、放火、組織犯罪（包括賣淫和賭博）、製造或擁有槍械和爆炸物品、非法集資，和販毒走私等等。除了重大刑事犯與政治威脅以外，還有屬於重點人員的第三大類，屬於這一大類的人包括吸毒犯、由於人際衝突可能從事暴力活動的人，以及刑滿獲釋未滿五年的前罪犯。[3]

指定與除名

地方派出所負責執行重點人口計畫與指定計畫目標。根據一九九八年修訂版管理規定，警員首先得建立潛在監控對象的檔案，內容包括對象基本資料，如姓名、性別、住址、種族、出生日期、身分證字號、教育、職業、生物特徵數據、犯罪紀錄、家庭與社會關係等，以及計畫納入的類型、建議使用的監控手段，還有納入監控的理由等。[4]檔案須經由相關派出所主管批准，然後送交上級縣、市公安局，再送交省公安廳批准。經由一種類似的多階段程序，各級相關當局對重點人口檔案進行定期檢討，嫌疑人的監控類型可能因而改變，例如對象可能涉嫌新的罪名，也或許不再涉嫌，得以從監控名單中除名。

重點人口檔案的確切內容似乎有一些出入。至少我們知道除了中央政府規定以外，有些公安局還會發布它們自己的規定。舉例說，湖南省資興市公安局就規定重點人口檔案必須登錄法院判決、出獄證明等某些法律文件；信息員提供的情資和犯罪材料、審問筆錄、個人政治經歷、社會接觸名單，以及監控對象身邊人士的相關材料。此外，當例行評估過程中有了新材料，這些新材料也要納入重點人口永久檔案之中，[5]其他公安局或許也有同樣或類似規定。

重點人口計畫監控規模

重點人口計畫的情資屬於機密，我們不可能取得這項計畫監控人數的官方統計資料。就像過去一樣，想一探究竟，我們只能藉著地方政府與公安局發表的年鑑與公報。有時這些材料中所透露的相關訊息，可以用來估算重點人口計畫的規模。

主要因為地方政府缺乏發表年鑑的資源，與其他時期相形之下，一九八〇年代的資訊相對稀少。根據我們已知資料，在八十年代的十年期間，平均每千人中就有三點五人成為重點人口鎖定目標（見附錄表5）。一九八三年後，或許由於計畫實施效率提升，重點人口在總人口的占比也增加了。在一九九〇年代，平均每千人中就有四點七人成為重點人口（見附錄表6）。造成這種增幅的一個重要原因，可能是一九八三年啟動的「嚴打」犯罪運動。嚴打導致大量人口入獄，這些人在服刑期滿出獄後自動成為重點人口。在二十一世紀的第一個十年，重點人口占比大幅減少，平均每千人只有二點七人（見附錄表7）。到二〇一〇年代，重點人口計畫規模再次增加，平均每千人達到三點五人（見附錄表8）。

不過這些變化仍然不大；或許在後毛澤東時代，重點人口計畫最值得注意的特點就是它的一致性，就憑成本一項已經足以使這項計畫難以擴張。它的影響力所以能擴大，靠的是規模更大、比較不正式的重點人員計畫。本章將在下文中詳述，重點人員計畫靠的主要是地方政府與國有實體的資源，而不是警方資源。透過這種做法，重點人員計畫可以進行更多監控，卻不致進一步耗用警方資源。不過，整體政治安定或許也是重點人口計畫持久穩定的重要因素。

重點人口目標分類

根據地方當局偶爾透露的有限資訊，我們知道，在後毛澤東時代，重點人口計畫鎖定的目標大多是犯罪嫌疑人和公安威脅，而不是政治威脅。一九八一年，在黑龍江省的四萬四千六百二十二名重點人口中，兩萬四千六百九十二人為犯罪嫌疑人，一萬八千四百九十四人因從事危害治安的活動而遭列管，只有一千四百三十六人（總數百分之三點二）為政治威脅嫌疑人。在一九八三與一九八五年間，黑龍江省重點人口計畫的政治威脅嫌疑人平均每年一千八百三十三人，占全省重點人口總數約百分之一點一。[6]

吉林省長春市公安局說，在一九八六年，它的重點人口計畫有三千五百四十八人納入監控。其中只有一百四十五人（百分之四）為「政治危險分子」，一千八百五十人為犯罪嫌疑人。[7]浙江省五個行政區也在一九八〇年代說，「反革命分子」只占重點人口百分之二。約百分之八十的列管目標是犯罪嫌疑人，或可能造成公安威脅的人。[8]

這樣的走勢似乎持續不變。來自黑龍江省齊齊哈爾市建華區的數據顯示，在一九九〇年代與二〇〇〇年代初期，政治嫌犯只占重點人口的一小部分。在一九九六年納入重點人口計畫列管的兩千六百三十三名居民中，只有八人是政治威脅嫌疑人。大多數列管人為犯罪嫌疑人（九百二十一人）或從監獄、勞改營中釋放的人（六百四十二人）。政治威脅嫌疑人的人數在二〇〇一年增為五十人，最主要的原因可能是當局將法輪功學員納入政治威脅類型。在二〇〇一與二〇〇五年間，平均而言，政治目標只占齊齊哈爾市建華區重點人口計畫的百分之四點四。[9]同樣，河南省靈寶市在二〇〇〇年有六百二十七名重點人口目標，其中只有二十二人是「嚴重威脅國家安全或重犯嫌疑人」，其餘都是從獄中獲釋，在之前五年投入工作項目的前罪犯。[10]最後，安徽省蕪湖縣在二〇〇三年說，它的一千零一十五名重點人口列管目標中，只有十七人是「危及國家安全嫌疑人」。[11]

如果重點人口計畫主要是一種傳統執法工具，則它在這方面的效率如何？警方可以用兩個關鍵標準來評估這項計畫的執法成效。第一個標準是重點人口目標本身帶來的情資價值。在一九八〇年代末期與一九九〇年代中期之間，浙江省六個縣、市警方公報透露的數據顯示，大約每十名重點人口目標中，就有一人為警方提供線索。[12]第二個標準是重點人口指定人成為「打擊目標」的比例，也就是說，指定人不僅遭到監控，還遭到拘留、逮捕或起訴。上述浙江省六縣、市公安局透露，在同一個時期，約百分之五的重點人口指定人也成為打擊對象。只有小比例重點人口指定人遭到拘留、逮捕或起訴的現象，可以從兩方面來解釋。一方面，如果重點人口計畫的目的在於透過監控抓捕罪犯，它的效率很可疑，因為只有小部分指定人因此被捕。但從另一方面來說，重點人口計畫或許是一種強有力的防治犯罪工具，能使大多遭到監控的人不敢惹是生非。

至於為什麼政治嫌疑人在重點人口監控目標中占比這麼小，主要原因是，在後毛澤東時代，只有極少數人被判處「反革命」或「危及國家安全」的重罪。另一個原因是，重點人口計畫為政治嫌疑人訂定的標準較高：危及國家安全可是一件嚴肅的大事。但重點人口計畫納入的政治目標儘管很少，並不表示政治目標可以逃過當局監控。如下文所述，被視為對社會安定或黨的權威構成威脅的人，很可能成為重點人員計畫的監控目標。

重點人口計畫的侷限

由於相關數據欠缺，難以評估重點人口計畫的效率，但根據傳聞，這項計畫有若干侷限。首先，重點人口計畫的擴張腳步過速，超越了警方資源。在吸毒犯於一九九八年、法輪功學員於一九九九年加入重點人口計畫時，擺在警方面前的監控目標突然暴增幾十萬件，但警方卻沒有獲得足以因應的額外資源。[13]就這樣，重點人口計畫重擔讓警方疲於奔命。更嚴重的問題是，負責重點人口計畫的警員都是負責「戶口」系統的警員，投入人力密集戶口工作的警員根本找不出時間執行監控。[14]

其次，中國百姓流動性增強也讓重點人口計畫效率受損。根據中國研究人員與警員的報告，想追蹤沒有固定住址、長期工作，或實際住處與戶口登記資料不符的重點人口計畫目標極端困難。[15]過去，警方可以依賴街道委員會與雇主，隨時掌握目標現況，但隨著住所與就業流動性增加，街道委員會與雇主不再是可靠的消息來源。[16]

重點人口計畫的設計方式也為警方預留了推託卸責的餘地。基本上，重點人口計畫的監控都出現在書面上，警方可以表面上依規章行事，實際上不必真正費神耗力、投入監控。舉例說，警方可以蒐集重點人口計畫目標的「靜態信息」，滿足計畫要求，但毋須取得對目標活動的「動態了解」。換言之，警方可以在文件上將目標背景填得滿滿的，卻不採取任何實際監控行動。沒錯，警方必須按照規定不時與目標訪談，不過這類訪談大體上只是形式，不能帶來任何有價值的情資。由於資源短缺，警方一般只會注意「國家安全威脅嫌疑人」之類的高價值目標，至於其他目標，只要能交差、應付得過去就行。[17]

也因此，就整體而言，我們可以說，重點人口計畫對數量龐大的普通罪犯、犯罪嫌疑人、吸毒犯，與前罪犯投入的監控相對較少，對少數政治目標投入的監控力度卻大得多。這或許可以視為一種效率不彰，但它精確反映了中共當前的政策重心。

重點人員計畫

重點人口計畫只對經由正式行政程序、納入警方管控的人進行監控，而重點人員計畫則是對重點人口計畫的補足，沒有明確定義的針對性，政法委與警方等地方當局可以自行選定監控目標。[18]重點人口計畫根據公安部發布的規定訂定監控目標，但重點人員計畫沒有已知有關對象與監控做法的規定。據說，公安部將重點人員計畫目標分為七類，還建了一個「公安部重點人員計畫管理和控制系統」平台，專責監控作業，[19]但這不表示公安部會指導地方安全機構將某人納入某一類進行監控，而且國家的登錄資料也很可能源於省的登錄資料。

毫無疑問，地方當局確實設有重點人員監控作業規定。浙江省公安廳在二〇一〇年發表的一篇聲明中透露，它將重點人員分為七類，[20]很可能根據公安部分類而劃分的這七類人包括：

(1) 涉恐人員；

(2) 涉穩人員，即政治異議分子；法輪功學員和其他違禁宗教團體成員；新疆、西藏，和鼓吹台灣獨立分子；與日本有關的滋事分子（可能是那些參與反日示威的人）以及所有「維權人士」；

(3) 涉毒人員；

(4) 在逃人員；
(5) 重大刑事犯罪前科人員；
(6) 可能「肇事肇禍」的精神病人；
(7) 重點上訪人員。

根據這七類官式劃分，重點人員計畫與重點人口計畫之間似乎頗多重疊。舉例說，涉及恐怖主義或毒品的嫌犯，與有重罪前科的人員，既能納入重點人員，也能納入重點人口之下。

地方當局可以訂定更多重點人員計畫類別。[21]舉例說，四川警方就將藏人與天然災害受害人（可能是那些因不滿政府未能即時提供救助而抗議的災民），納入重點人員計畫管控對象之中。[22]二〇〇四年，遼寧省本溪基於國保目的，將重點人員監控對象分為十七類，其中包括可疑的長期外籍居民和「可疑的外國公司」。[23]新疆省烏魯木齊縣國保警隊在二〇〇二年劃分了十二類重點人員監控目標；二〇〇六年，烏魯木齊市米東區國保警隊對十七類重點人員進行監控。[24]每一政治威脅類型還可能進一步分為幾個次類型。在二〇〇〇年代初期，四川省九寨溝公安局將十八類重點人員納入國保警隊的監控對象，這十八類人又進一步分為五十七個次類。[25]

湖南資興市公安局曾發布一篇沒有注明日期的文件，討論對重點人口的監控。文件中列出幾個沒有納入重點人口計畫的監控類型，其中包括「涉嫌對象」和「工作對象」。「涉嫌對象」因賭博之類的輕罪而被拘留，警方保有他們的檔案，以支持日後可能採取的法律行動。[26]「工作對象」範圍很廣，其中包括曾遭刑罰，但未列為重點人口的人。地方年鑑中提到的其他各式各樣監控目標類型還有「涉穩對象」、「重點管控對象」和「高危人群」等。[27]各種新類型的不斷出現，說明地方當局在訂定超越重點人口範圍以外的監控目標時，沒有統一或一致性的辦法可供遵行。

群眾監控規模

根據已知的地方相關數據（見附錄表6—8），在一九九〇年代到二〇一〇年代之間，每千人有二點七到四點七人納入重點人口計畫監控對象。二〇一〇年代的中位數是每千人中，有二點四名重點人口目標；均值為每千人三點五名。若以中位數估算，二〇一〇年代約有三百四十萬人成為重點人口計畫的監控對象。若以均值估算，重點人口計畫監控人數約為五百萬。

我們可以利用同時透露重點人口與重點人員的計畫內容的行政區相關數據，對兩項計畫進行比對，從而算出重點人口計畫的規模。如附錄表9所示，在我們取得必要訊息的十四個行政區中的大多數，重點人員監控的人數都超過重點人口監控的人數。就平均值而言，重點人員監控人數為重點人口監控人數約百分之一百五十五，中位數約百分之一百一十五。這表示重點人員計畫規模比重點人口規模大百分之十五到百分之五十五。如果重點人口計畫監控的人數為三百四十萬到五百萬之間，則重點人員計畫監控的人數可能落在三百九十萬到七百七十萬之間。

重點人口與重點人員加在一起，中國境內遭到監控的百姓人數約在七百三十萬到一千二百七十萬之間。根據地方年鑑有關重點人員監控目標的說明，即包括經常上訪的人、退伍軍人、進行抗議的人、少數民族，這些重點人員的監控目標似乎有相當一部分都是對政治和社會治安構成威脅的人。就這方面來說，重點人員計畫與主要以普通罪犯為對象的重點人口計畫是不一樣的。

監控戰術

公安部規定，地方警察必須保持對重點人口目標的緊密監控。根據「重點人口管理規定」，實施監控應該有彈性，而且要以「群眾」為靠山。所以說，重點人口計畫非常仰賴居民組織、街道委員會、忠黨分子和線人的合作。負責重點人口監控的地方派出所警員，必須執行調查目標，將目標的身分、化名、身體特徵、財務狀況和社交關係建檔等大多數正規任務。此外，警方還得對目標的可疑活動進行調查，將一切重要訊息報給相關公安局的刑事單位。非警方保安人員（例如邊界巡邏隊員和參與打擊經濟犯罪活動的官員），在碰上涉及重點人口目標的情資時，必須將情資轉交對目標有管轄權的派出所。[28]

如何處理重點人口目標，視目標涉嫌構成的不同威脅而有所不同。「管理規定」明白指出，構成「重大現行危險」的嫌疑人必須納入優先巡查和監控目標。遇到這類個案，警方必須使用公開與祕密手段。公開手段包括定期造訪目標。祕密手段主要是派遣信息員跟監目標活動。警方究竟如何執行這些任務應該沒有規定，畢竟監控目標各不相同，監控手段也必須保有彈性。地方公布的資料讓我們得以一窺警方使用的技術，舉例說，根據浙江省一個縣公安局在一九八〇年代末期所訂定的監控規定，對重點人口目標實施的祕密監控必須至少由三人合力進行。[29]其他行政區可能也有類似規定，但是否都是這樣做則不詳。

仔細檢查浙江省的公安志就能找到少量數據，說明在一九八〇年代遭到祕密嚴厲監控的重點人口目標的占比。在一九八五年的椒江縣，百分之十九的重點人口目標遭到祕密監控。餘杭縣公安局在一九八九年說，將百分之四十的重點人口目標納入「調查和管控」，所謂「調查和管控」很可能指的就是祕密控制。建德縣公安局在一九八五年將百分之十九的重點人口目標納入祕密監控。[30]

警方報告中談到，重點人口監控目標分為三個等級。「一級」指的是「構成重大當前危險的個人」。「一級」的目標由縣級或區級公安局指定，監控作業由地方派出所或政府實體公安部門主管直接督導。按照判斷，「二級」與「三級」目標的威脅性應該較小，遭到的監控力度也較輕。依照情況需求，監控等級可以增加或調降。以一級監控來說，目標的住處、工作地點與經常出沒的其他地點都可能遭到監控。[31]

一級監控目標似乎只占重點人口監控目標的一小部分。在一九九一年，浙江省長興縣有百分之十五的重點人口屬於一級監控目標。[32]同年在浙江省椒江縣，只有百分之二點五的重點人口屬於一級監控目標。[33]儘管沒有比這更新的數據，但由於地方警力不具備足以緊密監控大量嫌疑人的足夠資源，我們似乎可以合理推斷，只有一小撮重點人口目標遭到嚴密監控。但令人多少有些困惑的是，國保警隊使用另一套系統進行重點人口監控目標分類，這一點也反映了安全機構各行其是的事實。多地國保警隊公布的資料中顯示，它們使用另一種四級系統，「一級」監控目標是最不重要，需要監控的力度也是最弱的；反而「四級」監控目標是最重要，需要最嚴厲監控的。[34]

近年來，安全機構採納了科技以進行群眾監控。浙江省在二〇一〇年的一份文件中，談到公安機構如何用新工具支援對重點人員目標的追蹤與管控。[35]這份文件說，浙江省用「動態監控」結合「例行監控」。所謂「例行監控」指一種以人為核心的程序，由警員監控目標的動向。而「動態監控」靠的是藏在國家級、省級和地方警察機構數據庫內的訊息。舉例說，如果一個目標經常使用銀行交易或經常旅行，當局就可以查核這些活動所產生的訊息，將它們與公安部平台的數據進行比對，就能幫助警方即時掌控目標所在位置與活動。

其他省分的警方也採用類似手段，將數據庫訊息與探員提供的情報結合運用。[36]中央當局也曾授權數據蒐集，支持這類作業。舉例說，在二〇二二年三月，中共中央一個黨委就透過授權，讓地方蒐集金融詐案涉案重點人員目標的指紋、DNA、聲紋、數位支付訊息和其他個人數據，以便透過科技手段對這些目標的活動、動向進行監控。[37]我將在下文詳細討論人力與科技密集群眾監控手段兩者之間的協同作業，以及其他對重點人口與重點人員計畫作業關係重大的一些戰術考量。

人力密集的監控

負責對重點人口與重點人員目標進行例行監控的，是地方警員、政府官員與信息員。在有些地方，官員採取一種所謂「五比一」的辦法，就是以五人為一組，監控一個目標。舉例說，江西省安遠就在二〇一〇年代初期採用了這種系統。根據報告資料，每一個組是由一名地方官員、一名警員、村領導、信息員，與監控對象的一名家屬所組成。江西省渝水公安局也迫使重點人員目標的家屬參與監控。[38]在二〇一四年，河北省威縣部署的監控隊伍則由一名縣官員、鎮官員、村官員、「黨政」官員、與一名警員合組而成。山東省齊河在二〇一三年也採用同樣的五人監控辦法。[39]

根據地方當局的報告，他們經常使用信息員與鄰居監控重點人口與重點人員目標。四川省北川羌族自治縣警方說，他們將「日常的重點人員監控作業」交給信息員。黑龍江省巴彥公安局討論招募重點人員目標本身為線人，監控其他目標。新疆鞏留縣國保警隊在重點人員目標、清真寺，以及其他商業機構附近部署了近三百名信息員。[40]同時，街道、村委會等地方社區組織，以及工作地點的保安部門也指派志工、忠黨愛國人士對目標進行「協助教育和改造」。[41]

對重點人口目標進行監控雖是警方職責，二〇一三年在全國推出的網格管理，為中共帶來一個沒有警力協助監控的新系統。在指定住宅區網格，幾名網格員負責蒐集情資、執行巡邏、維護安全。在警員陪同下，網格員可以進入民宅蒐集情資。在選為網格管理實驗地的鄭州市，一個市區派出所在報告中說，在二〇一二年一段不到兩個月的時間裡，警員和網格員聯手緊密監控了四十二名重點人口目標。[42]

在監控重點人口與重點人員目標的過程中，警方與政府當局都用的另一種人力密集做法是敲門。如本書第三章所示，無論為了監控或為了阻嚇，敲門都是有效的戰術。在二〇一七年，四川省福城的街道官員每月一次，前往被查禁宗教團體成員的住家敲門。同年，雲南省西盟警方與地方黨員聯手，對「邪教分子」採取敲門行動。兩年後，雲南省維西傈僳族自治縣警方對國保對象（政治目標）實施敲門行動。在二〇一七年，公安部下令遼寧省朝陽公安局對幾乎所有監控目標的住宅進行敲門。[43]

讀到這裡的讀者想必已經知道，每逢敏感時段，針對重點人口與重點人員的監控作業都會增強。根據安徽省一個警察局在二〇一六年發出的通報，每在敏感時段，負責監控的警員每天都得檢視「重點人口管控系統」以監控目標動態。[44]廣東省一處村落的警局說，二〇〇〇年，就在兩會即將召開前，警員找上精神病患與重點人口目標住處，登門拜訪。警員與這些目標的家屬、監護人、鄰居交談，請他們協助「管控監控對象」。[45]重慶市南岸區街道委員會在二〇一六年年報中說，街道委員會為管區內每一名「重點維穩有關人員」指派一名負責監控的專人。在敏感時段，要對這類人員進行一天二十四小時監控，以防他們上訪、協調活動或非法集會。[46]

技術密集的監控

地方年鑑中提到當局使用科技手段來監控重點人口目標。[47]近年來，為追蹤「邪教」成員，警方開始使用科技監控手段，其中一項是DNA樣本蒐集。貴州省甕安國保警隊在二〇一五年蒐集有前科「邪教」成員的DNA樣本。貴州德江國保警隊也在報告中說，它在二〇一四年蒐集了一百三十五名違禁宗教團體成員的DNA樣本。[48]根據推斷，警方也對監控目標的通訊，特別是對他們的智慧手機進行監聽。年鑑與官方人士透露的訊息顯示，警方對目標的網際網路使用進行嚴密監控。[49]

新安裝的高科技系統，使中共警方長久以來一直渴望的即時監控成為事實。這些裝設在公安局指揮與情報中心的系統，可以跟監全國各地執法機構平台所蒐集到的網際網路與行動電話通訊、數位支付、車輛登記與人臉識別成果，將監控目標動態立即通報警方。[50]警方使用行動電話定位科技來進行追蹤，似乎已經很普遍。一名前政治犯告訴我，有一次一名警員在登門拜訪結束離去後，不慎將筆記本遺忘在他家裡，他打開筆記本，發現裡面藏有代表行動電話定位追蹤的「FF3」密碼。[51]這類追蹤系統已經整合在中央政府的「金盾」與「天網」項目裡。本書將在第七章討論這兩個項目。

高科技追蹤分析系統已經不斷改進了一段時間，到二〇〇九年，中共已經擁有一套重點人口數位化訊息管理系統。根據二〇一〇年《北京信息化年鑑》的報告，北京當年的訊息管理系統已經能提供重點人口動向與活動分析，能將監控對象的行為與分析統計結果通報警方。「重點人口信息管理系統」是當局擁有的另一系統，專門追蹤重點人口監控目標的個人訊息、租房訊息與異常行為。[52]公安部還有一個數位平台，叫做「重點人員管控系統」。鄭州鐵路公安局說，它在二〇一五年已經將大約七萬四千名重點人員目標情資輸入「大數據情報平台」，以協助國保警隊、刑事調查人員和反恐當局進行聯合行動。[53]同年，廣東省汕尾市區年鑑說，它轄下所有警察局都已啟用一種「管控重點目標的信息系統」，大幅加強對重點人員目標的監控。這個系統發布了超過一萬件有關目標行蹤與活動的預警。[54]

寧夏回族自治區中衛市說，它在二〇一九年已經啟用一個監控科技平台，監控重點人員目標。[55]中衛市不肯多談有關這個平台的能力，但為中衛市提供這項科技的中國公司卻熱誠得多。根據這家公司的說法，它的監控平台能讓警方與地方當局即時監控目標。官員負責提供有關目標「動態活動」的關鍵性識別數據與訊息，然後由系統算程根據這些情資判斷目標的蹤跡。這個系統還能提出客製化的監控辦法。這家公司並且提供讓重點人員戴在手上、以便監控的電子手鐲。[56]貴州省會貴陽部署的，幾乎可以確定就是這個平台。貴陽市公安局說，它的情報中心使用重點人員即時控制系統提供的警訊，實施一天二十四小時監控。在二〇一八年，這個系統總共接獲一百三十餘萬件警訊，憑藉這些訊息逮捕了六百四十七人。這些警訊中有一千多件是屬於最高警戒級別的紅色警訊。[57]

高價值目標

為追蹤、限制著名異議分子、激進分子等高價值目標的活動，中國執法機構投入巨大資源。在一般情況下，國保警隊負責保持與高價值目標的接觸，但有時地方警察局也會派員接觸高價值目標。[58]如前文所述，這類接觸包括一般會晤，「喝茶」與「用餐」，警員會利用這些機會詢問目標近來的活動。[59]

在敏感時段，除了「喝茶」與「用餐」以外，國保與文保單位還會使用較野蠻的監控手段。人權律師滕彪回憶說，有一年的九月十八日（日本侵入中國東北的九一八事變週年），文保警員開車把他從他所居住的公寓一路送到他授課的大學，還在課堂上聽他講課，陪了他一整天。在二〇一一年突尼西亞爆發罷黜獨裁者的革命期間，為防止他藉機煽動群眾，警方綁架了滕彪，關了他九十天。[60]前北京大學教授王天成回憶說，國保警隊警告他不要在六四天安門事件前後外出。國保人員同意替他跑腿辦事，讓他沒有必須離開公寓的理由。國保警隊還派了一名便衣，偽裝成社區保安，站在他的公寓前警戒。在美國總統柯林頓（Bill Clinton）一九九八年訪華的第一天，國保人員敲了王天成的房門，以確定他在家裡。柯林頓訪華第二天，他們在王天成公寓外面派了幾個手持對講機的人，以進行監控。他住的「小區」每一個出口都有一名警員站崗。他只要走出家門，每一步都有人跟蹤。[61]人權運動人士萬延海說，在敏感期間，如果他必須離開所住的公寓，國保人員會要他坐進他們的車中，好讓他們盯著他。[62]中國社會科學院一名前研究人員解釋說，當政治情勢或由於異議分子活動、敏感時機等而「變得緊張」時，國保警隊就會要求他「合作」，就算他只是出門散步或上雜貨店購物，都會派警察跟著他。在時機極度敏感期間，國保警隊會派員夜以繼日守在他的公寓樓前，一連五天。[63]

當異議分子劉曉波於二〇一〇年獲得諾貝爾和平獎時，中共監控體系對高價值目標動態實施最嚴厲的管控。北京公安局文保單位頭子親自出馬，率眾前往自由派政治學者徐友漁家中，指揮綁架作業，將徐友漁關在遠離北京的一處地點。協助蒐集支持劉曉波公開信簽名的華澤，也遭國安部人員綁架，交到江西省新余市（華澤的戶口登記地）國保警隊看管。華澤被關在新余市一家飯店兩個月，由八名警員分兩班看管，兩名女警就睡在她的房間內。在諾貝爾獎事件前後那段時間，許多沒有被綁架或拘禁的監控目標都遭到警方敲門。[64]

國保警隊也利用竊聽，透過信息員與特情，監控高價值目標的動態與通訊。徐友漁憶述，有一次接到電話邀約，請他出席法國大使館的一項活動，然而當他放下電話不到幾分鐘，就接到警方打來的另一通電話，警告他不要出席。資深異議人士張林，經常為躲避警方跟監而將行動電話關機。但有一天，在將行動電話關機後來到一處火車站不到幾分鐘，一群警員就在他眼前現身。[65]負責監控高價值目標的國保警隊，除了高科技手段以外，還運用人力密集手段進行監控。負責監控前政治犯王清營的國保警隊，不僅在王清營住家門前裝了幾個攝影機，還派駐幾名便衣在他家門前打牌，以觀察他的進出。[66]

中共監控體系費神耗力、用大量資源監控高價值目標的事實，既說明中共強制機構的長處，也透露了它的短處。一方面，國保警隊監控系統資源充沛，侵入性強，能有效完成跟監、限制高價值目標的活動。但另一方面，如果高價值目標人數不斷增加，勢必無法繼續投入如此多的努力、時間與裝備。在高價值目標人數不多的情況下，中共政權或許能夠維持這種高強度監控，但一旦目標人數不斷增加，中共政權將無力繼續這種資源密集的做法。

中共的群眾監控計畫既有強大的能力，也有與生俱來的限制。在偏執狂似的心態驅使下，共產黨把好幾百萬人納入監控系統當中，並且不斷更新監控項目以因應不斷出現的新威脅。共產黨憑藉無與倫比的組織力建立分布式監控系統，推動兩項群眾監控計畫——根據我的估算，這兩項計畫把全國百分之零點五到百分之零點九的人民納入監控當中。從運作的角度來說，這兩項計畫的活動與成本由警察、地方當局、民間志工、線人，甚至由監控目標的家屬等各種官僚與群體分攤。

一黨專政的中共儘管主要依賴勞力密集手段，但也積極採用新科技以加強監控能力。這使執法與地方當局能對重要目標（特別是那些據說對中共統治構成威脅的目標），進行監控。它們還能控制目標的人身動態，即時跟監和管控。

然而這種監控系統究竟能對公安有多大貢獻則不詳。在地方當局與執法官員主要以政治誘因為本及進行決策的情況下，為監控相對少數的政治威脅，以及上訪者、違禁宗教團體成員等對黨構成少許威脅的民眾，中共卻不惜耗費鉅額開支。

但或許這正是黨領導人想要的。就技術角度來說，中共或許需要監控吸毒犯與前科犯，但真正重要的是政治威脅。儘管仍面臨許多侷限，在二〇一〇年代結束時，中共的群眾監控計畫已經取得即使是史上最強、最精銳的獨裁政權也要稱羨不已的能力，即主要用來對付政治威脅的能力。這麼說並不誇張。

第六章

「陣地」控制

如果中共的監控計畫是長久以來不斷訴諸群眾行動的擴大與改良成果，運用特種監控手段來對付關鍵公共場域、社會體制和網路空間，一定體現了中國共產黨的創造力與適應力。當然，提升對高犯罪率地區的監控，是世界各地執法當局的共同戰術。[1]但中共這套所謂「陣地控制」的做法，將標準警勤手段提升到一種新的緊急與精密高度，在最可能出現抵抗的社會環境中，協助黨以先發制人的手段壓制反對派。

在暴力鬥爭中崛起的中共獨裁政權，對於將軍事概念用於和平治理的做法情有獨鍾。黨出版物與高級領導人的發言裡充滿「消滅」、「動員」，與「集中兵力」這類語言。從黨的觀點來說，社會體制和網路空間真的是「陣地」，[2]這不是一種抽象用詞。

自一九五〇年代以來，「陣地控制」一直就是中共監控規則的一項要件。與傳統針對犯罪「熱點」加強警巡的做法相比，中共的這套做法更有組織、更積極，人力更為密集，也更有彈性，還能同樣運用於大學、商業場所，與西藏喇嘛寺。在二〇一〇年代初期，當西藏僧侶自焚以抗議中共統治，違法懸掛達賴喇嘛肖像時，警方就用這套做法讓他們噤聲。天安門事件過後，同樣這套做法也成功運用在大學校園。在「信息革命」（資訊革命）期間，中共政權將網路空間視為一種當局與「信息員」必須奮力拚搏、搶占關鍵要地的虛擬「陣地」。

「陣地」的數目多達好幾十萬，要對它們進行監控需要龐大人力資源。沒錯，科技能節省人力，但官員與警員仍得執行許多不能自動化的職責。但同樣的，在這個問題上，由於擁有列寧式政權特有的組織基礎架構與動員能力，中國共產黨也絕非一般泛泛獨裁政權可比。

決定究竟什麼是「陣地」，是另一項執行上的挑戰：標示為「陣地」的場域或機構過多，會讓稀少的警力資源進一步緊繃，使嚴密監控更加難以為繼。東德的國安部就曾面對這樣的難題。東德的祕密警察組織根據一種「焦點原則」選定優先目標，但探員為了爭奪資源而設定太多焦點，導致這套做法失敗。[3]

本章透過個案研究，剖析中共的監控系統如何運用它獨特的「熱點」戰術，成功解除對黨的各種威脅。這種成功讓我們了解到兩件事。首先，它又一次證明分布式監控確實有效——當局可以動用警察、地方當局、大學教職員、商界專業人士，以及黨的特務和安全機構等，各式各樣資源對「陣地」進行監控。其次，儘管科技確實能加強監控能力，中共的列寧式組織基礎架構與民眾招募能力，仍是無可取代的資產，仍是有效陣地管控的關鍵因素。

商業機構的陣地管控

中共警方基於執法與社會管控理由，對某幾類公共場域如公車站、廣場，與所謂「特種行業」，皆進行嚴密監控。在大多數個案中，對商業機構的監控主要目的在於阻嚇與解決財物犯罪。但針對飯店與印刷廠之類商業機構的監控，則主要目的在協助當局追蹤政治威脅。一如既往，想取得有關這類問題的全國性數據很難，但兩個地方警局在二〇〇〇年代末期的報告中說，它們憑藉對商業機構的監控，成功破解了一般性犯罪案件，其中一個警局說對商業機構的監控，破解了百分之八的罪案，另一個警局則說破解了百分之十五的罪案。[4]

地方當局使用彈性標準來界定特種行業。武漢在二〇〇八年將大約六千家機構標定為「特種行業」，其中包括飯店、印刷廠、二手商店，與汽車修車廠。據北京石景山區警方說，他們在一九九九年將十幾類行業列為特種行業，除飯店與汽車修車廠以外，還包括鎖鋪、資源回收處，與倉庫設施等等。[5]

警方運用無數方法來控制陣地，這些方法有科技手段，也有人力密集手段。[6]以科技手段而言，在對特種行業的監控過程中，監視器是廣泛運用的工具。以二〇〇〇年代初期的浙江省德清縣為例，境內所有娛樂設施都奉命在大廳與走道的進出口裝設監視器，而且所有中國飯店業者都必須裝置上報系統，把住客的情資轉交給警方。舉例說，德清縣公安局就於二〇〇〇年代中期，在縣內各飯店設立一種「信息管理系統」（資訊管理系統），並且每三天派員檢查各飯店的住客登記。如果一家飯店沒有按照規定上報住客登記訊息，就會有警員前來調查。[7]這種做法在中國各地已經成為標準作業程序。

資訊管理是監控商業機構科技手段的一項核心組件。基本上，這個「特種行業治安管理信息系統」就是一套蒐集、貯存員工、客戶，與交易資訊，並將這些資訊轉報給警方的軟體（中國稱為「軟件」）。[8] 事實上，這類工具沒有一統的標準格式；中國的科技公司與各地警方合作，開發能滿足當地特有監控需求的軟體。[9] 各地公安局年報中說明這類系統已經廣泛採用，而且在監控全國各地數以十萬計商家的作業上扮演重要角色。安徽省蚌埠市蚌山區警方在二〇一一年裝了這樣的資訊管理系統。安徽省蕪湖縣公安局加裝人臉識別與網際網路「身分驗證」（ID verification）科技，以提高資訊管理能力。[10]

對特種行業的監控可能帶來有用的政治情報。舉例說，警察與祕密警察可以透過對外賣配送服務的監控，攔截、檢查監控目標送出或接獲的物件。陝西咸陽市公安局在二〇一七年的年鑑中說，咸陽市快遞業者與市國安局和國家郵局合作，建立「長期有效的聯合督察快遞服務機制」。[11]

警方也依賴信息員保持對特種行業的監控。[12] 地方年鑑指出，警方在物色信息員時，喜歡找那些能夠蒐集、觀察客戶活動資訊，而不啟人疑竇的工作人員。江西省某市區公安局就說，到二〇〇八年年底，它已經用信息員做到對區內計程車公司、機車修理店，與珠寶製造業者的

「全面管控」。[13]警方也喜歡招募外賣配送人員為信息員，因為他們可以輕易進入嫌疑人的住家。[14]

根據慣例，警方會迫使企業員工舉報可疑活動或定期提供情資，從而將這些員工變成不支薪的信息員。警方對企業主與員工擁有相當影響力。由於「營業許可」必須由警方每年更新，因此幾乎沒有企業主膽敢抗拒警方的要求。警方還可以與其他規範機構，例如稅務局、負責都市規劃的都市計畫局，和國家工商管理局聯手，獎勵願意合作的企業，懲罰不肯合作的企業，進一步加強影響力。[15]四川省攀枝花公安局就在一九九五年說，特種行業工作人員提供的線報幫警方偵破了許多案件。[16]

警方還可能要求企業雇用信息員。上海崇明縣公安局規定，企業必須指派專職公安人員，這些人員要接受訓練，要提供資訊。二〇〇〇年代初期，上海閘北區公安局長下令，區內每一個娛樂場所必須聘用至少兩名信息員。[17]

西藏喇嘛寺廟的監控

宗教場所或許看起來不像陣地，但對中國政府來說，坐落於藏族人口稠密地區的喇嘛寺廟就是陣地。這不是單純的歧見：反對中國統治已是西藏藏傳佛教寺廟裡根深柢固的成見。[18]為鎮壓反抗，共產黨發動一項全面「改革」計畫。根據官方文件，在二〇一一年，中國共產黨西藏自治區委員會決定對自治區內一千七百八十七座喇嘛寺廟，進行「加強和創新管理」，這項人力密集的監控計畫於是展開。計畫透過的最重要措施，就是重組寺廟治理，由政府官員派駐寺廟，做為寺廟經理和監督人。[19]這項政策之後擴大運用到其他建有大批喇嘛教寺廟的地區，將黨的監控耳目直接植入全國各地的喇嘛教寺廟內。[20]

寺廟管理委員會

由政府官員主控的藏傳佛教寺廟管理委員會，就是共產黨派在寺廟的據點。委員會成員由統戰部、宗教事務局、佛教協會，和地方政府聯合指派，以保證黨對選定寺廟的控制。[21]許多委員會成員為黨政要員。[22]這類委員會規模不大，但擁有相當勢力。在西藏甘孜自治州，僧侶人數少於三百的寺廟皆由一個七人委員會來負責管理；僧侶人數在三百到五百之間的寺廟，則由一個九人委員會負責管理。[23]

委員會最重要的功能是對僧侶進行政治管控。委員會有權組織與監督「例行和正常」宗教活動，認證僧侶資格，批准寺廟進出，這類監督總稱為「教育」。廣義說來，他們負責維穩，講白了就是「預防性鎮壓」。[24]如本章下文所述，這類委員會負責執行有關宗教活動的限制與教育，對僧侶人身動態設限，監控出國僧侶，運用嚇阻手段，招募部署信息員，蒐集情報。

對活動與動態的限制

寺廟管理人員執行許多強制法規。僧侶必須取得管理委員會的「證書」才能住進寺廟：四川省說，它在二〇一五年為五萬九千九百名僧侶發了這類證書。為防堵寺廟之間的聯繫，預防抗議事件，當局對於涉及多個寺廟與教派的宗教活動管控尤其嚴厲。[25]宗教集會的規模也有限制。以甘孜為例，就規定參與人數在一千人以下的宗教活動，須經縣級宗教事務處批准，超過千人的活動須經州宗教事務處批准。其他政府部門，如安全機構與交通規範當局，也享有對這類活動的督導權。[26]違反委員會宗教活動法規的任何行為，都能遭致包括逐出寺廟在內的嚴懲。

管理委員會嚴密監控僧侶們的動向。二〇一七年，甘孜藏族自治州康定市吉居鄉管理委員會登錄所有離開寺廟的宗教人員，並禁止他們在寺廟外從事宗教活動。[27]昌都強巴林寺的僧侶，必須取得管理委員會，與昌都少數民族事務和宗教事務處的批准，才能在寺廟外參與宗教活動。同時，其他地區的僧侶也不可以進入強巴林寺參加宗教活動。[28]在甘孜的雅江縣，僧侶每天都要將他們的活動上報寺廟管理委員會。海外歸國僧侶，特別是那些私自出國訪問歸來的僧侶，遭到的監控尤其嚴厲。舉例說，二〇一〇年代末期，四川稻城的官員就對未經授權而出國訪問歸來的僧侶，進行徹底盤查。[29]

監控僧侶

要進行有效的監控僧侶，主要依賴兩個支柱：蒐集個人情資，以及辨識重點對象，例如當局眼中的麻煩製造者，以及與有抵抗前科的僧侶交往的人。至少自二〇一二年起，西藏就一直以數位化方式蒐集、儲存所有有關寺廟、僧侶的報告。四川省康定市說，它在二〇一四年蒐集了轄區內約兩千零八十五名僧侶的「基本情資」。甘孜藏族自治州石渠縣說，它在二〇一八年蒐集了轄區內七千一百五十名僧侶的「基本情資」。[30]

成為重點人員目標的僧侶受到特別矚目，遭到的管控也特別嚴厲。例如，他們無論是離開與返回寺廟都須事先請准。[31]康定市的報告指出，為監控重點人員列管的僧侶，它擬了個人化監控規則。[32]強巴林寺管理委員會在二〇一四年的報告中說，它「加強對重點人員的監控」，蒐集了關於目標僧侶和他們家屬的詳細資料。如何將僧侶歸類為重點人員列管對象並無正式標準，但當局似乎認定，凡是從海外訪問歸來、持有護照，以及從其他縣市來訪的僧侶，都值得特別注意。[33]

地方年鑑中有關招募與使用信息員打探僧侶活動的訊息很少。或許這說明在西藏，很難找到自願充當信息員的人。在西藏，想招募好的線人，就得從寺廟僧侶中物色人選。但西藏僧侶們大多都抗拒中共統治而忠於達賴喇嘛。偶爾年鑑中確實也談到相關事情，但一般而言內容都很籠統、缺乏細節，或許這也反映監控藏傳佛教喇嘛在西藏是很敏感的問題。舉例說，四川省馬爾康市一個鄉的管理委員會就在二〇一九年的報告中說，它「精準掌握」線人所提供的資訊。西藏山南縣執法機構說，它在二〇一〇年「加強了寺廟內祕密力量的發展」。[34]在其他情況下，官員們一般喜歡大談他們部署了多少信息員，蒐集了多少資訊，取得多少成果。我們確實知道當局派了信息員在寺廟內工作，但我們不清楚這些線人的規模與活動性質。

對寺廟的監控未必是祕密的：寺廟管理人員透過親身造訪，與監控對象進行例行而直接的接觸。早在二〇一〇年代初期，自管理委員會成立起，這種做法就已經展開。舉例說，在西藏拉薩，委員會成員有時奉命不斷造訪僧侶，與僧侶們交友（這當然是為了蒐集情資），如果交友不成，就改用恐嚇手段。[35]康定當局說，這種不斷造訪的做法很有效，能幫助當局了解僧侶們的活動、行蹤和心理狀態。[36]同時，稻城當局也在二〇一九年說，寺廟管理人與重點人員目標開了五十八次「教育會」。

這類直接接觸的內容可能如下：官員要求僧侶們遵守政府定下的規則，並且恐嚇他們不聽話可能遭來的法律懲罰後果，迫使他們做出依約行事的保證。以康定市為例，管理委員會成員要求僧侶的家屬簽一份「關於僧侶管控的責任同意書」。在二〇一八年，稻城當局規定，境內所有僧侶必須簽署一份「參與打擊自焚工作保證書」。[37]

為了監控西藏藏傳佛寺，中共似乎動用了一些科技手段。《華爾街日報》（*Wall Street Journal*）在二〇二一年七月報導，根據中國政府一份文件，為了監控四川省內七座西藏佛寺，中共裝設了一百八十多個監視器和人臉識別系統。[38]不過地方年鑑中很少提到對寺廟進行的高科技監控。西藏山南縣在二〇一一年說，它的執法機構「加強寺廟內的科技監控能力」，但沒有提供細節。[39]

對於科技監控或使用信息員監控寺廟的詳情，我們所知不多。目前已知資訊大體聚焦於管理委員會所訂定的規定與採取的監控。也因此，我們知道為了監控西藏藏傳佛教寺廟，中共至少已經動用人力密集的監控手段。

對大學校園的監控

對獨裁統治者來說，大學教授與學生都代表一種揮之不去的威脅，必須加以嚴厲監控。[40]

在這個問題上，天安門事件過後的中共領導人也不例外；在他們心目中，大學校園也像西藏藏傳佛教寺廟一樣，是必須監控的陣地。

在一九八九年對學生主導的民主運動進行鎮壓之後，共產黨實施一套整體戰略以重建對大學的主控。[41]一九九一年年底，國家教育委員會和公安部聯合發布一項「關於進一步加強高等學校內部保衛工作的通知」。大學和學院奉命與公安機構磋商，加強校方安全部門的調查能力。當局並且下令大學「充分利用行政部門、工會、共青團、學生會、教職人員和學生忠誠分子」，「依賴他們取得有關重點人員和立場的信息」。[42]

一九九七年二月，國家教育委員會和公安部又一次聯手發布新規則。現在他們強調「動員群眾」蒐集情資，對付在大學校園運作的「國內外敵對勢力、非法宗教勢力，和分裂國家勢力的滲透、煽動，和破壞」。官員們還呼籲大學「協助國安和公安機構終止危及國家安全的活動」，並下令校園管理人員審查學生組織和校外活動。不僅如此，這時的大學還奉命建立系統「管理」外籍教師與學生。[43]二〇一一年，共產黨進一步發布特定新規，防止宗教團體介入校園，或在校園構築影響力。[44]

大學當局自然遵命行事，授權針對所有信教的教職人員和學生設立檔案，嚴厲規範對學術活動和學生組織的審批，嚴格檢查外國非政府組織和外資的運用。此外，校園當局還審查教科書和線上教學資源，嚴密監督外籍師生，招募學生線人，並且定期向執法機構匯報工作。二〇一〇年代末期，很可能是奉上級黨政當局之命，大學還增設保衛「政治安全」的相關規定。[45]

就組織層面而言，大學已經構築一套融合政法委與公安警署特性的安全結構。在二〇二〇年擁有七萬多名學生的山東大學「保衛部」，就號稱設有一個六一〇辦公室、一個「空間安全處」、一個「全方位管理處」，以及一組保安人員。[46]南開大學在二〇一三年的年鑑中指出，它的保安部門有六個「處」，其中包括一個「政治安全處」。[47]

校園監控的目標

大學校園的監控計畫主要以三類族群為目標：重點人員指定人；來自新疆、西藏，與內蒙古的少數民族學生；外籍教授與學生。值得注意的是，針對少數民族學生的監控行動，早自二〇〇〇年起，在西藏與新疆爆發大規模動亂的多年以前，就已經展開。[48]

大學年鑑中經常提到對重點人員目標的監控，這類型的監控對象可能包括異議學者與宗教人士。在北京的中國政法大學，當局採取「全方位工作，教育和管理重點團體……以控制、減少所有重點團體的負面影響和實質傷害」。[49]大學保安官員談到如何採取行動，讓異議分子無法進行煽動，並拘捕從事煽動的人。舉例說，在二〇一〇年，江南大學保安部門就阻止了三起煽動事件。南開大學保安部門說，它在二〇一三年將一小群深度介入非法宗教活動的師生選定為「重點目標」，並派遣專人監控他們的「思想和活動」。[50]保安人員的介入能扼阻發展中的煽動活動，或許說明這項監控計畫確實有效。

少數民族學生在大學年鑑中獲得許多關注。根據蘭州大學的年鑑，在二〇一〇年代中期，校園保安官員協助國安機構對校內所有維吾爾族學生進行調查與監控。浙江省教育廳也說，它在二〇一四年八月下令省內各大學對維吾爾族學生實施全面查核，加強「重點對象的管理」，發掘、關閉維吾爾族學生的地下祈禱處，實施對維吾爾族學生護照的「管理」。江南大學在二〇一八年的年鑑中也談到它協助無錫市公安局「管教」少數民族學生。[51]

校園監控力度一般都在少數民族騷亂事件過後轉強。在二〇一一年五月內蒙古發生學生抗議環境惡化的示威事件後，湖北省高等教育委員會發布緊急命令，加強安全措施。二〇一一年八月，在新疆發生了一連串暴力攻擊事件之後，教育部下令所有招收了相當數目新疆學生的大學，皆要評估這些學生可能帶來的風險。[52]

許多中國大學都在報告中談到他們對外籍師生與非政府組織進行監控。貴州大學在二〇一四年的年鑑中，公開承認它的保安部門進行「防範外籍學生宗教滲透」的行動。華僑大學在二〇一四年的年鑑中宣稱，它成功阻止了未指明外國非政府組織的「滲透與破壞」。[53]南開大學說，它「為外籍學生建檔……打造一種機制來管理他們，監控他們的行蹤」。[54]合肥大學似乎特別關注外籍教授和學生，它的保安部門在二〇一〇年「加強對涉外活動以及外籍師生的調查，並且擴大與（上級）外務部門的溝通管道」。合肥大學在二〇一一年對外籍師生與學生組織，進行了幾輪調查。[55]

大學與政府人員合作

大學保安部門與國安機構，以及主要為國保和文保單位的地方公安人員密切合作。蘭州大學在二〇一四與二〇一五年的年鑑中說，除了協助國安機構監控外籍與維吾爾族學生以外，蘭大保安部門還幫著國安人員對海外留學歸來的教授進行「訪談」。[56]寧夏大學說，它「協助上級公安、國安，和教育部門人員對校園進行調查」。大連科技大學保安部門說，它與地方國安機構合作，處理有關新疆的威脅。[57]貴州大學保安部門說，它與省國安局合作，調查校園內的非法宗教活動，並將活動的幕後組織解體。[58]南開大學保安部門承認，它單是在二〇〇九年這一年，就在四十個場合協助來校造訪當局「閱讀檔案、進行調查、完成後續訪問」。[59]北京著名的中國政法大學說，它的保安部門在二〇一一年「密切注視公安和國安機構提供的信息」，「協助相關部門展開行動，以確保對政治安定相關事件的控制」。[60]

到一九九〇年代初期，安全機構和政法當局的例行情報資通規定已經成為大學確立的定規。江南大學前身、無錫輕工業大學的保安部門說，它在一九九三與一九九五年都為「上級領導」提供了三百多件情資。[61]合肥科技大學在二〇〇七年的年鑑中承認，它的保安部門為「公安和國安部門」提供了四十一件情報。合肥科技大學在二〇〇八年的年鑑中說，除了向地方公安和國安部門提供情報以外，它還將五十件情報交給「大學黨委」。[62]在二〇〇五年，華中科技大學保安部門由於將舉報學生、教職員的工作做得太好，還因此獲得武漢國安局「信息工作模範單位」稱號。[63]

大學提供兩類型的情資：「輿情」和「涉穩」情資。第一類包括校園對重要事件和國內外政策議題的反應。江南大學在二〇〇一年的年鑑中談到，它蒐集、舉報學生們對兩會與重大外交政策發展的反應，就是例證。「涉穩」類情資則似乎包羅甚廣。江南大學說，它將關於一名研究生自殺、學生之間打架，以及學生抗議學校餐廳食物而發動罷課的訊息舉報「上級」。[64]合肥大學保安部門則在二〇〇一年的年鑑中說，曾接獲有關「合肥地區一個大學聯盟」的線報。根據判斷，這個所謂「大學聯盟」指的應該是合肥地區大學生組成、校園官員認為可能對黨構成威脅的一個學生會。[65]

信息員的使用

若是沒有信息員，想有效監控數以百萬計的大學生與教職人員根本不可能。對中國大學當局來說幸運的是，從廣大的學生人口中招募信息員並不難。特別由於教育與職涯機會都控制在黨的手中，學生願意接受這類招募：為政府擔任線人，能為他們換來入黨門票，讓他們更容易找到好工作，或取得令人垂涎的深造機會。雖說我們不可能知道究竟有多少學生成為線人，但情況似乎是，所有大學都用了信息員。至少兩個省級教育部門在發布的文件中談到大學校園信息員相關規定。湖南省教育廳在二〇一三年公布「湖南省教育系統維穩綜治安全信息報送管理暫行辦法」。湖北省也在二〇一六年公布類似文件。[66]

許多大學承認使用校園信息員；有關信息員的任務、招募辦法，和運作狀況信息可以在大學網站公開取得。這類網站說，信息員蒐集、舉報情資的對象，包括涉嫌從事上訪、非法集會，和「反動宣傳」等顛覆活動的個人和組織。最後，校園安全、學生和教職人員對重要政治事件和政府政策的反應，也是信息員舉報的內容。[67]

大多數校園信息員是學生，不過也有一些信息員是黨幹部與行政管理人員。南華農業大學規定，每一個院校至少得有一名學生信息員。著名的北京外國語大學規定，每一間教室必須有一名「輿情信息員」。[68]長沙醫學院與湖南工學院都規定，每一間教室必須有一到三名信息員。這些信息員必須是有黨籍的學生，或是政治指導員（負責思想教育的全職大學職員）、或黨支部書記或副書記。信息員必須政治可靠，必須能有效運作。[69]在湖北經濟大學與湖南的南華大學，學生信息員主要由共青團書記、學生領導人招募而來。[70]

學生信息員一般不會直接與公安機構互動。事實上，各大學發布的相關規定都明白指出，主持學生信息員工作的人是黨官，不是公安探員。[71]也因此，黨官負責學生信息員的招募、訓練、監督，和考績。學生信息員會與校園保安人員互動。當局鼓勵學生信息員生活在最可能出現群眾事件或可疑政治活動的校園附近。學生信息員奉命「密切混入同學叢中，即時發覺他們（同學們）的思想狀態」。[72]

就運作層面來說，信息員必須定期向管理人提出報告。報告頻率因機構不同而迥異。在湖南工學院，負責大學各系的信息員必須每月報告一次，而負責課堂的信息員必須每隔一週報告一次。[73]長沙醫學院規定所有負責課堂的信息員必須每週匯報，負責每一群體的信息員必須每兩週匯報一次，負責各系的信息員每月匯報一次。北京外國語大學規定，負責監督學生信息員的「聯絡員」必須每月報告一次。[74]一旦出現關鍵性發展或緊急狀況，信息員必須立即上報任何已經蒐集的情資。有些大學規定信息員的工作必須嚴格保密，但有些大學沒有這類規定。[75]

大多數大學對信息員任職期限沒有明確規定。大體上，大多數大學會與信息員簽下一年首約，然後會視信息員表現而續約。舊有信息員畢業離校，新人也會不斷加入。[76]大學會為學生信息員提供政治與物質獎勵。北京外國語大學每一學期都會為信息員提供「一定金額的補助」。南華農業大學給予「傑出信息員和信息工作相關積進分子」不特定「認可和獎勵」，用額外學分獎勵他們。在長沙醫學院與湖南工學院，信息員在申請入黨與角逐獎項時，知道自己能享有優惠待遇。湖北經濟大學根據信息員提供資訊的價值，為信息員提供物質獎勵。[77]有些大學將信息員的工作視為一種工讀形式，從而為信息員提供一種補助管道。[78]

網路陣地

談到中共的網際網路審查工作，例如如何防堵網路活動，如何切斷網路資源等的相關研究已經很多。但我們雖說在使用者經驗方面已有相當認識，但對於中共的線上審查與監控的實際機制與戰術，則所知仍然寥寥無幾。[79]我在這裡要試著在線上探討警方作業「前台」，以填補這個空隙。

為了辨認使用者，並追蹤使用者活動，中共已經採取線上陣地管控戰術。當局採用一種雙軌做法，由中國共產黨「中央網路安全和信息化委員會辦公室」，與一個新警隊等兩個系統，分管監控任務。這種做法明白指出，線上陣地管控不僅是執法，也是一種政治任務。黨審查人員決定哪些內容必須封鎖或過濾，警方則負責執法，例如檢查網咖有無違規事情，裝置監控硬體，封鎖、過濾嫌疑人通訊，進行調查與逮捕等等。

中共自一九九〇年代中期起，開始對網際網路進行管控，但直到二〇一四年成立「中央網路安全和信息化領導小組辦公室」，才建立一個全國整合、獨立運作的官僚機構。[80]這個機構肩負規範與審查的雙重職責。從那以後，各地行政區相繼成立附屬於黨委的對應辦公室。二〇一八年，習近平將這個領導小組升格為一個中央專門委員會，由「中央網路事務委員會辦公室」執行其例行功能。要記住，就技術層面來說，「中央委員會」是黨務機構，不是政府機構。與「中央網路安全和信息委員會」共用一組人員的政府對口機構是「中央網信辦」。我將在下文用「網路辦公室」來稱呼這個負責線上監控的黨政機構，以別於分擔這項監控任務的網路警察。

中央網路事務委員會的地方分支隸屬於黨委系統。陝西省網路辦公室在二〇一四年成立時獲得授權，可以聘用六十一名工作人員。在湖南省郴州市，市網路辦公室在二〇一七年有十三名工作人員。在二〇一〇年代末期，典型的縣級網路辦公室只有三或四名全職工作人員。[81]由於規模過小，地方網路辦公室既缺乏人力，也不具備足夠科技力，無法進行精密的監控。值得注意的是，儘管地方年鑑往往大肆吹捧他們在審查和處理虛假資訊方面的成就，年鑑中對網路辦公室的科技能力卻著墨甚少。

沒錯，例行審查與處理虛假資訊是次省級網路辦公室的主要任務。隴南縣網路辦公室說，它在二〇一〇年代末期已經使用大數據和雲端運算來監控線上輿情，建立一個基本資訊數據庫。隴南縣網路辦公室找出能導致特別關注的一百八十個關鍵字與十二個主題。在二〇一九年，它監控了五十一萬五千件有關隴南的線上信息，其中八千件經判定為負面信息。[82]地方網路辦公室還招募「網路評論員」，進行網路活動以操控輿情，並處理虛假資訊。[83]

網路警察

與審查以及處理虛假資訊不同的是，特種網路警察單位負責有關網際網路的執法行動，以及對使用者活動的監控。一般稱為「公共信息網路安全監察局」的網路警察，於二〇〇〇年代初期開始出現在全國各地公安局內。北京市公安局在二〇〇〇年成立網路警察單位，派駐了十四名警員。[84]山東省的網路警察成立於二〇〇三年，不出兩年，全省各地公安局都成立了對口警隊。[85]北京一份公安年鑑中談到完成一個「監控公共網路安全」的市中心機構，似乎證明北京的網路監控系統設在公安基礎設施內，而不設在地方網路事務委員會。[86]延安的網路警察說，它的主要任務包括「監控有害信息；蒐集、分析、舉報互聯網發展；執行網咖法規；調查、處理網路犯罪」。[87]儘管這些任務都很重要，地方公安局的網路警察警隊規模卻相對較小。典型縣級網路警察警隊約有五到六名警員。舉例說，在二〇二〇年，安徽省舒城縣網路警察警隊只有五名警員。[88]山東省郯城縣網路警察警隊在二〇一一年有七名警員。雲南省箇舊縣網路警察警隊在二〇一六年有五名警員。[89]

地方網路辦公室與網路警察警隊都要每天二十四小時、每週七天「巡邏」網際網路。兩者都運用高科技的解決方法。舉例說，四川省三台縣網路辦公室使用所謂Real Time eXchange（實時資訊交流）的網路偵監科技，保持對網際網路的監控。網路警察必須將出現在網路上的重要發展向公安局領導，向縣委與縣政府提出報告。[90]儘管地方年鑑中沒有指明由哪個機構實際執行線上內容的刪除、洗版任務，很顯然這類工作由網路辦公室做出決定，然後由網路警察負責執行。額爾古納市公安局確認了這樣的分工。它在報告中說，它負責「組織和實施額爾古納市網路辦公室的『例行工作』」。[91]所謂「例行工作」幾乎可以確定指的就是審查線上內容。有關網路警察接受商人行賄、刪除某些關鍵貼文的報導也顯示，負責實際線上刪除工作的是網路警察，不是網路辦公室。同時，新聞報導中也看不到涉及地方網路辦公室官員的類似行賄醜聞。[92]當網路辦公室發現需要調查的線上材料時，一般都會把事情交給網路警察。舉例說，根據四川省筠連縣二〇一八年的年鑑中，當網路辦公室在發現一件所謂嚴重「網路謠傳」時，它聯繫了縣公安局網路警察進行調查。93

這樣的分工在行政管理上合情合理，將科技能力重複構築在幾個機構中沒有必要。而且將網路科技能力置於地方「網信辦」（編按：即「中國國家互聯網信息辦公室」的簡稱）還有安全風險，因為這類網路辦公室坐落在政府大樓內，而不是安全警衛工作較森嚴的警察局內。另一方面，中國的電信公司由於不具備必要的政治地位、安全，和執法權威，不大可能介入這類審查程序。此外，中國的「公共信息安全管控系統」，即所謂「防火牆」，是由警方，而不是由網信辦負責操作。我們從天津市公安局發布的公報中證實了這一點。天津市公安局說，它在「金盾計畫」（防火牆是金盾計畫的一環）中的一項主要工作，就是「發現……適當處置……有害的線上資訊」。94

監控網路陣地

過濾「有害」的線上內容是費時耗力的重活：執行監控需要投入密集人力，網路警察必須進行面對面調查，必須造訪涉嫌張貼違禁材料等犯行的個人。在二〇一六年，貴陽市白雲區網路警察對八十五名個人進行了面對面調查。貴陽市雲岩區的網路警察更積極，在同一年進行了兩百次這樣的調查。[95]有害線上活動的罰則包括拘留、罰款，和「批判教育」。[96]

不能揪出實際使用者，就不可能嚇阻線上異議分子，所以偵測犯行者和潛在犯行者的身分，就成為主控網路陣地的重要戰略。中國政府運用幾項戰術辨認使用者。[97]追蹤ＩＰ地址（每一個地方網路都經由一個特定地址與網際網路連結，這個特定地址就是ＩＰ）是一項簡單的做法。追蹤ＩＰ地址不難，因為提供網路的是國營電信公司，但比較精密的使用者可以改由虛擬私人網路發送線上資訊，從而避開這類追蹤。此外，由於社交媒體帳號允許匿名張貼，想辨認這些帳號的主人也需要額外措施。為解決這類問題，二〇一五年二月，「中國互聯網信息辦公室」（「中央網路安全和信息化委員會」的官僚機構，就技術面而言，中央網路委員會是一個黨務機構，不是政府機構）規定，所有網路使用者在登記聊天室、微信（熱門通訊軟體）、微博（微型博客平台），與所有其他社交媒體帳戶時都必須提供真實姓名。[98]

網路警察負責監控網咖、飯店、購物商場、機場等公共Wi-Fi網路，以辨認在住家網路外運作的使用者。根據二〇〇一年四月發布的私人網咖治理規定，網咖必須保管身分識別、線上活動等客戶資訊六十天。網咖業者必須取得地方公安局與文化局（負責規範娛樂業的政府機構）發給的執照。[99]根據比較新的規定，網咖必須裝設身分證讀卡機，將所有客戶資訊自動貯存在一個網咖專用數據庫中。客戶必須掃描他們的「第二代」身分證，將彩色大頭照等識別資訊存入數據庫才能上網。網路警察經常視察網咖，嚴格執行這些規定。[100]警方還會訓練在網咖工作的保安服務員，這些服務員除了要確使客人遵守規定以外，還可能負有監視客人的任務。在山東，地方警隊說他們在二〇〇四年訓練了三千名這類服務員。[101]

有些行政區甚至規定網咖必須裝設攝影機以監控客戶。地方年鑑顯示，監控攝影機在二〇〇〇年代末期開始裝設。[102]貴陽市公安局在二〇一四年的報告中說，白雲區網路警察規定，網咖必須裝設當網路重點人員掃描身分識別時，就能啟動錄影的安全科技裝備。這種系統能向警方示警，即時將相關影片傳送執法當局。[103]事實上，在成都等地這種系統在二〇一二年已經運作。網路警察的一本警勤教材中說，當一名客人使用重點人員列管目標的身分證在成都一家網咖上網時，網路警察會即時接獲警訊，而且知道這名客人用的是網咖中哪一部電腦。以這件案子為例，兩名警員立即奉派前往這家網咖進行調查。[104]

至於針對公共Wi-Fi網路的監控，在二〇〇〇年代末期，地方網路警察開始規定業者裝設不特定的安全科技設施。[105]這類措施的全國性裝設行動可能於二〇一四年展開。以武漢警方為例，就在這一年啟動一項以三年為期，在所有公共Wi-Fi網路裝設安全管理系統的計畫。[106]貴陽市雲岩區公安局在二〇一六年裝設了五百六十個公共Wi-Fi監控系統。在二〇一七到二〇一八年間，四川省兩個縣裝設了好幾千個類似系統。[107]一個Wi-Fi監控裝置的裝設成本平均為兩千兩百元人民幣（以撰寫本文時幣值換算，約為三百一十美元），也就是說，這項監控計畫，加上裝設後的維修與運作成本，需要投入龐大資源。[108]

網路警察特別注意線上重點人員目標。這些目標可能同時也是政治異議分子、自由派學者、人權運動激進分子、非法宗教組織成員、法輪功學員與其他「邪教」分子。線上重點人員列管目標還包括一些著名的親政府網紅，這表示共產黨對任何有相當影響力的公眾人物（無論其政治忠誠度如何）都不敢放心。[109]

中國各地的線上重點人員目標人數大不相同，說明地方對於線上重點人員目標的界定有相當的自由裁量權。在二〇一八年，湖南省衡陽縣有一百名納入網路重點人員監控的對象。內蒙古鄂倫春自治旗說，它在二〇一五年將二十五名重點人員目標納入線上監控。河北省滄州市運河區說，它的警隊在二〇一六年與六十二名網路重點人員進行面對面接觸。[110]但在幾個行政區，線上重點人員目標人數大得多。山西省稷山縣在二〇一八年有一千一百四十一名線上重點人員目標，約占全縣人口總數百分之零點三。在二〇一一到二〇一四年間，山東省郯城的網路警察「登記管控」了三千四百七十五名網路重點人員目標，約占當地總人口百分之零點四。雲南省箇舊縣網路警察在二〇一二年監控五百六十二名線上重點人員目標，約占全縣人口總數百分之零點一四。[111]

我們對線上重點人員監控的有關細節所知甚少。不過，至少，根據幾個行政區的報告，網路警察似乎建立了有關監控目標的專門檔案。[112]我們還可以合理認定，重點人員目標的線上活動遭到嚴密監控，他們的電子郵件與社交媒體帳戶都遭到入侵。

四川省內江市公安局在二〇一一年二月的報告中，透露了一些有關「網上重點人員目標」監控的重要訊息。根據這份報告，內江市公安局網路警察奉命蒐集所有各類型重點人員目標的基本資訊，以便指派警員使用「各種科技手段」排查這些人員，並使用一個未經指明的警方數據庫掌控他們的線上身分。報告中提到使用網際網路服務供應商提供的資訊和網咖業者的合作，對重點人員目標進行監控。報告中並且列出兩類網上重點人員目標：A類目標，應是當局認定構成重大威脅的人，需要運用一切跟監手段進行長期監控；B類目標，應是當局認定威脅較小的人，警方應採「必要調查和控制手段」以掌控其活動。[113]儘管使用的語言模糊，讓警方可以自由裁量，但在實際運作上，這可能意味警方對B類目標採取的監控會比較寬鬆。

為打擊一黨專政面對的各種威脅，控制陣地（無論是線上，或是公司營業場所、大學校園、寺廟之類實體）均是一項強而有力的戰術。中共深諳分布式監控之道：這種做法既能將組織能力盡情發揮，又能處理強制困境帶來的難題。拜分布式監控系統之賜，中共監控體系將陣地控制戰術發揮得淋漓盡致。就像其他保安措施一樣，陣地監控的目的也在於根據共產黨訂定的法規，限制反對派自由，對反對派活動進行監控。因此，陣地管控的實際作業由「實地操作人員」負責：監控體系靠的是黨的組織力與動員力。新的專業化官僚，例如寺廟管理委員會、網路辦公室、網路警察的迅速成立，使用人力與科技密集手段執行中央議程。在網路空間，科技扮演的角色尤其重要，但即使在這個領域，信息員與警方的調查與嚇阻仍為最重要的手段。而談到宗教與教育機構這類傳統陣地的管控，共產黨的動員力表現尤其亮麗。陣地管控架構的不斷調整、更新、改善，不僅顯示北京政權管控作業的鋪天蓋地，也證明它擁有對抗統治威脅的緊急應變能力。

第七章

監控升級

中國共產黨一九八九年在北京鎮壓民主運動時，所使用的科技很落後，無法為警方提供現代監控工具。當年的北京街頭看不到監控攝影機，整體而言，當時中共的科技監控裝備相當貧乏，設施與工具都很欠缺。

一九八九年退休的警員如果今天重回舊部，幾乎肯定會發現一切早已不再是當年面貌。原本年久失修的派出所，已經成為寬廣、裝備設施齊全的大樓。新大樓的中控中心有一整面平面電視牆，螢幕上播放著各主要交通要道、購物中心，與公共廣場的即時影像。今天的警員不再用自行車代步，而是乘坐滿載安全無線通訊裝備的警車四處巡行。當裝備人臉識別科技的監視器發現名列當局黑名單上的人物時，警報會自動響起，提醒值班警員注意。

後天安門時代的科技大躍進，足以證明共產黨既有捍衛政治壟斷的決心，也有徵用資源投入優先目標的能力。[1]儘管三十年前，很少有人能夠預見中共科技監控體系能如此迅速崛起，但事後回顧，其實有幾個早期因素導致了今天的發展。迅速的經濟發展引發鉅變，共產黨人力密集的監控體系儘管規模龐大，面對如此變局也疲於奔命，不得不設法提升能力。新一代中國人比過去更具流動性，接觸資訊的能力也更強，老邁的官僚機制因此面對考驗，迫使黨政當局採用現代科技追蹤人員與商品。同時，創造資訊社會的進程也對監控體系有利。資訊科技的廣泛採用，特別是行動通訊裝置的普及，使警方可以記錄數位足跡，監控通訊與動態。中共又一次發揮他善於應變的能力，利用現代人時刻離不開網路的弱點，將一項科技—社會新挑戰轉為一個機會。

中共在一九八九年過後的施政優先，還有幾項現實因素。國家經濟的不斷增長為新科技採購提供了必要經費。與西方國家建立的友好商業關係，使中國可以幾乎不受限制地進口關鍵工具與知識。[2]另一方面，競爭力強大的本土科技公司也趁勢崛起，為中共監控體系打造自己的戰力。對政府官僚與黨幹而言，監控體系的科技升級能為他們帶來利潤豐厚的「尋租」機會（rent-seeking），①高科技監控系統營運合約的競標程序布滿貪贓枉法的事情，為了保證主事官員的青睞，行賄是靈丹妙藥。

不僅如此，強制結構內各式各樣機構的相互競爭，也帶動監控體系不斷擴張。一個官僚機構在眼見一個對手取得新科技之後，很有理由會想方設法，讓自己的監控系統也取得類似科技。以中共的例子為證。在公安部於二〇一〇年代初期完成「天網」監控計畫之後，中央政法委也推出「雪亮」。雖說「雪亮」確實將「天網」的監控有效擴張，但它的許多組件都是重複、多餘的。

① 譯按：為壟斷資源或地位而從事的一種非生產性行為。

但科技再驚人，也只能適用於某些監控任務。當然，監視器、感應器，與線上追蹤能協助警方更好地監控目標的活動。但機器能夠輔助、卻不能取代人力密集的監控——若干例行但重要的任務只能由人來進行。舉例說，將人工智慧（AI）科技運用於警務工作的有關研究顯示，人工智慧科技能幫助警方建立犯罪檔案、評估風險，但如果要用人工智慧自動取代政法委這類機構的複雜工作，整件事將令人難以想像——因為政法委的工作仰賴判斷與政治經驗。[3]此外，線人憑藉與監控對象的直接接觸，能夠蒐集國家監控科技所無法蒐集的珍貴情資。當被監控對象知道如何躲避科技監控時，真人監控更加重要。某些關鍵性預防鎮壓工作，例如恐嚇高價值目標等等，人比機器做得更好。

中共的安全組織之所以能比其他獨裁政權的安全組織更強大，不是因為它近年來積極採納了科技，而是因為它能將科技與人力結合，運用於群眾監控系統之上，將科技與人力監控的效益發揮到極致。換言之，正因為中國的社會信用體系科技發出的耀眼光芒，我們看不清藏在這層科技監控表象之下的現實；它所以有效，只因為它擁有以戶口與網格管理結構為基礎的人力密集系統——而這種系統本身可以溯源於千年前的保甲社會管控計畫。[4]

黨的金盾

為了將監控系統升級，中國政府首先採取行動將公安部與地方派出所的資訊科技現代化。不具備全國整合的資訊科技基礎設施，想對現代社會進行有效監控根本辦不到。全國一體的資訊科技基礎設施，包括一個擁有龐大數量民眾資訊的數據庫、一個連結遍布各地警力的專用加密通訊網路，以及為監控任務量身訂做的軟體。這類科技沒有什麼特別驚人之處；舉例說，在今天這個年代，加密通訊系統聽起來很基本，只是平淡無奇的技術。但沒有這些基礎，全國系統也無法建成。

建立這樣一個系統的第一步，是建立「國家犯罪信息中心」。國家犯罪信息中心建於一九九四年，模仿美國聯邦調查局的「國家犯罪資訊中心」（National Crime Information Center）而建。但當年的中國警方欠缺前述基本要件：他們沒有必要工具，無法迅速而安全地儲存、共享資訊。[5]國家犯罪資訊中心雖已成立，能夠做的事卻很有限。

之後，公安部於一九九八年九月推出又名「金盾」的「公安信息化工程」（原計畫於二〇〇六年完成，但在二〇〇六年過後很久，計畫仍在繼續進行）。[6]金盾計畫的目標在於現代化安全機構的資訊能力，使安全機構可以儲存、共享資訊，從而占有高科技監控上風。當年的金盾計畫大體上都是一些平淡無奇的作業。工程師建立專用公安資訊網路，連結公安部與地方公安機構，以便警方可以在全國各地、在社區派出所之間、與遙遠的派出所互通數據。警員有了加密無線通訊網路，地方警局開始成立新的指揮中心。[7]

金盾計畫的設計顯然以傳統執法為目的，但它的若干組件的政治監控色彩也同樣明顯。[8]公安部要求研發二十三個「類別一」特製軟體應用系統，使用警方蒐集或商業機構提供的數據：公安部沒有詳細說明這二十三個系統的內容，但我們知道其中包括用來監控目標群體的軟體。[9]舉例說，上海公安局就曾透露，「類別一」工具是一種強有力的監控資源。在二〇〇三年，上海公安局說，這個系統收錄關於永久居民與臨時居民、租房、飯店的數據，有「列名『工作對象或目標』名單而遭監控的個人資訊，包括案件和事件的描述」。[10]

金盾工程項下已知的監控應用系統包括「國內安全情報信息管理」、「酒店法律和公安管理信息」、「公共信息網路安全監控警報和處理」、「涉毒個人信息」、「國家邪教案情管理分析」、「外國人或境外人士管理」等等。[11]民事資訊是專門針對非政府組織而建的又一類特種應用系統，內容包括資訊登錄，以及市級區級社會組織的違規刑事紀錄。[12]

除了公安部授權的這些「類別一」系統以外，地方公安機構也用金盾工程的資金研發一些工具。這些工具是因應相關地方機構特定需求而量身打造的應用系統。廣東省公安廳在二〇〇九年完成「重點對象管理全面情報平台次系統」。[13]江蘇省揚州市公安局在二〇〇四年利用金盾工程資金研發了一種比對資訊的應用系統。揚州市公安局說，它用這個系統對永久居民、臨時居民、飯店旅客登錄、租房、汽車駕駛、交通違規、警方調查對象的個人、毒販和吸毒犯，以及警方監控對象的個人數據庫進行交叉比對，加強了對重點人員線上活動的監控能力。[14]

專門為網路監控而設計的金盾組件，是俗稱防火牆的「公共信息安全管控系統」。根據公安部高官的說法，這個系統的目的是「確保公共網路安全運作，打擊網路犯罪，監控所有類型有害的線上信息」。[15]中共打從一開始已經拿定主意，把線上監控的主要職責交給公安部，並且在警察機構內部建立執行這項任務的科技能力。[16]

金盾的效益，極度仰賴蒐集龐大資訊、輸入各式數據庫的能力。套用中國警方的說法，這項任務是所謂「基礎工作」。「基礎工作」一詞頗有誤導之嫌，讓人以為這不是什麼艱鉅的工作。其實不然：為實現金盾工程，中國警方大舉動員。舉例說，江蘇省警方在二〇〇六年每天要將三十三萬件資訊輸入金盾數據庫。[17]金盾的實現，又一次證明既有組織性基礎設施在打造高科技監控體系過程中的重要性。

天網

公安部在二〇〇五年展開一項極具雄圖、成本高昂的影像監控計畫：「城市警報和監控系統」，又稱「天網」。[18]從公安部二〇一一年六月的一份討論擴大天網系統的文件中，可以瞥見這個系統的主要特色與能力。[19]

天網是一種運用「智慧」科技（顯然指的是大數據分析科技）的整合網路。根據公安部的說法，天網是一種將攝影機、其他感應器材、光纖數位連結、訂製軟體、數位伺服器，以及制式化數據庫整合在一起的數位平台，各地警察局蒐集到的影像資訊可以在這個平台共享。天網本身的攝影機可以提供廣大監控視野，但系統還能處理來自外部網路監視器所攝得的影像，與非警方體制運作的監控系統進行整合。[20]這一點非常重要：許多地點不在警方監視器的監控區內，但有了天網以後，警方可以即時觀察政府機構、國營企業、公司行號、大學，與其他體制的監視器所傳來的影像。透過天網，警方不必裝設新裝備也能擴大監控範圍。

天網主要依賴監視器覆蓋重點「法律和公共秩序」地區。這個系統同時包括裝在邊界進出口、重要公路和水道會口「智慧檢查站」的感應器與自動警報裝置。智慧檢查站掌握到的資訊可以整合進入一個普通平台，廣為分享。公安部在它的天網文件中還要求大規模建立「智慧、高解析度圖像捕捉裝置」、無線射頻識別（RFID）、行動電話跟監裝備，蒐集「可靠信息」——很可能指儲存在RFID國民身分證的個資。

公安部在這份文件中說，天網系統由省公安廳，以及市級、縣級，和區級公安局共同運作，彼此相互連結，上級警署有監控下級警署網路的能力。不同等級的監控平台，要與追蹤警勤緊急狀況、火警、交通事故等其他警方資訊平台逐漸接合。一旦二〇一一年規劃訂定的系統完成，市、區，與街道的警方監控中心，將具備使用攝影鏡頭與感應器進行即時監控的能力。[21]

在一開始，天網的主要功能是為警方提供科技能力，讓警方對街道、公路，與其他公共場域進行即時視像監控，並儲存影像。隨著更先進的科技不斷出現，天網的能力也日新月異。「智慧檢查站」，即裝備了攝影鏡頭、車牌辨識器、網路嗅探器（Wi-Fi sniffers，用來蒐集行動電話訊息）、與人臉識別科技的隱形電子檢查站，就是一個例子。這類檢查站使警方可以即時追蹤車輛與人員的動態。[22]警員只須進入數位化個人或車牌辨識系統中，就能立即找到要找的個人或車輛。電子檢查站的運作方式如下：當人員與車輛通過一處電子檢查站時，天網會蒐集車牌號碼、人臉識別，與行動電話資訊等情資，將這些情資與儲存在警方數據庫的情資進行比對，以判定這個人或這輛車是不是警方監控的對象。如果是，天網會自動向警方示警，將目標位置報知警方。

到二〇一〇年代中期，地方警署大體上都已擁有這項能力。在二〇一三年，全國三十一個省級公安機構中的二十一個已經設立省級影像資訊共享平台。在四百六十個市級公安局中，三百三十二個擁有影像共享平台，裝備的網路監視器超過六十萬個。[23]貴州省黃平縣公安局說，它在二〇一七年使用人臉識別與監控裝置，對上訪者、犯罪嫌疑人、通緝犯、吸毒犯、有前科的一千多名關注對象進行監控。據稱天網系統產生了上千筆準確的比對結果。[24]

天網是一種高科技系統，但運用它卻是一種人力密集的過程：警方必須不斷注視、分析湧入系統的影像。武漢公安局在二〇一二年成立一個特種影像處理單位。這個單位的工作人員迅速膨脹到八百名警員與一千九百名文職監控員。[25]貴州省甕安縣公安局在二〇一五年設立了一個「影像調查小組」，全天二十四小時監看監視畫面。這個單位除了協助國保警隊監察影像以外，還負責面對面盤問可疑分子。[26]深圳寶安區警方負責人說，到二〇〇〇年代末，他的公安局已經成立一百七十四個監控中心，擁有七百六十四名全職警員與輔警，提供一天二十四小時的監控。[27]

天網的四個階段

隨著時間逝去，天網工程不斷擴大，系統也持續增添新能力。觀察瀏陽市的例子能幫我們更清晰地了解天網打造進程的幾個階段。瀏陽市是湖南省省會長沙境內的一個縣級市，在二〇一九年擁有人口一百五十萬。[28]瀏陽市天網工程的施工於二〇一一年展開。第一階段大概花了兩年時間。在這兩年間，承包商中國電信長沙分公司在主要是市中心的地區，裝了一千八百零七個高解析度監視器，覆蓋包括「重點市區、交通節點、高犯罪率小巷、公共運輸場域」等一千兩百七十四處地點。每一個監視器的成本平均約為一萬八千元人民幣（撰寫本文時，約合兩千五百美元）。第二階段於二〇一四年展開，加裝了近一千個高解析度監視器，將天網覆蓋面從市中心區域擴大到城郊。[29]在二〇一五年展開的第三階段，警方再添置八百個高解析度監視器，將天網覆蓋面擴大到主要運輸幹線與偏遠鄉鎮的「重要地區」。天網顯然在二〇二〇年又一次升級，但有關細節則不詳。[30]

想了解這第四階段升級的詳情，我們可以觀察長沙市的例子。長沙市公安局說，自二〇一一年展開天網工程以來，它已經在前三個階段花了十餘億元人民幣，設置了七萬多個監視器，將它的監控平台與其他實體運作的八萬五千個監視器連線。至此，長沙市每一百名居民，警方就有一點五個可供監控的攝影鏡頭。[31]長沙市公安局在第四階段裝設更多監視器，用新型超高解析度監視器取代舊款監視器。雲端計算、大數據、人臉識別，與其他視訊分析科技也在這個階段進行整合。[32]瀏陽市天網的工程進度可能也與長沙市相仿。

來自各地的資料顯示，天網工程的施工進度各地不同；與長沙相比，有些城市的施工腳步比較快，採用更先進科技的時間也較早。在天網工程早期的幾個階段，廣東的進度似乎領先全國。在二〇〇五到二〇〇八年間，廣東省政府投資了一百二十五億元人民幣建立系統，裝了九十二萬個監視器（大約每一百人一個監視器）。到二〇〇八年年底，廣東省警方已經可以監控主要公路，運作大量電子檢查站。[33]廣西省省會南寧於二〇一一年完成天網一階段工程。它自二〇一三年起部署影片雲端貯存，並與「警用地理信息系統」、人口數據庫、駕駛訊息數據庫等其他系統進行整合。[34]在成都市成華區，公安局於二〇一四年起改裝超高解析度監視器，擴大監控覆蓋面，展開天網升級。人臉識別科技與智慧感應器在二〇一七年啟用，更多監視器也在二〇一九年完成升級。[35]

財務與永續性

儘管天網由公安部經營管控，已知官方文件中卻沒有任何中央政府撥款公安部打造天網的紀錄。事實上，打造天網的成本顯然由地方政府承擔。打造天網的開支分為四類：將前端裝備連結到公安局監控中心的光纖電纜網路；監視器、感應器、伺服器、電腦、顯示器等硬體；網路與硬體例行養護，以及系統升級。

地方政府有各式各樣付款方案，有些行政區預付款項。財務比較吃緊的地方採用公－民營合資辦法，由公司支付投資首款，再由政府租用系統使用權。[36]以山東省莒縣為例，天網由不明「企業」營造，由縣政府租用，然後由公安局運作。[37]

儘管監控能力強大，天網早在創建之初就問題叢生。上海在二〇〇〇年代末期建立天網時，就為鉅額開支所苦。每裝置一個監視器（可能加上搭配的光纖電纜）平均成本為七萬元人民幣（撰寫本文時，約合一萬美元）。每一個監控站需要兩名警員，各值班十二小時，還需要雇用九百名、年薪三萬元人民幣的輔警。就算排除日後系統升級不計，在上海營運天網十年，以每年折舊百分之十計算，至少得花十二億元人民幣。[38]雖說像上海這樣富裕的城市或許負擔得起這樣的成本，財務狀況略差的城市將無法承擔。有警員指出，這種「電信公司製造、政府租用、公安使用」的財務模式，使地方政府就算沒有新財源，也得永遠背負一筆新開支。[39]像許多高科技系統一樣，天網的維護比建造更難。武漢就是一個發人深省的例子。在二〇一〇年代中期，維護武漢天網的承包商養了一支兩千人的隊伍進行例行維修養護。[40]

除了財務成本以外，天網還面對重大的科技挑戰。將天網與其他監控系統，例如交通警察使用的系統，整合始終是棘手難題。此外，儘管天網的宗旨就是讓警勤單位共享影片，但組成天網的各式各樣系統，由於在設計之初就沒有單一標準，彼此並不相容。有些數據庫與網路協議經過制式化，但其他出自地方設計，由不同承包商與裝備的不同行政區，所組裝的系統沒有制式化，想加以整合非常困難。[41]其他嚴重問題還包括欠缺受過良好訓練的監控系統作業人員、覆蓋面不足、養護品質差、作業重疊與浪費資源，以及裝備迅速陳舊過時等。[42]

黨需要「雪亮」的眼睛

二〇一五年展開的「雪亮」計畫是對天網的補強，但就許多方面而言，它都是地方政法委領導、協調的一種個別的監控項目。根據我們針對官方文件的分析，雪亮有四大組件，目的都在加強、擴大國家監控能力。雪亮由警方直接打造、運作、維護，其實就是天網的升級與擴大版，這種天網的升級與擴大版就是它的第一組件。所有國家實體都要裝設影像監控系統，儘管這些系統並非直屬天網，但警方都可以運用，這是它的第二組件。第三組件由非國家實體運作的影像監控系統組成；這些實體必須打造監控能力，將監控取得的影片交給警方。第四個組件是在地方政法委授權下，將影片監控系統擴大到偏遠地區。

所以中共要添加又一個成本高昂的高科技監控方案，政治動機直接來自最高領導層。二〇一五年四月，中國共產黨中央委員會辦公廳和國務院聯合發布「關於加強公共安全視頻監控建設聯網應用的若干意見」，強調要透過大數據、雲端計算、智慧感應器，與其他科技發展、共享資訊資源，並要求加速在公共空間建造影像監控系統，還要優先在過去遭到疏忽的偏遠地區加強監控覆蓋面、改善影片品質。[43]對於意圖取得全面控制的黨來說，將影片監控能力擴及偏遠地區雖說合理，但雪亮系統銳利的目光，同時也落在已經有天網覆蓋的都市地區。

共產黨為什麼會批准這樣一項造價昂貴、內容與天網如此重疊的計畫？一個可能的答案是，中央政法委想親手掌控一種像天網一樣的監控系統。這種系統不僅能建立中央與地方政法委的監控能力，還能讓政法系統的預算、人員編制擴大合理化。中央政法委親自「啟動水泵」，編列鉅資在二〇一六與二〇一八年間，建立一百四十八個「示範項目」。[44]

公安部等部會於二〇一五年五月公布的雪亮組建文件，有幾項值得注意的條款。首先，「社會治安綜合治理辦公室」就是中央政法委，是中央政法委根據中共政權「一套班子，兩塊牌子」的組織慣例而掛的一塊牌子，將領導、協調雪亮的打造工程。其次，雪亮要在二〇二〇年前完成，意味到二〇二〇年，全面網路連結的高解析度監視器系統將覆蓋所有關鍵公共場域。第三，雪亮要利用警方維護的影像共享平台；文件中雖未指明，但這個平台想來就是天網。為滿足這項要求，政府部門必須將它們的影像監控系統升級，以便與警用平台整合。第四，警方要為影像監控系統的營建提供指導和監督，為雪亮設立網路標準。最後，地方政府要編列在關鍵公共場域建造、連接、維護影像監控系統的預算。[45]中央政法委或許提供種子資金，但雪亮的大部分成本要由地方承擔。

二〇一八年一月，黨中央與國務院要求將雪亮擴展到鄉間，不過全國性打造行動可能早在之前一年的下半年已經展開。[46]從技術層面來說，雪亮用無人機、車牌辨識器、網路嗅探器、人臉識別、面容表情識別、行動電話追蹤等最新裝備，將警方的天網升級。[47]

雪亮屬下的影像監控可以分為三個類型。對「類型一」地點的監控是警察的職責。警方負責運作、維護直接整合進入天網的相關系統：換言之，雪亮的一個重要部分是天網的延伸。覆蓋「類型二」地點的系統，由非警方政府部門或國營機構建造、運作。這類系統與警方「公安視頻圖像共享平台」連線，但與天網並不直接相通。監控「類型三」地點的影像監控系統，由企業、非營利機構、商店、居民委員會建造，與非天網的警方影片平台連線。「類型二」與「類型三」系統的運作，由所謂社會治安綜合治理中心（其實就是地方政法委的一環），而不是由公安局督導。在偏遠地區，雪亮的運作根據縣級、鎮級、村級而作進一步劃分。[48]

居民委員會這類非政府實體據說因雪亮而受益，所以必須付費：政府要它們打造監控系統，與官方平台連線，不過這些實體得自行負擔建構、操作，和維護費用。以居民委員會為例，監控中心設在相關管理公司的辦公室裡，想來是由居民樓服務員負責監控。[49]由於警方也必須能使用「類型二」與「類型三」地點的監控系統，這些系統的構築必須經警方批准，以證明其有效性。[50]

雪亮的技術結構與天網頗為類似。雪亮有四個核心組件：前端監控裝備（攝影鏡頭以及網路嗅探器、自動無線射頻識別讀取器等感應器）；用於數據傳輸的光纖網路；能執行數據與圖像分析、影像共享等各種功能的軟體；以及裝備數據伺服器的指揮中心。[51]在有些地區，雪亮平台部署專門用來監控重點人員的軟體。[52]部署在「類型二」、「類型三」地點的監視器與人臉識別系統沒有連線，因此可能不是高解析度監視器。

西安市的報告顯示，至少有部分地點屬於「類型一」的監控範圍。這類地點包括主要交通幹道、隧道、重要橋梁、選定公路出口與收費站、購物中心主要進出口、高犯罪率地區、公共廣場，用來進行大型集會與宗教活動的其他地區，紀念碑、政府大樓附近地區、醫院、中小學、電信設施、機場、火車站、海港，涉及國安重要實體，以及可能成為恐怖襲擊目標的實體與地點。類型二、三地點的重要性較低，包括幼兒園、博物館、飯店、娛樂設施，與購物中心內部。[53]

雪亮提供廣大得多的監控覆蓋面。以二〇一八年擁有超過四百萬人口的廈門市為例，「類型一」的地區就有三萬零五百零九個影像連結，每個連結都與多個監視器連線。「類型二」地區有一萬四千四百六十四個影像連結，「類型三」有兩萬九千二百六十六個影像連結。[54]根據報告，其他地點也有類似大量影像連結，顯示大量裝備已經部署，衍生的維護成本相當可觀。[55]

操作雪亮面對的挑戰

雪亮整合進入天網的若干部分，資金充裕，根據嚴厲技術規格而建，能提供單憑天網不可能擁有的先進技術能力。雪亮的其他組件，不是由公安部與地方警察局打造、維護，而是由其他中央與地方政府部門，以及國營與民營實體打造、維護的部分，可能品質參差不齊，監控能力也較差。

像雪亮這類規模龐大、複雜的監控系統，免不了有一項重大挑戰，就是它不容任何些微差錯的技術需求。銜接不良、維修保養不符標準、程序錯誤等小瑕疵，可能重創其效益。天網主要運作在一般而言預算比較充裕、技術支援也容易取得的都市地區，但雪亮則大體上運作在經費較少、技術支援也得來不易的鄉間。由一名警員與一名工程師共同撰寫的一篇有關雪亮的文章透露，雪亮部署的一些監控攝影機不能自動聚焦，不能精確捕捉目標的顏色與形狀。灰塵、陰暗的光線、樹葉，與蜘蛛網經常造成畫面模糊不清。監視器在夜間成效不佳，裝置施工品質也問題叢生。[56]

或許，雪亮面對的最大挑戰是地方政府欠缺財務資源，特別在貧窮的偏遠鄉區，情況尤其嚴重。雪亮的每一種組件，包括攝影鏡頭、專用光纖電纜、監控中心等，組建與維修保養費用都很高。大多數偏遠地區政府也欠缺能夠熟練操作精密監控裝備的人員。基礎設施落後，例如電力供應的不可靠等，容易造成作業中斷。人口密度低也意味著，與都市地區相比，在偏遠鄉間裝設雪亮的人均成本較高。[57]此外，別忘了，中央政府雖然下令地方政府建立雪亮，卻沒有提出一套供地方政府遵行的統一計畫。對江蘇省鹽城市進行的一項研究就發現，當地官員濫用他們的自由裁量權，而這正是幅員廣大國家的通病：高級官員能夠下令，但不能控制部下官員如何執行命令。[58]

社會信用體系

中共的預防性鎮壓生態系統中，還有一套最新的重要創舉：全國性「社會信用體系」。這套體系已經引起西方媒體的巨大注視，原因不難理解：當局可以運用這套體系，以它認定的有利社會與反社會行為，以及政治忠誠度為根據，為每一名中國公民打信用分數。政府可以根據信用分數進行獎、懲，從而建立一套迫使民眾全面臣服的新工具。

重大問題是，當局的認定是否吻合現實。實情是，我們還不知道真正的答案，不過社會信用體系是一項正在進行中的計畫。在習近平於二〇一二年十一月上台以後，建立全國性社會信用體系的工作便開始加足馬力進行。[59]到二〇一三年夏，國務院發表計畫文件，宣布將在二〇一四到二〇二〇年間建立社會信用系統。[60]這項計畫顯然未能成真，因為國務院直到二〇一九年七月才指定了一名系統開發首席協調員。但幾項種子方案在這五年期間實施，許多經過測試的措施獲得國務院背書。[61]從官方文件與媒體報導中，我們可以推斷更多種子方案已經在進行。[62]所以說，社會信用體系計畫還未完成，但有關進展仍在持續推動。二〇二〇年十二月，國務院發表關於信用度標準和程序的指導意見。[63]二〇二一年三月，中共添加若干新規定，希望經由社會信用體系推動新的發展目標，例如建立以消費者內需為主的成長模式，使中國減輕對潛在敵意國家市場的依賴，一旦遭到海外經濟制裁時比較不容易受傷。但中共沒有詳細說明如何運用社會信用體系來達成這些目標。[64]

有關社會信用體系的重要細節仍是未知數。現有學術文獻主要聚焦於社會信用體系的設計、實施、民眾看法，以及可能的應用。但這個體系如何實際運作？許多人疑心當局會用這個體系進行政治監控，但目前查無實據。[65]還有人似乎認為，由於是一種高科技項目，社會信用體系特別危險，甚至萬無一失。但根據已經掌握的資訊，我們認為，就像「雪亮」與其他監控項目一樣，社會信用體系也很可能因地方政府各行其是，而難以成為一項經過充分整合而可靠的全國性計畫。由於「路徑依賴」（path dependence），②社會信用體系在設計之初的瑕疵，可能對它做為一種監控工具的效益構成永久障礙。

根據當局的說法，社會信用體系要架設一道大網，蒐集、處理不僅普通百姓，還有政府機構、官員、企業，和非政府組織的資訊。擬議中的社會信用體系建構過程包括，為不同地區與經濟產業建構資訊數據庫，為蒐集相關資訊建立系統，以及鼓勵跨產業和地區的資訊交換。根據列寧式獨裁政權的組織要件，政府不會獨自蒐集社會信用的資訊：商業與其他實體也會奉命加入行動，蒐集、處理、儲存相關數據。[66]

如果能夠按照預定實現，社會信用體系將成為分布式監控的又一例證。建構、運作這個體系，不僅需要國家安全機構，還需要整個中國社會無數人力、物力的大舉動員——安全機構甚至還不是這項動員的主力。這項數據處理計畫的基礎，將來自網格員、大學師生、地方黨政官員、企業負責人、居民管理人員、醫護人員、教師、都市設施管理人，以及平民百姓，在日常生活中最不經意的情況下提供的資訊。從鄰居、同事、友人與親戚處得來的各式各樣正式和非

---

② 譯按：指技術或制度演進所具有的物理慣性，一旦走上某一路徑就不容易改變。

正式資訊中匯聚合流，為一個具有強制性的全國社會信用體系進行催生。

實施與挑戰

到二〇二一年年底，已有六十二處地點經選定為社會信用體系種子計畫試點。第一個種子類型稱為地區綜合種子，要評估系統在一個行政區內的表現。第二類是地區合作種子，測試合作與資訊交換方法，以及跨行政區項目的獎懲協調。第三種子類型是實驗性徵信系統，要在國務院二〇一四年計畫文件中列為「重點」的產業，全面測試一個社會信用體系。

一個構築中的社會信用體系要件，已經成為強有力的社會管控工具：公開羞辱。對信用分數低的人進行公開羞辱，是社會信用體系對「失信」的一種懲罰。在有些行政區，這種懲罰今天已經出現：法院為執行判決，為懲罰賴債，會公布「失信」個人與公司名單。這些失信個人與失信實體的負責人，還會遭到不得進入高級飯店、餐廳、公寓，不得乘坐飛機、火車頭等座等懲罰。遭懲處的個人還可能奉命，不得購置房地產，不得裝修房屋，不得度假，不得購買昂貴保險產品，不得將子女送往昂貴私校等。[67]

邁向全國性社會信用體系的進展，主要出現在法律架構發展上。到二〇二一年年底，幾乎所有省分與大城市的政府，都已經建立社會信用法規。[68]這些法規的條款內容並不嚴謹，反映中國共產黨承襲慣用做法，讓地方享有最大裁量權。舉例說，上海市政府在二〇二〇年宣布，要將隱瞞感染新冠病毒、疫區旅遊史、曾與新冠患者接觸的人，以及逃避強制醫療隔離的人列為「失信」。中央政府並沒有下令應將這類個人列為「失信」，但上海市政府將他們登入上海公共信用信息平台，該平台隨即減了他們的信用分。[69]

包括廣東省在內的其他行政區，對社會信用的法規也有自己的詮釋。廣東省《社會信用條例》第三十二條就規定，任何行為造成「網路空間媒體秩序嚴重破壞，或聚眾擾亂社會治安」的人都構成「失信」。中國網路管理局建議，所有行政區都應該將散播線上「謠言」，造成「重大社會衝擊」的人載入失信黑名單上。[70]南京市《社會信用條例》第二十三條規定，任何「醉酒駕車、非法飼養惡狗、在醫療設施擾亂秩序、無票乘坐公共運輸系統，或組織直銷……影響社會安定」的人都要遭到信用扣分。[71]

由於能蒐集、儲存、分析大量個資，做為一種監控工具的社會信用體系，擁有難以匹敵的潛能。中央政府心目中的社會信用體系，在充分發揮功能的情況下，理論上要能夠運用大數據與人工智慧，算出相對精準的個人政治傾向，甚至還能預測指定個人可能對黨構成的風險。但新聞報導顯示，目前為止，這個系統大體上是一種透過行政處罰進行社會管控的工具，不是一種為實施政治監控而使用的高科技工具。從地方政府不斷濫用社會信用的事實，就能看出這一點。許多行政區加入上海的做法，以信用扣分懲罰為手段，強制實行新冠疫情隔離措施。[72]濫用刑事林林總總，例如還有一些地方當局用社會信用扣分手段，懲罰在住宅樓公共區域為自己的電單車充電的人、闖紅燈的駕駛人、亂丟垃圾的人等。[73]這類行為當然都是些雞毛蒜皮小事，但社會信用是一種可能導致嚴重後果的永久紀錄，各式各樣的扣分手段證明官員擁有的自由裁量權大得驚人。有些地區政府還會用信用扣分的手段來懲罰求助、伸冤的上訪人。[74]

擬議中的社會信用體系由於面對兩大艱鉅挑戰，可能最後無法達成它設計初衷的目標。首先，它欠缺全國一統的標準，這會對信用評分構成正面或負面影響。沒有統一標準讓地方政府更能隨心所欲實施社會管控，但對一個全國性社會信用系統來說，欠缺標準造成的傷害更為深遠。在沒有明確指導原則下蒐集的信息，自然雜音充斥，根據這些信息做出的政治忠誠度判斷當然也很難「靠譜」。事實上，地方官員在運用社會信用規則時的作為，很可能大幅偏離中央政府的初衷，使這個系統的效益大打折扣。[75]另一項挑戰是，如何整合與處理跨越行政區、來自政府與非政府實體、排山倒海般的大量信用資訊。[76]社會信用體系的開支與挑戰會非常巨大，不過這並不表示中共定然無法因應。

一九九〇年代末期展開的強制結構升級，大幅加強了中共的監控能力。中共的分布式監控系統因此擁有一種新的科技維度。最高領導層大力支持科技監控，將經濟迅速發展的獲利大舉投入。而列寧式一黨專政特有的群眾動員能力也意味著，這類投資不會浪擲：層層疊架的組織能確保實踐。

不過，一些科技先進的監控項目，設計得比較好，實施與養護也比其他項目有效。其中由公安部獨家運作的「金盾」與「天網」，特別能幹而有效，而且財務也似乎更健全。相形之下，雪亮有嚴重瑕疵，還有後繼乏力之虞。在實現社會信用體系抱負的過程中，北京政權會遭遇許多難題。中共官員過去也曾克服大規模數據庫集結、整合的技術挑戰，但無論使用的科技多先進，地方當局的機會主義能將一種監控機制轉換為一種蠻橫的、激起民怨的社會管控工具，將這個體系的效益破壞無遺。

中國的科技監控經驗帶來兩個重要教訓。首先，已經擁有組織性基礎設施，擁有經實證有效的人工密集監控做法的政權，與不具備這些條件的政權相比，更能有效運用新科技。想採納並有效運用現代監控科技，首先需要具備共同一致的政治動員與行政協調能力，而只有組織嚴密的獨裁政權才有這種能力。其次，儘管現代科技能夠取代若干過去依靠人力完成的功能，但它們不能完全自動監控。至少目前還不能。雖說相關人工智慧科技已經存在，但完全自動化監控系統的問世還得等待遙遠的未來。

至少就目前來說，科技精密的監控系統必須保有人力密集的組織結構。如果中國是最接近

「歐威爾式」（Orwellian），③反烏托邦理念的全球大國，那不是因為中國採用高科技工具，而是因為中國擁有能夠善用這類工具的人力基礎設施。

---

③ 譯按：英國作家喬治．歐威爾，以論述獨裁政權控制人民思想行動的《一九八四》一書聞名。

結論

分布式監控系統是中共強制結構的關鍵，這本書將這種監控系統的體制架構、主要組件，與戰術手段公諸於世。中國的分布式監控系統奠基於毛澤東統治時期，但在天安門事件落幕與一九九〇年代經濟起飛過後開始體制化、擴大，而且現代化。

主要透過反覆試驗與邊做邊學，中國共產黨將列寧式獨裁體制的組織力發揮到極致，設計了一套全面、有彈性、人力密集的預防性鎮壓做法。就這樣，中國建造了一個比史上任何其他獨裁政權所擁有的都更有協調力、裝備也更好的監控體系。中國的監控體系以反覆重疊、層層架構，以及強大的韌性著稱。重疊架構能將監控任務分散到各安全機構與其他實體。而中國共產黨能夠成功掌控西藏佛寺、大學校園、網際網路等新陣地，也將它的韌性嶄露無遺。根據地方數據，我們能夠估算出中國監控體系的一些關鍵參數，例如它的線人網路規模，以及群眾監控項目監控人數在人口總數占比等等。一旦更多有關中國監控體系的材料流出，我們應能對它的組織與運作細節有進一步了解。

研究獨裁政權的學者面對一大風險，就是他們往往一心一意要將經驗謎團拼湊在一起，卻看不清楚整件事的全貌。令人遺憾的是，這樣的失誤或許難免。以有關中國監控體系的調查為例，最重要的工作大概就是發掘關鍵證據，揭露它的監控範圍、諜報網規模這類結構與關鍵參數了。為了鉅細靡遺、長篇大論提出經驗數據，我的研究也只得犧牲一些主題敘事。不過我也希望能為讀者提供一種全貌意識。所以讓我們考慮這本書提出的一些宏觀問題吧，或許我們還能找到一些答案。

中國監控體系的獨特面貌

儘管近年來媒體的關注聚焦在中國監控體系的高科技特性之上，但這本書要告訴讀者的是，中國採用高解析度影片、人臉識別工具，與線上審查是相對較晚的事：這類新科技不過是進一步加強已經很強的監控體系罷了。事實上，中國監控體系所以能有如此深遠的效益，關鍵不在於它的科技密集，而在於它的人力與組織力密集。中國的監控體系能有這種組織基礎，主要因為它是列寧式一黨專政政權。

或許中國監控體系最令人印象深刻的特性，就是它層層疊疊的架構。面對監控與安全難題，其他許多獨裁政權採取的辦法是建立單一祕密警察機構，結果使問題更加棘手。中國不同。為了對抗政治威脅，中國構築了三道防線，還在這三道防線之間建了一種相對清晰的分工。國家安全部負責保衛政權，對抗外來威脅，但也負責支援公安部的國內安全保衛（國保）警隊。國保警隊的主要任務是對抗政治威脅，例行性監控作業則由身為強制結構外層的警察局負責。

接下來，除了監控體系的核心以外，還有一個龐大的線人關係網，負責為有關當局通風報信。這一層外圍監控體系，由居民委員會、國營企業、政府官僚、國家隸屬的社會組織（如官方工會與宗教團體），與大學等等政府直接管控的體制與組織組成。這些組織的官員與保安人員負責招募信息員、維護例行監控、在敏感時期加強保安作業，以支援監控體系。表面上看來，這種分布式監控體系似乎既累贅又昂貴。從若干角度來說，它確實如此。但這種累贅可能是有意為之的：中共要的是最大程度的政權安全，因此願意動用一切必要資源來買下安全「保單」。

中共與其他獨裁政權（甚至與其他列寧式獨裁政權）還有一點不同，就是它有一套負責監督、協調強制機構活動的特種黨官僚系統。我指的是中央政法委旗下的政法組織。中國共產黨透過中央政法委與地方政法委進行全面監控，這種全面監控做法可以用「舉國體制」一詞總結。所謂「舉國體制」就是「全政府、全社會的動員方式」。列寧式政權擁有無與倫比的動員能力，但僅僅動員而不能進行有效的監督與協調，只會形成浪費。政法委的責任就在於確保中國不浪費它動員的資源。政法委能協助推動分布式監控，防止權力集中特定安全機構內，從而協助黨解決強制難題。

毫無疑問，中共擁有所有獨裁政權中最先進的監控科技。中共強制機構掌握的這些科技，大幅提升了中共追蹤反黨通訊與活動的能力。但中共的經驗同時也暴露現代監控科技所潛在的侷限。政權的組織力是政權能否有效部署監控科技的先決條件。由於早在相關科技出現以前，已經擁有組織密集的監控結構，中共能夠建立防火牆，能夠用現代監控科技成功因應資訊革命。北京政權只須用更多先進工具裝備已經強大的監控結構，就算大功告成。換成一個組織力貧乏的獨裁政權，就算手握現代監控科技，成果也定必遜色不少。

中國的案例也顯示，科技可以輔助，但不能取代人工。科技或許可以擴大監控範圍，可以比沒有科技的人工更能有效運作某些功能，但全自動監控體系仍只存在於科幻小說的世界中。如果中國的案例有為我們帶來任何啟示，那麼這啟示就是：想採納新科技，就得擁有更多受過良好訓練的工作人員，而不是裁員。中共的監控體系規模沒有因它採用先進科技而減小，事實上，監控機構運用的科技工具雖說不斷增加，投入國安、公安的人員卻愈來愈多，這一點值得我們深思。

這些觀察顯示，非列寧式獨裁政權幾乎不可能取得中國擁有的那種監控能力。這類獨裁國家或許能夠建立類似祕密警察的核心組件，但沒有辦法像中國那樣建立其他各類重要的輔助性組件。非列寧式獨裁政權壓根就沒有中國那種組織性基礎設施、那種對經濟與社會的控制力，那種動員資源的能力。非列寧式獨裁政權就算取得中國的現代監控科技，也不具備有效運用這類科技的體制性先決條件。

根據我的看法，列寧式獨裁政權根深柢固的監控能力，是這類政權即使經濟突飛猛進，也未必能出現民主化政治變革的理由。經濟發展雖說造就有利於民主的結構性改變，但它也帶來更多資源（特別是更多資金，更多取得科技的管道），讓列寧式政權調整、加強其監控能力。能夠因經濟現代化受益的列寧式政權，是既能因此增加財富，又能不因改革而犧牲關鍵政治、經濟體制的政權：它的權力掌控力度因經濟發展而加強，不因此受損。

也就是說，除非經濟現代化本身失敗，中共政權的掌控才有崩潰可能。這本書的研究因此達成一個結論：列寧式政權如走上民主的可行之道，須以政治改革為開端，不以經濟自由化與現代化為起點，因為只有政治改革才能將列寧式體制連根拔起。

評估中國的監控體系

根據幾項經驗準則，中國在後天安門時代的監控體系大體上表現得令共產黨滿意。若不是有一個有效的監控體系，共產黨將無法阻止有組織反對派的崛起；無法防堵社會動亂；無法鎮壓後毛澤東時代出現在中國的最大型精神團體法輪功；無法扼阻因經濟迅速發展而形成的自由化趨勢。但如果認為中共所以能夠不垮，全靠擁有如此監控體系也不正確。後天安門時代的經濟榮景無疑是使共產黨能夠生存的重要因素。後天安門時代的中國共產黨因經濟繁榮而享有一種合法性，相對於沒有這種合法性的政權，擁有這種合法性的政權大體而言敵人會少很多，監控體系的工作也因此輕鬆得多。

如果經濟繁榮本身是政權生存的關鍵，一定有人會問，中國的監控體系是否過於龐大，監控的人是否太多，或做了太多不必要的工作。或許共產黨不需要多此一舉地建立雪亮，或許重點人員計畫不需要將那麼多人納入監控名單，同樣也能成事。線人關係網似乎也大得沒有必要，因為如同本書研究所示，已知或涉嫌構成政治威脅的人相對只是少數。最重要的是，一九八九年後的經濟榮景，似乎為社會安定奠下最堅固的基礎。在一九九〇年代，流動性與資訊接觸能力的增加帶來新挑戰。但更多的財富似乎成為人民馴服與政治冷漠的根本。經濟起飛的時代，不會出現真正能引發社會動亂的根源。

所以，中國的監控體系太大了吧？——不大，如果共產黨要的是絕對的政權安全就不嫌大。共產黨憑藉對政權的偏執，不會容忍任何失去政權的風險。為維護絕對政權安全，共產黨必須在任何威脅初生之際就設法加以剷除，而這需要一個規模龐大、時刻處於高度警戒狀態的監控體系。從共產黨的觀點，無論花多少錢，就算部分投資打了水漂，建立絕對的政權安全都絕對值價。如果國庫不再能為絕對的政權安全背書，共產黨只需祭出金融紀律手段就行了。

有人說政治監控的直接成本是中共所負擔得起的，或許這話也言之有理。中國的監控體系就像其他國家的監控體系一樣，不僅為政治監控，也為遂行傳統執法功能而建；中國用一套主要以傳統執法為目標的監控基礎設施，執行對政治威脅的監控。或許可以用一種更強的批判語句說，就算政治監控的成本可以負擔，但它的濫用使普通民眾不能透過合法管道尋求補償，讓普通民眾淪為犧牲者，從而造成民怨，最後導致共產黨全力防堵的政治威脅。

此外，值得記住一個問題：政治監控的成本中有一項是「機會成本」。用一雙眼睛盯著政治威脅，就意味盯視公安或社會福利威脅的眼睛便會少了一雙。換言之，共產黨以政權安全為第一優先的做法，會導致警力資源分散，且以兩個例子為證。人口走私與食品安全在中國都是嚴重的社會安全問題；如果執法當局與線人能夠放下政治警察任務，全力投入這兩個領域，中國人民會好過得多。

監控體系與中國共產黨統治前途

這本書要提出一個最重要且實事求是的問題：強大的監控體系能否常保中國共產黨的統治？根據已知的中共監控能力判斷，許多人可能認定有組織的反對力量（至少規模足以威脅政權的有組織反對力量）不可能出現。不過這樣的認定或許並無根據。直到目前為止，中共的監控確能有效防阻反政權的集體行動，但我們有理由懷疑監控能不能成為中共長期續命的工具。我有以下四個理由。

首先，在一個相對安定、一切按照標準作業程序進行的環境，監控體系或許能有效運作。但一旦危機發生，效率會隨之降低。當群眾暴動、領導權分裂、突如其來的經濟鉅變出現時，獨裁政權很難保持與保安部隊的明確通訊，於是為危機吞噬。保安作業的協調比一般情況下的協調更加困難。保安人員的工作動機也因各有各的盤算而轉變。有些人可能決定繼續效忠原來的政權，還有人可能決定兩面押寶下注。一旦危機發生，混亂與騎牆觀望無可避免地必然破壞監控能力，危及政權安全。

其次，獨裁政權的監控體系可以跟監、阻嚇、控制相對較小的一部分人口。但如果反政權的勢力達到一種臨界質量，又將如何？我們的研究顯示，在中國，或許有百分之一的人基於政治或非政治理由，活在中共政權例行性監控下。負責監控這些人的機構可能有一天會被工作壓垮。前蘇聯集團在一九八九年的經驗顯示，面對政治動員的群眾，就算東德的史塔西或俄國的格別烏也只能徒呼負負，無能為力。

第三，由於中共在後天安門時代建構監控體系的過程中，投入了巨大人力與科技，它的持續性難以確保。可能的情況是，由於中國經濟因人口老化、共產黨扭轉市場改革方向，以及與西方「脫鉤」而放緩，能用來繼續提升、擴大監控體系的資源將愈來愈少。經濟腳步停滯不僅損及監控能力，也可能導致社會不滿情緒高漲，於是，就在政權最需要「維穩」時，這股力量也後繼乏力，病入膏肓。

最後，獨裁政權大體而言仰賴強制手段，特別是監控工具以求生存。當獨裁政權的其他工具皆完好時，強制功能也最有效。宣傳、民族主義、其他意識形態，或物質誘因可能能夠鼓舞保安人員與他們的線人。統治精英的團結可以提升保安部隊的品質，防阻他們的政治化。優異的經濟表現讓政權擁有足夠財務資源，可以投入監控體系現代化，可以用來獎勵監控人員。拉攏社會精英有助於孤立反對派，提升監控效益。但這些機制都可能失敗。如果一個形象枯萎的獨裁政權卻能擁有表現傑出的監控系統，說來令人難以想像。獨裁政權在垮台時，一般不是因為它的祕密警察能力差；獨裁政權崩潰是因為其他政策出了差錯，拖垮了政權。常言說得好，「石器時代之所以結束，不是因為這世上沒了石頭」；同樣的，獨裁政權所以垮台，不是因為他們的特務間諜都罷工不幹了。

中共在後天安門時代所採取的強硬監控戰略，因其監控體系在正常狀況下的出眾表現而顯得十分明智。但一些發人深省的現實仍令人時刻掛心。或許正因為監控體系的效率，共產黨不再重視無所不在的貪腐、社會經濟不公、國家資本主義無效，以及不斷成長的中產階級無緣參與治理等，動搖統治基礎的威脅。

當然，對於中國共產黨政治壟斷的最大威脅，可能正是它本身的強制威權。如果繼續現行習近平治下的新史達林主義統治路線，中共可能發現若想保有政權，它就必須愈來愈依賴強制與監控，別無其他選項。對獨裁政權來說，這永遠是一個惡兆；因為一個備而不用的強制機構才能反映政權的力量。幾十年來，中共對強制機構的仰賴有消有長。近年來，我們見到它的仰賴度有增無減。奉勸中共政權一句話：最嚴厲的手段同時也是最軟弱的手段。

謝詞

這本書之所以能問世，仰賴許多同事與友人的支持，我得向他們深深致謝。在我多次訪問香港中文大學期間，服務中心的熊景明（Jean Hung）與Celia Chan接待我，協助我在中心藏書內尋找資料。我在克萊蒙特・麥肯納學院（Claremont McKenna College）的幾位能幹而勤奮的研究助理，Lucy Deng、Genevieve Collins、與Carley Barnhart，幫我尋找資料，製作摘要。Andrew Nathan與滕彪協助安排與流亡異議人士的訪談。這些人士在訪談中講述他們與中共監控體系的遭遇，幫我進一步了解它的戰術運作。宋永毅與Chris Buckley毫不吝惜地與我分享珍貴的材料與有用的線索。

本書有幾章的內容，是我在克萊蒙特・麥肯納學院「凱克國際戰略研究中心」（Keck Center for International and Strategic Studies）研討會中發表的講稿，十分感念同事們對我的批評與建議。我也曾在史丹福大學（Stanford University）「胡佛研究所」（Hoover Institution）的會議中提出本書部分初稿，獲得Larry Diamond、Jean Oi、與Glenn Tiffert等學者有用的評論。Andrew Walder讀完整本書稿，提出許多彌足珍貴的指引，我要特別在此致謝。我還要感謝Nancy Hearst，她為我審稿多年，替我整理稿件，還幫我糾正了一大堆令人難以為情的錯。

史密斯・李察森基金會為我的研究出資，我非常感謝。二十年來，Marin Strmecki與Allan Song兩位對我無怨無悔的支持，我要特別在此申謝。

我非常感激三位匿名閱稿人給我有力的評語與批評。最後我要感謝哈佛大學出版社（Harvard University Press）的編輯Kathleen McDermott，能夠促成這本書，多虧她給予我的鼓勵與信心。Simon Waxman一絲不苟的嚴謹編輯使這本書愈來愈清楚明晰，我也要深表謝意。

謹以這本書獻給我的姐姐裴幸梅，全賴她的關懷、保護與愛，才讓我得以度過文化大革命這場浩劫。

nhuanet.com/comments/2020-12/28/c_1126914404.htm; "濫用個人徵信，是對信用社會失信，" 新京報，April 19, 2019, https://m.bjnews.com.cn/detail/155568606514920.html.

74 "常州市信訪人信用管理實施辦法（試行），" 中新網，October 24, 2018, http://www.js.chinanews.com.cn/news/2018/1024/183745.html; "多地出台檔懲罰失信訪民 學者稱於法無據，" 財新網，September 12, 2019, https://china.caixin.com/2019-09-12/101461655.html.

75 Wen-Hsuan Tsai, Hsin-Hsien Wang, and Ruihua Lin, "Hobbling Big Brother: Top-Level Design and Local Discretion in China's Social Credit System," *China Journal* 86, no. 1 (2021): 1–20.

76 賀鳳，"社會信用體系建設中存在的問題及難點，" 北方金融，no. 2 (2021): 108; Chen Huirong and Sheena Greitens, "Information Capacity and Social Order: The Local Politics of Information Integration in China," *Governance* 35, no. 2 (2022): 497–523.

65 Fan Liang, Vishnupriya Das, Nadiya Kostyuk, and Muzammil M. Hussain, "Constructing a Data-driven Society: China's Social Credit System as a State Surveillance Infrastructure," *Policy & Internet* 10, no. 4 (2018): 415–453; Katja Drinhausen and Vincent Brussee, "China's Social Credit System in 2021: From Fragmentation towards Integration," *MERICs China Monitor,* Mercator Institute for China Studies, Berlin, March 3, 2021, updated May 9, 2022, 1–24; Xu Xu, Genia Kostka, and Xun Cao, "Information Control and Public Support for Social Credit Systems in China," *Journal of Politics* 84, no. 4 (2022): 2230–2245.

66 國務院, "社會信用體系建設規劃綱要 (2014–2020年)."

67 中國執行資訊公開網, "全國法院失信被執行人名單資訊公布與查詢平臺," http://zxgk.court.gov.cn/shixin.

68 Local regulations on social credit seem to be written using the same template and thus often contain similar provisions. Credit China, the official national website, tracks many local regulations on social credit. 信用中國, https://www.creditchina.gov.cn/zhengcefagui/?navPage=2.

69 "上海市人大常委會通過全力做好疫情防控工作決定," 新華網, February 12, 2020, http://www.npc.gov.cn/npc/c30834/202002/dd8a5ee6fbaf4194bc71a636ab7c5600.shtml.

70 "廣東省社會信用條例," http://www.gd.gov.cn/zwgk/wjk/zcfgk/content/post_2718326.html; 國家互聯網資訊辦公室關於《互聯網資訊服務嚴重失信主體信用資訊管理辦法》(徵求意稿), http://www.cac.gov.cn/2019-07/22/c_1124782573.htm.

71 "南京市社會信用條例," https://www.creditchina.gov.cn/zhengce fagui/xinyonglifa/202101/t20210103_222439.html.

72 "涉疫資訊隱瞞不報, 肇義這七個人被列入失信黑名單," 信用中國, http://www.zqdh.gov.cn/zwgk/ztzl/xyzggdzqdh/fxts/content/post_2101592.html.

73 "北京：電動自行車進樓道充電, 將影響個人徵信," http://kfqgw.beijing.gov.cn/zwgkkfq/zcfg/hygq/202202/t20220217_2611128.html; "該給徵信濫用亮起'紅燈'了," 北京青年報, December 28, 2020, http://www.xi

http://www.xa.gov.cn/ptl/def/def/index_1121_6774_ci_trid_2771909 .html; “雪亮工程的一、二、三類點怎麼區分的？” https://www.jimay.com/support/375.html.

51 “2021年雪亮工程視頻監控系統解決方案(接入公安天網),” https://www.jimay.com/solutions/2963.html.

52 中衛年鑑 2020, 154.

53 “西安市公共安全視頻圖像資訊系統管理辦法（草案）徵求意見稿,” http://www.xa.gov.cn/ptl/def/def/index_1121_6774_ci_trid_2771909 .html.

54 廈門年鑑 2019, 134.

55 南豐年鑑 2018, 153; 濮陽年鑑 2020, 107.

56 黃松濤, 盛進, “雪亮工程檢測常見問題,” 中國安防, no. 8 (2020): 11–13.

57 陳傑, “新時期雪亮工程建設下安防及資訊化技術運用,” 網路安全技術與應用, no. 7 (2021): 144–146; 龍鵬宇, “重慶市永川區搭建平安綜治雲”: 61–63.

58 楊淼, “視頻監控點位元規劃的實踐與思考,” 人民法治 (June 2017): 86.

59 The first mention of a social credit system appeared in the resolution of the Third Plenum of the Eighteenth CCP Central Committee in November 2013. http://www.gov.cn/jrzg/2013-11/15/content_2528179.htm.

60 國務院, “社會信用體系建設規劃綱要, (2014–2020年),” http://www.gov.cn/zhengce/content/2014-06/27/content_8913.htm.

61 “國務院辦公廳關於加快推進社會信用體系建設構建以信用為基礎的新型監管機制的指導意見,” http://www.gov.cn/zhengce/content/2019-07/16/content_5410120.htm.

62 何玲, “以信築城: 第三批社會信用體系建設示範區觀察,” 中國信用, no. 12 (2021): 15–27.

63 “國務院辦公廳關於進一步完善失信約束制度 構建誠信建設長效機制的指導意見,” http://www.gov.cn/zhengce/content/2020-12/18/content_5570954.htm.

64 中共中央辦公廳 國務院辦公廳印發 關於推進社會信用體系建設高品質發展促進形成新發展格局的意見, http://www.gov.cn/zhengce/2022-03/29/content_5682283.htm.

Working Paper WP/14/4, International Monetary Fund, January 2014.

40 馬雲鵬等, "公安視頻偵查體系化建設若干思考與建議," 中國刑警學院學報, no. 1 (2017): 37–44.

41 郎江濤, "公安系統天網工程瓶頸及未來展望," *Science and Technology & Innovation,* no. 9 (2017): 45.

42 馬雲鵬等, "公安視頻偵查體系化建設若干思考與建議," 37–44; 萬程, 何毅, "長沙市視頻監控'天網工程'建設現狀及存在問題分析," 考試週刊, no. 75 (2017): 189–190; 吳勝益, 徐超帥, "江西天網工程在公安辦案中應用效果的研究": 243–244.

43 中共中央辦公廳國務院辦公廳, "關於加強社會治安防控體系建設的意見," http://www.gov.cn/gongbao/content/2015/content_2847873 .htm.

44 井立國, "雪亮工程示範," 法制與社會 no. 10 (2020): 134; 貴州年鑑 2019, 94; 奉賢年鑑 2019, 126.

45 "關於加強公共安全視頻監控建設聯網應用工作的若干意見," http://news.21csp.com.cn/c23/201505/82143.html.

46 "中共中央國務院關於實施鄉村振興戰略的意見," http://www.gov.cn/zhengce/2018-02/04/content_5263807.htm; 丁兆威, "雪亮工程照亮平安鄉村路," 第九屆深圳國際智慧交通與衛星導航位置服務展覽會 (2020): 126. The first national conference on the buildout of Sharp Eyes was held in October 2016. Another national conference was convened to promote the project in June 2017. 丁兆威, "雪亮工程照亮平安鄉村路," 126.

47 張豔華, "如何建設雪亮工程," 第七屆深圳國際智慧交通與衛星導航位置服務展覽會 (2018): 137.

48 龍鵬宇, "重慶市永川區搭建平安綜治雲," 重慶行政 22, no. 4 (2021): 61; 永城 年鑑 2020, 355; 莒縣年鑑 2020, 146.

49 "唐河縣公共安全視頻監控建設聯網應用專案," https://www.faanw.com/xueliang gongcheng/507.html, accessed January 3, 2022; 咸寧市自然資源和規劃局, "關於加強全市城鎮住宅社區公共安全視頻監控設施建設和管理辦法," http://zrzyhghj.xianning.gov.cn/hdjl/dczj/201912/t20191227_1898675.shtml.

50 "西安市公共安全視頻圖像資訊系統管理辦法（草案）徵求意見稿,"

Image System (社會治安視頻系統).

30 "瀏陽市公安局天網工程專項資金績效評價報告," http://www.liuyang.gov.cn/lyszf/xxgkml/szfgzbm/sczj/tzgg/201712/t20171220_6481522 .html. Changsha launched its fourth phase in 2020 as well. "24小時在崗的員警!長沙'天網工程'(四期)專案建設開工," 澎湃新聞, https://www.thepaper.cn/newsDetail_forward_6049308.

31 Ten million people lived in Changsha in 2020, according to that year's census. "長沙市第七次全國人口普查公報," June 21, 2021, https://hn.rednet.cn/content/2021/06/21/9571662.html.

32 澎湃新聞, "24小時在崗的員警!長沙'天網工程'(四期)專案建設開工."

33 廣東省公安廳科技處,"廣東省治安防控體系建設," http://nj2008.21csp.com.cn/yhp/d20z/d4j/d4j.htm.

34 高勇,"高屋建瓴," 中國安防, no. 10 (2014): 2–7.

35 成華年鑑 2015, 97; 成華年鑑 2016, 130; 成華年鑑 2017, 141; 成華年鑑 2018, 135; 成華年鑑 2019, 133; 成華年鑑 2020, 153.

36 公安部科技局安全技術防範工作指導處, "城市報警與監控系統建設工作進展," http://nj2007.21csp.com.cn/cxp/2/cx-2.2.htm. The PSB of Chenghua District, Chendgu, leased surveillance equipment from Chengdu Telecom. 成華年鑑 2015, 97; 吳勝益, 徐超帥, "江西天網工程在公安辦案中應用效果的研究," 科技廣場, no. 12 (2014): 242.

37 許秀燕, "天網工程新型社會治安防控體系," *Informatization of China's Construction,* no. 9 (2019): 35.

38 丁家祥, "城市社會治安圖像監控系統的現狀與發展趨勢分析," 公安研究, no. 7 (2008): 77.

39 胡海, "公安機關天網工程建管用中存在的問題及解決方案探究," *China's New Technologies and Products,* no. 11 (2015): 26. Local governments in China have few options for raising revenue and rely heavily on proceeds from sales of land-use rights, which fluctuate with overall economic conditions. Yuanyan Sophia Zhang and Steven Barnett, "Fiscal Vulnerabilities and Risks from Local Government Finance in China," IMF

館業治安執行資訊系統，公共資訊網路安全監察資訊網路報警處置系統，涉毒人員執行資訊系統，全國邪教案件管理分析系統，外國人管理系統（境外人員管理）." 九江年鑑 2006, 145; 廣東科技年鑑 2003, 218; 甘肅資訊年鑑 2006, 156; 黔西南年鑑 2006, 126; 文山年鑑 2004, 103.

12 上海資訊化年鑑 2007, 138.

13 廣東科技年鑑 2010, 262.

14 江蘇資訊化年鑑 2005, 440.

15 李潤森，"開拓進取，科技強警，" 公安研究, no. 4 (2002): 5–12.

16 See also Sonali Chandel et al., "The Golden Shield Project of China: A Decade Later—An In-Depth Study of the Great Firewall," in *2019 International Conference on Cyber-Enabled Distributed Computing and Knowledge Discovery* (Piscataway, NJ: IEEE, 2019), 111–119.

17 江蘇年鑑 2007, 212.

18 The official title of the document in Chinese is "關於開展城市報警與監控技術系統建設的意見，" issued by the MPS on August 25, 2005, http://www.e-gov.org.cn/article-82800.html. The document is not publicly available.

19 公安部，"關於印發'關於深入開展城市報警與監控系統應用工作的意見'的通知，" http://www.21csp.com.cn/html/View_2011/06/21/4946133222.shtml.

20 戴林，"3111 試點工程建設中監控報警聯網系統設計要點分析，" 中國安防產品資訊, no. 4 (2006): 15.

21 戴林，"3111 試點工程建設中監控報警聯網系統設計要點分析." 22 黃海軍，"新平安城市建設需要什麼？" 中國安防, no. 3 (2013): 71–74.

23 賀小花，"公安視頻監控建設現狀，" 第*14*屆安博會 (2013): 123.

24 黃平年鑑 2017, 89.

25 武漢公安年鑑 2013, 70; 武漢公安年鑑 2014, 73.

26 甕安年鑑 2016, 173.

27 曲曉順，"加強基層情報資訊工作的探索，" 網路安全技術與應用, no. 2 (2011): 5.

28 湖南年鑑 2020, 475.

29 This addition was given its own name, the Law and Public Order Video

Didi Kirsten Tatlow, 241–257 (London: Routledge, 2020).

3 Richard Berk, "Artificial Intelligence, Predictive Policing, and Risk Assessment for Law Enforcement," *Annual Review of Criminology* 4, no. 1 (2021): 209–237.

4 Minxin Pei, "Grid Management: China's Latest Institutional Tool of Social Control," *China Leadership Monitor,* no. 67 (2021), https://www .prcleader.org/_files/ugd/af1ede_e105c71ab91640f295f7992ceb1ededb.pdf.

5 The National Crime Information Center, used by federal, state, and local law enforcement in the United States, is a digital compilation of criminal justice information such as criminal records, fugitives, stolen property, and missing persons. See National Crime Information Center, Federal Bureau of Investigation, https://fas.org/irp/agency/doj/fbi/is/ncic.htm.

6 "金盾工程戰果輝煌," 中國電腦報, February 17, 2003, B4; 金卡工程雜誌社, "2001–2002 年中國金盾工程情況調查," 金卡工程, no. 2 (February 2003): 34. Henan, for example, launched phase two of its Golden Shield in 2009. 河南資訊化年鑑 2009–2010, 249.

7 劉靜, "何謂金盾工程," 人民公安, 9 (1999): 40–42.

8 Golden Shield incorporates eight national databases: National Population Basic Information (全國人口基本資訊資源庫), National Border Entry and Exit Information (全國出入境人員資源庫), National Motor Vehicle Drivers Information (全國機動車/駕駛人資訊資源庫), National Police Officer Basic Information (全國警員基本資訊資源庫), National Fugitives Information (全國在逃人員資訊資源庫), National Criminals Information (全國違法犯罪人員資訊資源庫), National Stolen Motor Vehicles Information (全國被盜搶汽車資訊資源庫), and National Key Safety Units Information (全國安全重點單位資訊資源庫). "公安部金盾工程一期建設基本完成 利用資訊破案占兩成," http://www.gov.cn/gzdt/2005-11/30/content_113209.htm.

9 廣東科技年鑑 2006, 187.

10 上海資訊化年鑑 2003, 169–170.

11 The Chinese names of these applications are "國保情報資訊管理系統, 旅

February 4, 2015, http://www.cac.gov.cn/2015-02/04/c_1114246561 .htm.

99 國務院辦公廳,"國務院辦公廳關於進一步加強互聯網上網服務營業場所管理的通知," September 30, 2016, http://www.gov.cn/zhengce/content/2016-09/30/content_5114029.htm.

100 個舊年鑑 2017, 217; 合肥年鑑 2014, 148; 延安年鑑 2019, 167.

101 山東省志,公安志 1986–2005, 144.

102 河東年鑑 2007, 159; 貴陽年鑑 2008, 160; 迪慶年鑑 2014, 232.

103 貴陽白雲年鑑 2015, 163.

104 王剛,基層公安機關網路安全保衛理論與務實(成都:四川大學出版社, 2013), 45.

105 Police in Changsha claim to have implemented public Wi-Fi monitoring in 2009. 長沙年鑑 2010, 147.

106 武漢公安年鑑 2015, 53.

107 雲岩年鑑 2017, 174; 遂寧年鑑 2018, 231; 通江年鑑 2019, 144.

108 西盟年鑑 2018, 170.

109 四川樂山市公安局文件彙編 3, 22; 隴縣年鑑 2017, 111.

110 衡陽年鑑 2019, 155; 鄂倫春自治旗年鑑 2016, 118; 滄州市運河區年鑑 2017, 172.

111 稷山年鑑 2019, 35, 108; 郯城年鑑 2011–2014, 7, 193; 個舊年鑑 2013, 58, 211.

112 祿勸年鑑 2016, 197; 東川年鑑 2013, 204; 貴陽年鑑 2008, 161.

113 "內江市公安局狠抓網上重點人員管控工作取得顯著成效," https://chinadigitaltimes.net/chinese/134942.html.

第七章 監控升級

1 For a brief survey of China's surveillance technologies, see Samantha Hoffman, "China's Tech-Enhanced Authoritarianism," *Journal of Democracy* 33, no. 2 (2022): 76–89.

2 Dahlia Peterson, "Foreign Technology and the Surveillance State," in *China's Quest for Foreign Technology: Beyond Espionage,* ed. William Hannas and

Contemporary China 26, no. 103 (2017): 85–100; Wen-Hsuan Tsai, “How ‘Networked Authoritarianism’ Was Operationalized in China,” *Journal of Contemporary China* 25, no. 101 (2016): 731–744.

81 陝西年鑑 2015, 53; 郴州年鑑 2018, 110; 阿爾山年鑑 2014–2015, 180; 伊通年鑑 2015, 87.

82 隴南年鑑 2020, 186.

83 阿爾山年鑑 2014–2015, 180.

84 The Chinese name of the police bureaucracy responsible for surveillance of public information networks is “公共資訊網路安全監察處.” 北京公安年鑑 2001, 115.

85 山東省志: 公安志 (1986–2005), 141.

86 The Chinese name of the municipal center for “monitoring and controlling public network security” is 公共資訊網路安全監控中心.” 北京公安年鑑 2002, 112.

87 延安年鑑 2012, 153.

88 “舒城縣公安局公共資訊網路安全監察大隊,” August 11, 2021, http://www.shucheng.gov.cn/public/6598681/29163461.html.

89 郯城年鑑 2011–2014, 193; 個舊年鑑 2017, 217; 北京公安年鑑 2003, 115.

90 三台年鑑 2018, 85; 阿爾山年鑑 2014, 52; 鄂倫春自治旗年鑑 2015, 106.

91 額爾古納市公安局機關簡介, http://gk.eegn.gov.cn/?thread-7801-1.html.

92 “北京收錢刪帖利益鏈曝光 一名網警受賄百萬落網,” 新京報, March 26, 2014, http://www.xinhuanet.com/video/2014-03/26/c_11994 1976.htm; “網警賄賂網警:替領導刪帖,” 錢江晚報, April 18, 2014, http://tech.sina.com.cn/i/2014-04-18/14279330265.shtml.

93 筠連年鑑 2018, 75.

94 天津資訊化年鑑 2006, 224.

95 貴陽白雲年鑑 2017, 271; 雲岩年鑑 2017, 174; 沁水年鑑 2018, 200; 內江市市中區年鑑 2017, 131.

96 瀘縣年鑑 2018, 64; 沁水年鑑 2018, 200; 雲岩年鑑 2017, 174.

97 Creemers, “Cyber China,” 95–96.

98 Cyberspace Administration of China, “互聯網用戶帳號名稱管理規定,”

學生輿情資訊員隊伍的通知."

69 "長沙醫學院維穩資訊報送制度暫行規定"; "湖南工學院二級學院維穩綜治安全資訊報送管理辦法."

70 Hubei University of Economics, "藝術設計學院資訊員隊伍建設辦法," June 15, 2017, http://ysxy.hbue.edu.cn/index.php/View/329.html; University of South China, "建築學院學生資訊員隊伍建設辦法," December 28, 2018, https://jzxy.usc.edu.cn/info/1027/1214.htm.

71 For specific provisions on recruitment of student informants, see "關於組建北京外國語大學學生輿情資訊員隊伍的通知"; "長沙醫學院維穩資訊報送制度暫行規定"; "湖南工學院維穩綜治安全資訊報送管理辦法"; "華南農業大學學生綜合資訊員工作細則."

72 "長沙醫學院維穩資訊報送制度暫行規定."

73 "湖南工學院二級學院維穩中治安全資訊報送管理辦法."

74 "長沙醫學院維穩資訊報送制度暫行規定"; "關於組建北京外國語大學學生輿情資訊員隊伍的通知."

75 "長沙醫學院維穩資訊報送制度暫行規定"; "湖南工學院二級學院維穩中治安全資訊報送管理辦法."

76 "華南農業大學學生綜合資訊員工作細則"; 合肥工業大學年鑑 2004, 246.

77 "關於組建北京外國語大學學生輿情資訊員隊伍的通知"; "華南農業大學學生綜合資訊員工作細則"; "湖南工學院二級學院維穩中治安全資訊報送管理辦法"; "長沙醫學院維穩資訊報送制度暫行規定"; "湖北經濟學院, 藝術設計學院資訊員隊伍建設辦法."

78 合肥工業大學年鑑 2002, 189; 山東大學年鑑 1998, 231.

79 Valuable research concerning state censorship and state distribution of misinformation in China includes Margaret Roberts, *Censored* (Princeton, NJ: Princeton University Press, 2018); and Gary King, Jennifer Pan, and Margaret E. Roberts, "How the Chinese Government Fabricates Social Media Posts for Strategic Distraction, Not Engaged Argument," *American Political Science Review* 111, no. 3 (2017): 484–501.

80 Rogier Creemers, "Cyber China: Upgrading Propaganda, Public Opinion Work and Social Management for the Twenty-First Century," *Journal of*

58 貴州大學年鑑 2016, 468; 貴州大學年鑑 2018, 91; 貴州大學年鑑 2019, 392.

59 南開大學年鑑 2010, 171.

60 中國政法大學年鑑 2012, 230.

61 無錫輕工大學年鑑 1993–94, 189; 無錫輕工大學年鑑 1995, 185; 無錫輕工大學年鑑 1996, 153.

62 合肥工業大學年鑑 2007, 231; 合肥工業大學年鑑 2008, 276.

63 華中科技大學年鑑 2004, 219; 華中科技大學年鑑 2005, 225.

64 江南大學年鑑 2001, 52; 江南大學年鑑 2003, 87.

65 合肥工業大學年鑑 2001, 235.

66 The title of the Hunan document is "湖南省教育系統維穩綜治安全資訊報送管理暫行辦法"; the title of the Hubei document is "湖北省高校工委、省教育廳關於做好全省教育系統維穩情報資訊報送工作的通知." The texts of these two regulations are not available. 湖南工學院, "湖南工學院二級學院維穩綜治安全資訊報送管理辦法," July 1, 2017, http://www.hnit.edu.cn/bwc/info/1013/1243.htm; Wuhan University of Communication, "關於做好我校維穩情報資訊報送工作的通知," September 29, 2016, http://www.whmc.edu.cn/dzbgs/dzbgs_sy/show-40005.aspx.

67 Beijing Foreign Studies University, "關於組建北京外國語大學學生輿情資訊員隊伍的通知," April 9, 2012, https://de.bfsu.edu.cn/info/1041/1594.htm; Central China Normal University Wuhan Communication College, "關於做好我校維穩情報資訊報送工作的通知," September 29, 2016, http://www.whmc.edu.cn/dzbgs/dzbgs_sy/show-40005 .aspx; Ji'An College, "維穩資訊收集上報制度," October 17, 2017, http://www.japt.com.cn/bwc/info/1120/1180.htm; South China Agricultural University, "學生綜合資訊員工作細則," May 9, 2018, https://life.scau.edu.cn/zsjyw/2018/0509/c10455a106084/page.htm; Changsha Medical University, "維穩資訊報送制度暫行規定," http://part.csmu.edu.cn:82/bwc/index.php? _m=mod_article&_a=article_content&article_id=328; Hunan Institute of Technology, "二級學院維穩綜治安全資訊報送管理辦法," July 1, 2019, http://www.hnit.edu.cn/bwc/info/1013/1243.htm.

68 "華南農業大學學生綜合資訊員工作細則"; "關於組建北京外國語大學

42 河南師範大學, “國家教育委員會、公安部 關於進一步加強高等學校內部保衛工作的通知,” December 7, 2019, https://www.htu.edu.cn/bwc/2019/0712/c11989a148545/pagem.htm.

43 華東師範大學, “高等學校內部保衛工作規定(試行),” May 7, 2018, http://bwc.ecnu.edu.cn/68/33/c13378a157747/page.htm.

44 The Chinese title of the document is “關於做好抵禦境外利用宗教對高校進行滲透和防範校園傳教工作的意見.”

45 呼和浩特民族學院, “關於抵禦境外利用宗教對校園進行滲透和防範校園傳教工作的實施意見,” https://www.imnc.edu.cn/zzb/info/1024/1283.htm; Changsha Medical University, “長沙醫學院防滲透工作實施方案,” September 21, 2019, http://part.csmu.edu.cn:82/bwc/index.php?_m= mod_article&_a=article_content&article_id=424. For an example of a university-issued political-security provision, see Huanan Agricultural University's regulation: 華南農業大學, “政治安全責任制度實施辦法,” October 24, 2018, https://xngk.scau.edu.cn/2019/0311/c2681a162911/page.htm.

46 山東大學, “山大概況,” https://www.sdu.edu.cn/sdgk/sdjj.htm; 山東大學年鑑 2004, 284.

47 南開大學年鑑 2013, 186.

48 合肥工業大學年鑑 2001, 234; 蘭州大學年鑑 2015, 210.

49 中國政法大學年鑑 2017, 202.

50 江南大學年鑑 2020, 69; 南開大學年鑑 2013, 186; 貴州大學年鑑 2011, 295; 貴州大學年鑑 2017, 381; 南開大學年鑑 2015, 190.

51 浙江教育年鑑 2015, 110; 江南大學年鑑 2019, 124; 蘭州大學年鑑 2014, 236; 蘭州大學年鑑 2015, 210.

52 湖北教育年鑑 2012, 122.

53 貴州大學年鑑 2014, 370; 華僑大學年鑑 2014, 420.

54 南開大學年鑑 2015, 190.

55 合肥工業大學年鑑 2011, 334; 合肥工業大學年鑑 2012, 344.

56 蘭州大學年鑑 2014, 236; 蘭州大學年鑑 2015, 210.

57 寧夏大學年鑑 2009, 109; 寧夏大學年鑑 2011, 85; 寧夏大學年鑑 2012, 77; 寧夏大學年鑑 2015, 64; 大連理工大學年鑑 2016, 171.

24 "甘孜藏族自治州藏傳佛教寺院民主管理委員會班子管理辦法(修訂)."

25 四川年鑑 2016, 28; 昌都年鑑 2015, 181–182.

26 甘孜藏族自治州人民政府, "甘孜藏族自治州宗教活動管理辦法," September 15, 2017, http://www.gzz.gov.cn/gzzrmzf/c100234/201709/3c0d07223a8e4fcaa1d236d8dd8d3aba.shtml.

27 康定年鑑 2018, 88.

28 昌都年鑑 2015, 181–182.

29 稻城年鑑 2019, 90; 稻城年鑑 2016, 112.

30 西藏年鑑 2013, 261; 康定年鑑 2015, 26–27; 石渠年鑑 2019, 72.

31 雅江年鑑 2014, 63; 稻城年鑑 2016, 112.

32 瑪律康市年鑑 2019, 190–191; 康定年鑑2018, 86.

33 昌都年鑑 2015, 181–182; 康定年鑑 2018, 87; 康定年鑑 2015, 26–27.

34 瑪律康市年鑑 2019, 190–191; 西藏年鑑 2011, 261.

35 鄭洲, 馬傑華, "加強和創新藏區社會管理研究：以拉薩寺廟管理為例," *Journal of Ethnology,* no. 17 (2013): 71–74.

36 康定年鑑 2018, 88.

37 康定年鑑 2018, 88; 稻城年鑑 2019, 89–90.

38 Liza Lin, Eva Xiao, and Jonathan Cheng, "China Targets Another Region in Ethnic Assimilation," *Wall Street Journal*, July 16, 2021.

39 西藏年鑑 2011, 261.

40 Sergio Rodríguez Tejada, "Surveillance and Student Dissent: The Case of the Franco Dictatorship," *Surveillance & Society* 12, no. 4 (2014): 528–546; Ricardo Medeiros Pimenta and Lucas Melgaço, "Brazilian Universities under Surveillance: Information Control during the Military Dictatorship, 1964 to 1985," in *Histories of State Surveillance in Europe and Beyond,* ed. Kees Boersma, Rosamunde van Brakel, Chiara Fonio, and Pieter Wagenaar, 118–131 (London: Routledge, 2014).

41 Xiaojun Yan, "Engineering Stability: Authoritarian Political Control over University Students in Post-Deng China," *China Quarterly* 128 (2014): 493–513; Stanley Rosen, "The Effect of Post-4 June Re-Education Campaigns on Chinese Students," *China Quarterly* 134 (1993): 310–334.

Zhejiang Police College, no. 4 (2007): 88.

8 The Chinese name for the system is 特種行業治安執行資訊系統.

9 普康迪, "特種行業治安執行資訊系統," http://www.chinapcd .com/pages/solution_1.html; 成都川大科鴻新技術研究所, "公安部-特種行業及公共娛樂場所管理系統," https://www.khnt.com/case/4/124.html.

10 蚌山年鑑 2013, 243; 蕪湖縣年鑑 2020, 130.

11 咸陽年鑑 2018, 325.

12 吳明山, 廉旭, "論新時期特種行業管理治安管理工作," 公安研究, no. 100 (2003): 35–38.

13 章貢年鑑 2009, 129.

14 王英豪, 馬晨, "外賣配送行業的陣地控制分析," 法制與社會, no. 3 (2020): 168–169.

15 鄭本人, "關於調整拓寬陣地控制的思考," *Journal of Liaoning Police Academy,* no. 4 (2004): 31–36.

16 崇明縣志 1985–2004, 481; 攀枝花年鑑 1996, 151.

17 童永正, "派出所基礎建設必須以小基礎為突破口," *Journal of Shanghai Police College* 16, no. 4 (2006): 15–20.

18 Enze Han and Christopher Paik, "Dynamics of Political Resistance in Tibet: Religious Repression and Controversies of Demographic Change," *China Quarterly* 217 (2014): 69–98.

19 西藏自治區民宗委, "西藏：建立寺廟管理長效機制," 中國宗教, no. 7 (2013): 68.

20 甘孜州人大民宗委, "甘孜州藏傳佛教事務管理逐步駛入法制化軌道," December 31, 2021, http://www.scspc.gov.cn/mzzjwyh/jyjl_653/201412/t20141230_24679.html; 甘孜藏族自治州人民政府, "甘孜藏族自治州藏傳佛教寺院民主管理委員會班子管理辦法 (修訂)," October 13, 2015, http://www.gzz.gov.cn/gzzrmzf/c100234/201510/a9a737ef305b4a6e958345642dcee18e.shtml.

21 李萬虎 "西藏寺廟管理體制改革研究," 西藏發展論壇, no. 6 (2015): 62.

22 昌都年鑑 2015, 135.

23 "甘孜藏族自治州藏傳佛教寺院民主管理委員會班子管理辦法 (修訂)."

63 Anonymous Chinese Academy of Social Sciences researcher in exile, interview with author, May 26, 2019, Princeton, NJ.

64 Xu Youyu interview, May 25, 2019; Hua Ze, interview with author, May 26, 2019, Princeton, NJ.

65 Xu Youyu interview, May 25, 2019; Zhang Lin, interview with author, May 25, 2019, Flushing, NY.

66 Wang Tiancheng interview, May 26, 2019; Wang Qingying, interview with author, May 25, 2019, Flushing, NY.

第六章 「陣地」控制

1 Anthony Braga, Andrew Papachristos, and David Hureau, "The Effects of Hot Spots Policing on Crime: An Updated Systematic Review and Meta-analysis," *Justice Quarterly* 31, no. 4 (2014): 633–663; David Weisburd and Cody Telep, "Hot Spots Policing: What We Know and What We Need to Know," *Journal of Contemporary Criminal Justice* 30, no. 2 (2014): 200–220.

2 In 2000, CCP General Secretary Jiang Zemin designated the Internet a "new important battlefield position" in the ideological struggle with "domestic and external hostile forces." Jiang Zemin, "在中央思想政治工作會議上的講話," *Selected Works of Jiang Zemin,* vol. 3 (Beijing: Renmin chubanshe, 2006), 94.

3 Jens Gieske, *The History of the Stasi: East Germany's Secret Police, 1945–1990* (New York: Berghahn Books, 2015), 100.

4 上海市公安局徐匯分局, "淺析如何加強陣地控制工作," *Journal of Shanghai Police College,* no. 1 (2007): 165; 金昌年鑑 2010, 286.

5 武漢公安年鑑 2009, 56; 北京石景山年鑑 1997–2005, 336.

6 馬忠紅, "偵查陣地控制的困境與出路," *Journal of Guangzhou Police College,* no. 1 (2009): 12–16; 張建平, "論深化基層公安刑偵工作改革," *Journal of Jiangsu Police Officer College* 18, no. 4 (2003): 70.

7 德清縣公安局課題組, "加強治安陣地控制的若干思考," *Journal of*

2009), 66–67.

42 殷文傑, 孫國良, "網格化管理在社會治安防控中的應用研究," *Journal of Hubei University of Police*, no. 12 (2013): 60–61.

43 福城年鑑 2018, 103; 西盟年鑑 2018, 169; 維西傈僳族自治縣年鑑 2020, 287; 朝陽年鑑 2018, 137.

44 四合派出所, "強化重點人口管理工作," March 9, 2016, http://sihe.gdxf.gov.cn/content/detail/59b8f6d9798d98456c4722d0.html.

45 雲浮市雲城區人民政府, "雲城街土門村委聯合轄區派出所認真做好'兩會'期間重點人員穩控工作," May 21, 2020, http://www.yfyun chengqu.gov.cn/ycqrmzf/wzdh/zjdt/content/post_1339512.html.

46 南岸區年鑑 2017, 256.

47 北川羌族自治縣年鑑 2017, 105; 道裡年鑑 2019, 125.

48 甕安年鑑 2016, 156; 德江年鑑 2015, 213.

49 西盟年鑑 2014, 123.

50 道真自治縣人民政府, "道真自治縣公安局機構設置," August 20, 2020, http://www.gzdaozhen.gov.cn/zfbm/gaj/jgsz_5696741.

51 Yang Zili, telephone interview with author, April 24, 2022.

52 北京資訊化年鑑 2010, 224.

53 鄭州鐵路局年鑑 2016, 322.

54 汕尾市城區年鑑 2016, 134.

55 中衛年鑑 2020, 154.

56 海盟高科, "產品中心," http://www.goldweb.cn/zdry.

57 Police use a color-coding system indicating five levels of alert, from most to least serious: red, orange, yellow, blue, and white. In Guiyang in 2018, 87 percent of alerts were coded blue. 貴陽年鑑 2019, 170.

58 Teng Biao, interview with author, March 4, 2020, Claremont, CA.

59 Xu Youyu, interview with author, May 25, 2019, Flushing, NY.

60 Teng Biao interview, March 4, 2020.

61 Wang Tiancheng interview, May 26, 2019, Princeton, NJ.

62 Wang Tiancheng interview, May 26, 2019; Wan Yanhai interview with author, May 25, 2019, Flushing, NY.

25 The Jiuzhaigou PSB provides no details about these categories and subtypes. 九寨溝年鑑 1999–2005, 297.

26 "湖南資興市公安局," August 26, 2020, http://www.jsfw8.com/fw/202005/701558.html.

27 石嘴山年鑑 2018, 248; 蕪湖年鑑 2012, 93; 甕安年鑑 2013, 123.

28 "公安部重點人口管理工作規定."

29 岱山縣公安志, 160–162.

30 椒江公安志, 237; 餘杭公安志, 344; 建德市公安志, 192.

31 椒江公安志, 238.

32 長興公安志, 390.

33 椒江公安志, 238.

34 巴彥年鑑 2015, 128; 巴彥年鑑 2017, 184; 鞏留年鑑 2014, 107; 北川羌族自治縣年鑑 2017, 105. The yearbooks do not disclose criteria for categorizing a target within a particular level.

35 "浙江省公安機關重點人員動態管控工作規範—試行."

36 "臨時布控工作規範," 四川公安廳情報中心文件彙編 2, 3–7; "貴州省公安機關重點人口動態管控規定," mentioned in 六盤水市公安局, "市局治安支隊開展重點人口管理業務培訓," September 26, 2019, http://gaj.gzlps.gov.cn/gzdt/bmdt/201709/t20170917_12947960.html.

37 "略陽縣興州街道辦事處關於涉詐重點人員管控工作的安排意見," http://www.lueyang.gov.cn/lyxzf/lyzwgk/zfwj/gzbwj/202204/640e1c40a7054fabb32f3cb67ca608c8.shtml.

38 安遠年鑑 2014, 155; 渝水年鑑 2010, 127.

39 威縣年鑑 2015, 132; 齊河年鑑 2014, 158.

40 北川羌族自治縣年鑑 2017, 105; 巴彥年鑑 2017, 184; 鞏留年鑑 2014, 107.

41 洪偉, "重點人口管理中的多點應對法," 湖北警官學院學報, no. 3 (2010): 121; 郭奕晶, "關於加強和創新重點人口管理工作的思考," *Journal of Shandong Police College,* no. 2 (2012): 138–143. James Tong describes surveillance of Falun Gong leaders carried out by local officials. James W. Tong, *Revenge of the Forbidden City*: *The Suppression of the Falungong in China, 1999–2005* (New York: Oxford University Press,

11 蕪湖縣志 1990–2003, 462.

12 長興公安志, 392; 永康市公安志, 8; 溫嶺市公安志, 146–147; 金華市公安志, 195; 武義縣公安志, 209; 新昌縣公安志, 179.

13 Sheena Greitens, "Rethinking China's Coercive Capacity," *China Quarterly* 232 (2017): 1002–1025.

14 羅勤, "重點人口管理的五大問題," 青少年犯罪問題, no. 6 (1997): 21–22.

15 侯建軍, "關於重點人口社會化管理的幾點思考," *Journal of Fujian Police Academy,* no. 5 (2009): 31–35; 郭峰翔, "當前重點人口失控的原因及對策," 公安大學學報, no. 2 (1991): 55–57.

16 郭奕晶, "關於加強和創新重點人口管理工作的思考," *Journal of Shandong Police College,* no. 2 (2012): 138–143.

17 林立, "構建和諧社會過程中社區人口重點管理模式的探討," *Journal of Shanghai Police College* 16, no. 2 (2006): 53–56; 王明媚 "重點人口管理水準提升," 貴州警官職業學院學報, no. 6 (2016): 121; 普豔梅, 李長亮 "當前重點人口管理存在問題原因分析," 雲南警官學院學報, no. 2 (2010): 75–78; 陳建, 胡長海, "淺析新形勢下重點人員動態管控對策," 河南員警學院學報22, no. 4 (2013): 57–60.

18 A Chinese tech company in the business of tracking KI targets has disclosed that local political-legal committees are in charge of the big data system used in KI monitoring. 中版北斗, "政法大資料重點人員管控系統," http://www.zbbds.com/view-1005.html.

19 The Chinese name of the platform is 公安部重點人員管控系統, referenced in 四川公安廳情報中心檔彙編 14, 3; China Digital Times, "重點人員," https://chinadigitaltimes.net/space/重點人員.

20 "浙江省公安機關重點人員動態管控工作規範（試行）," https://chinadigitaltimes.net/chinese/127487.html.

21 Emile Dirks and Sarah Cook, "China's Surveillance State Has Tens of Millions of New Targets," *Foreign Policy,* October 21, 2019.

22 四川公安廳情報中心文件彙編 14, 2.

23 本溪年鑑 2005, 135.

24 烏魯木齊縣年鑑 2003, 129; 米東年鑑 2007, 211.

cpc.people.com.cn/n/2014/0530/c87228-25087026.html; population data from 北京年鑑 2015, 1.

72 北京海淀區年鑑 2015, 126, 425; 北京西城區年鑑 2015, 161, 414.

Table 4.1 data source: 陝西省志：公安志, 554–558.

Table 4.2 data sources: 甕安年鑑 2013, 123; 甕安年鑑 2015, 130; 漢源年鑑 2017, 144; 北川羌族自治縣年鑑 2017, 105; 齊河年鑑 2015, 152; 樂至年鑑 2014, 153; 巴彥年鑑 2015, 128; 富縣年鑑2018, 96; 莊浪年鑑 2018, 156; 灞橋年鑑 2019, 235; 雲岩年鑑 2020, 137.

第五章　群眾監控計畫

1 David Shearer, *Policing Stalin's Socialism: Repression and Social Order in the Soviet Union, 1924–1953* (New Haven, CT: Yale University Press, 2009), 158–180.

2 "公安部重點人口管理工作規定," https://zhuanlan.zhihu.com/p/441008901.

3 Previously, ex-convicts within five years of release from reeducation through labor (*laojiao*) were also included under the KP program. The punishment of reeducation through labor was eliminated in 2013.

4 Standard KP forms can be found at http://www.inmis.com/rarfile/Pspms_Help/Node13.html.

5 "公安部重點人口管理規定," August 26, 2020, http://www.jsfw8.com/fw/202005/701558.html. The document does not state the identity of the issuer; however, the names of the police stations referenced indicate that it was issued by the PSB of Zixin, Hunan.

6 黑龍江省志: 公安志, 375–377.

7 長春市志: 公安志, 504.

8 餘杭公安志, 343–344; 舟山市公安志, 211; 岱山縣公安志, 159; 建德市公安志, 194; 象山縣公安志, 183.

9 齊齊哈爾建華區志 1996–2005, 351.

10 靈寶市志 1988–2000, 651–652.

Chinese Academy of Social Sciences researcher in exile, interview with author, May 26, 2019, Princeton, NJ.

59 謝嶽, 維穩的政治邏輯 (Hong Kong: Tsinghua Bookstore Co., 2013), 104–108.

60 廣東政法網, "淺談義務治安維穩資訊員隊伍建設," June 23, 2010, http://www.gdzf.org.cn/ztzl/zwzt/jm/201006/t20100623_99912.htm; 章貢年鑑 2007, 234; 定海年鑑 2008, 67, 194.

61 "良慶區綜治維穩資訊工作獎勵辦法," May 20, 2012, http://www.liangqing.gov.cn/zl/lqz/tzgg/t2291145.html; 道裡區政法網, "阿城區委維穩辦建立維穩資訊'三網路'卓見成效," December 20, 2013, http://acheng. hrbzfw.gov.cn/index/detail/type/25012.html; 西寧市綜治辦、維穩辦, "關於進一步加強基層綜治維穩資訊員隊伍建設及資訊獎勵工作的通知," August 9, 2013, http://www.chinapeace.gov.cn/chinapeace/c28644/2013-08/09/content_12079529.shtml; "中共深圳市龍崗區委辦公室深圳市龍崗區人民政府辦公室龍崗區加強維穩聯絡員、資訊員和人民調解員隊伍建設實施辦法," February 15, 2011, http://apps.lg.gov.cn/lgzx/gb02vgh/20 1511/013696d59c5a472092b00f801381ea96.shtml; "德興市民眾維穩資訊員隊伍建設工程實施方案," http://www.zgdx.gov.cn/ttt.asp?id=83187.

62 海珠年鑑 2009, 242.

63 秦淮年鑑 2016, 279; 賀蘭年鑑 2012, 216; 大關年鑑 2011, 172.

64 阿城區政法網, "阿城區委維穩辦建立維穩資訊," acheng.hrbzfw.gov.cn/index/detail/type/25012.html.

65 靈川年鑑 2014, 128; 秦淮年鑑 2016, 279.

66 新京報, "國防部稱中國民兵數已從3000萬減至800萬," December 17, 2011, http://www.chinanews.com/gn/2011/12-17/3539161.shtml.

67 天長年鑑 2014, 193.

68 太原市杏花嶺年鑑 2014, 235; 舟山年鑑 2017, 243; 徐匯年鑑 2017, 136.

69 泰和年鑑 2015, 88; 北川羌族自治縣年鑑 2018, 97; 新密年鑑 2013, 101.

70 雲安年鑑 2013, 184; 高安年鑑 2013, 40.

71 北京青年報, "北京10萬資訊員收集涉恐涉暴情報," May 30, 2014, http://

34 陝西省志：公安志, 562; "西安將新增千輛計程車," https://www.chinanews.com.cn/gn/2011/03-04/2883594.shtml.

35 陝西省志：公安志, 558.

36 Zhang Lin, interview with author, May 25, 2019, Flushing, NY.

37 Yang Zili, telephone interview with author, April 24, 2022.

38 武勝年鑑 2007, 204; 甕安年鑑 2013, 123; 甕安年鑑 2015, 130; 樂至年鑑 2013, 181; 樂至年鑑 2014, 153.

39 巴彥年鑑 2006, 226.

40 齊河年鑑 2017, 176; 內蒙古阿榮旗公安局文件彙編 2, 93; 灞橋年鑑 2019, 235; 尼勒克年鑑 2010–2011, 72.

41 鞏留年鑑 2014, 107; 富縣年鑑 2018, 96.

42 米東區年鑑 2011, 179.

43 洛南年鑑 1999, 289; 瀘西年鑑 2004, 214; 大竹年鑑 2010, 132.

44 "公安派出所檔案管理辦法(試行)," http://www.elinklaw.com/zsgl mobile/lawView.aspx?id=15882.

45 The zhi'an ermu approval form is "治安耳目呈批表."

46 The zhi'an ermu termination form is "撤銷治安耳目呈批表." 馮文光, 張菠, 社區警務實用教程, 209–213; 張先福 等, 公安派出所視窗服務與執法執勤工作規範(北京：群眾出版社, 2006), 142–144.

47 張先福 等, 公安派出所視窗服務與執法執勤工作規範, 144.

48 李忠信, 中國社區警務研究(北京：群眾出版社, 1999), 192.

49 張先福 等, 公安派出所視窗服務與執法執勤工作規範, 141.

50 楊玉章 ed., 金水公安改革之路, 354.

51 建德年鑑 2012, 289.

52 普陀年鑑 2020, 103; 樟樹年鑑 2009, 211.

53 舒蘭市志 1986–2002, 305–306; 磐石市志 1991–2003, 351.

54 大慶市薩爾圖區志 1986–2005, 392; 克拉瑪依區年鑑 2014, 96.

55 金昌年鑑 2011, 304.

56 大慶市薩爾圖區志 1986–2005, 393.

57 岢嵐年鑑 2017, 165.

58 Xu Youyu, interview with author, May 25, 2019, Flushing, NY; anonymous

15 灞橋年鑑 2019, 235.

16 The process for hiring teqing is laid out in "祕密力量建設方案的規劃," 齊河年鑑 2016, 226.

17 陝西省志: 公安志, 563.

18 陳玉凡, "新形勢下的刑事特情工作": 20–21.

19 On spy tenures, see 高光俊, "如何識別中共特情." For long-term recruiting plans, see 齊河年鑑 2016, 226; 齊河年鑑 2017, 176.

20 "北京市公安局內設機構和所屬機構職責," http://gaj.beijing.gov.cn/zfxxgk/jgzn/202001/t20200102_1554557.html.

21 Gao Guangjun, interview with author via Zoom, February 12, 2022.

22 Shaanxi had a population of 36.9 million in 2003. *Statistical Yearbook of China 2004,* Table 4-3, e-book.

23 霍啟興, "西寧市刑偵隊伍和基礎工作現狀、問題及對策," *Journal of Liaoning Police Academy* 4 (2007): 54–56.

24 楊玉章 ed., 金水公安改革之路 (北京：中國人民公安大學出版社, 2003), 319; 稻城年鑑 2003–2008, 184.

25 "三門縣公安局刑警大隊崗位職責."

26 Xinhua, "公安部：2013 年社會治安平穩," http://politics.people .com.cn/n/2014/0103/c70731-24019741.html.

27 程雷, "特情偵查立法問題研究."

28 劉碩, 王文章, "對深入開展刑事特情工作的思考": 28.

29 陳肯, "論刑事特情制度的構建": 36–37; 劉碩, 王文章, "對深入開展刑事特情工作的思考": 29; 陳玉凡, "新形勢下的刑事特情工作": 21.

30 Gao Guangjun, interview with author via Zoom, February 12, 2022; 吳婷, "基層公安財務管理問題探討," *Foreign Investment in China,* no. 262 (2012): 129.

31 The Chinese title of the Xining spy-funding program is "西寧市舉報案件線索獎勵辦法." 霍啟興, "西寧市刑偵隊伍和基礎工作現狀、問題及對策": 55; https://news.sina.com.cn/c/2005-11-23/14447519185s.shtml.

32 高光俊, "如何識別中共特情."

33 Gao Guangjun, interview with author via Zoom, February 12, 2022.

https://www.dw.com/en/east-german-stasi-had-189000-informers-study-says/a-3184486-1; Martin Dimitrov and Joseph Sassoon, "State Security, Information, and Repression," *Journal of Cold War Studies* 16, no. 2 (2014): 3–31, 15; "Population of Bulgaria," retrieved from FRED, Federal Reserve Bank of St. Louis, https://fred.stlouisfed.org/series/POPTTLBGA173NUPN.

4 Xu Xu and Xin Jin, "The Autocratic Roots of Social Distrust," *Journal of Comparative Economics* 46, no. 1 (2018): 362–380.

5 Fan Yang, Shizong Wang, and Zhihan Zhang, "State-enlisted Voluntarism in China: The Role of Public Security Volunteers in Social Stability Maintenance," *China Quarterly* 249 (2022): 47–67.

6 Michael Schoenhals, *Spying for the People: Mao's Secret Agents, 1949–1967* (New York: Cambridge University Press, 2013).

7 The Chinese title of the document is "刑事特情工作細則;" 鄧立軍, "中國現代祕密偵查史稽考," 四川員警學院學報, no. 3 (2014): 1–6.

8 The 2001 version is "刑事特情工作規定." The two other regulations are "緝毒特情工作管理試用辦法" and "獄內偵查工作細則;" 韋潔雯, "淺談我國刑事特情偵查," 知識一力量, October 2017, http://www.chinaqking.com/yc/2018/1031601.html.

9 The "Detailed Rules" are not publicly available. This passage is cited in 陳肯, "論刑事特情制度的構建," 法制與社會, 6 (2012): 36.

10 程雷, "特情偵查立法問題研究," *Criminal Law Review,* no. 2 (2011): 515–537.

11 高光俊, "如何識別中共特情," https://sites.google.com/site/mybooksindex/17-M-C-H-Commie-1979-2011/gao-guang-jun-cp-agent.

12 "三門縣公安局刑警大隊崗位職責," http://www.sanmen.gov.cn/art/2010/12/1/art_1229319970_3161927.html.

13 林建設, "推進刑事特情工作'四化'建設," *Journal of Wuhan Public Security Cadres College* 87 (2009): 66; 陳玉凡, "新形勢下的刑事特情工作," *Journal of Henan Police College,* 29 (1996): 22; 灞橋年鑑 2019, 235; 齊河年鑑 2017, 176.

14 陝西省志:公安志, 557.

89 曲阜年鑑 1996–1998, 150; 即墨年鑑 1992–1998, 332.
90 迪慶年鑑 2014, 221–222; 景德鎮年鑑 2000, 117.
91 六盤水年鑑 2000, 252.
92 涼山年鑑 2000, 111.
93 無錫年鑑 2001, 99.
94 宜昌年鑑 1999, 167–168.
95 六盤水年鑑 2000, 25; 衡陽年鑑 2003, 182; 大理年鑑 1999, 208; 迪慶年鑑 2015, 237.
96 Teng Biao interview, March 4, 2020.
97 Hua Ze interview, May 26, 2019.
98 景德鎮年鑑 2003, 128; 景德鎮年鑑 1999, 111; 蕪湖年鑑 2004, 243.
99 Anonymous Zhenzhou NGO activist in exile, interview with author, May 27, 2019, Flushing, NY.
100 Anonymous Beijing academic in exile, interview with author, May 27, 2019, Flushing, NY.
101 Wan Yanhai interview, May 25, 2019.
102 Gao Guangjun interview, February 12, 2022.

第四章 「特情」與「信息員」

1 Adrian James, *Understanding Police Intelligence Work* (Bristol: Policy Press, 2016); J. Mitchell Miller, "Becoming an Informant," *Justice Quarterly* 28, no. 2 (2011): 203–220; Colin Atkinson, "Mind the Grass! Exploring the Assessment of Informant Coverage in Policing and Law Enforcement," *Journal of Policing, Intelligence and Counter Terrorism* 14, no. 1 (2019): 1–19; Cyrille Fijnaut and Gary Marx, eds., *Undercover: Police Surveillance in Comparative Perspective* (Boston: Kluwer, 1995).
2 David Garrow, "FBI Political Harassment and FBI Historiography: Analyzing Informants and Measuring the Effects," *Public Historian* 10, no. 4 (1988): 5–18.
3 "Citizen Spies," *Deutsche Welle* (*DW*) Global Media Forum, March 11, 2008,

2019, Princeton, NJ; anonymous Chinese Academy of Social Sciences researcher in exile, interview with author, May 26, 2019, Princeton, NJ.

66 Teng Biao interview, March 4, 2020.

67 Hua Ze, interview with author, May 26, 2019, Princeton, NJ.

68 Wang Tiancheng interview, May 26, 2019; Wan Yanhai interview, May 25, 2019; anonymous Chinese Academy of Social Sciences researcher in exile interview, May 26, 2019.

69 "公安派出所檔案管理辦法," http://www.elinklaw.com/zsglmo bile/lawView.aspx?id=15882.

70 華龍年鑑 2020, 176; 隆回年鑑 2019, 176.

71 峨山年鑑 2018, 56–57; 衛東區年鑑 2020, 170–171; 觀瀾年鑑 2018, 65.

72 北京石景山年鑑 2006, 201.

73 信陽年鑑 2000, 155–156; 陝西年鑑 1994, 51.

74 The organization chart of the MSS can be found in Xuezhi Guo, *China's Security State*: *Philosophy, Evolution, and Politics* (New York: Cambridge University Press, 2012), 365.

75 臨江年鑑 1996–1997, 151.

76 中共邢台年鑑 2003, 345–346.

77 信陽年鑑 2012, 226; 太倉年鑑 2000, 113.

78 武漢年鑑 1998, 90; 漢江年鑑 2019, 139.

79 信陽年鑑 2000, 155–156; 臨江年鑑 1996–97, 151.

80 大理年鑑 1999, 208.

81 鄂州年鑑 1997, 141; 成都年鑑 1997, 88.

82 衡陽年鑑 2003, 182.

83 成都年鑑 1997, 88; 太倉年鑑 2000, 113; 常熟年鑑 1991–1995, 122; 曲阜年鑑 1996–1998, 150.

84 成都年鑑 1997, 88; 長沙年鑑 1997, 86; 曲阜年鑑 1996–1998, 150.

85 迪慶年鑑 2014, 221–222; 曲阜年鑑 1996–1998, 150.

86 迪慶 年鑑 2014, 221–222.

87 涼山年鑑 2000, 111.

88 喀什年鑑 2001, 165.

47 甕安年鑑 2013, 123.

48 磐石市志 1991–2003, 351–352; 福州市台江區志 1991–2005, 432–433; 磐石市志 1991–2003, 351–352.

49 武漢公安年鑑 2014, 67.

50 磐石市志 1991–2003, 351–352; 岳陽樓區年鑑 2017, 175.

51 "公安派出所組織條例," 中國人權年鑑（北京：當代世界出版社, 2000), 325.

52 魏琳, "新時期公安基層派出所職能定位探討," *Journal of Sichuan Police College* 29, no. 3 (2017): 99–100; 鮑遂獻, "杭州會議與公安派出所改革," *Journal of Jiangxi Public Security College* (November 2002): 8.

53 "公安部為派出所招兵買馬 充實七萬警力到基層," 瞭望東方週刊, http://news.sohu.com/20050622/n226046035.shtml.

54 Xinhua, "公安部：2013 年社會治安平穩," http://politics.people .com.cn/n/2014/0103/c70731-24019741.html.

55 "廣東省公安廳關於加強新時代公安派出所建設工作的意見," https://www.fnhg.net/xuesheng/fyebcql1am.html.

56 河北日報, "省公安廳：年底前派出所警力不低於總警力 40%," cpc.people.com.cn/n/2013/0921/c87228-22980265.html.

57 中華人民共和國公安部, "公安派出所執法執勤工作規範," https://new.qq.com/omn/20211201/20211201A0B4YY00.html.

58 楊玉章 ed., 金水公安改革之路（北京：中國人民公安大學出版社, 2003), 354.

59 北京公安年鑑 2002, 121; 四川樂山市公安局文件彙編 3, 30.

60 開封禹王台區年鑑 2019, 70; 開封禹王台區年鑑 2018, 103–104.

61 衛東區年鑑 2019, 152–153; 衛東區年鑑 2020, 170–174; 峨山年鑑 2018, 56–57.

62 和龍年鑑 2018, 128; 鷹潭年鑑 2018, 189; 文峰區年鑑 2019, 166.

63 開封禹王台區年鑑 2017, 83; 開封禹王台區年鑑 2020, 91–92, 94.

64 觀瀾年鑑 2018, 65.

65 Wan Yanhai, interview with author, May 25, 2019, Flushing, NY; Teng Biao interview, March 4, 2020; Wang Tiancheng, interview with author, May 26,

版社, 2005), 542–543.

25 The Chinese term *shehuihua* refers to the recruitment of spies from all social strata. "石城縣公安局主要職責（內設機構職能）," http://www.shicheng.gov.cn/xxgk/xxgkml/glgk/jgzn/28/t28_1124823.html.

26 谷福生等編, 新時期公安派出所工作全書, 547–548.

27 株洲公安志, 74–78.

28 大慶市薩爾圖區 1986–2005, 392–393.

29 舒蘭市志 1986–2002, 305–306.

30 漢源年鑑 2017, 144; 武漢公安年鑑 2010, 94, 武漢公安年鑑 2014, 67; 大慶市薩爾圖區志 1986–2005, 392–393; 米易年鑑 2011, 87; 磐石市志 1991–2003, 351–352.

31 漢源年鑑 2017, 144; 武漢公安年鑑 2010, 94; 武漢公安年鑑 2014, 67.

32 西雙版納年鑑 2011, 243; 米易年鑑 2009, 72.

33 The document is titled "關於開展國內安全保衛工作物件基礎調查的意見." 北京公安年鑑 2003, 121.

34 株洲公安志, 74–78.

35 武漢公安年鑑 2006, 76.

36 北京公安年鑑 2001, 122–123.

37 北京公安年鑑 2006, 76–77.

38 谷福生等編, 新時期公安派出所工作全書, 543; 張先福 等編, 公安派出所窗口服務與執法執勤工作規範（北京：群眾出版社, 2006), 93–95.

39 大慶市薩爾圖區志 1986–2005, 392.

40 磐石市志 1991–2003, 351–352; 西雙版納年鑑 2011, 243; 米易年鑑 2009, 83.

41 株洲公安志, 74–78.

42 舒蘭市志 1986–2002, 305–306; 米易年鑑 2009, 83.

43 磐石市志 1991–2003, 351–352.

44 The Chinese title is "派出所國內安全保衛工作規範."

45 北京公安年鑑 2001, 122–123; 岳陽樓區年鑑 2017, 175; 四川樂山市公安局文件彙編 3, 13.

46 北京公安年鑑 2006, 77; 內黃年鑑 2018, 205.

會議文件彙編 (1949.10–1957.9), 208.

11 新疆通志, vol. 20, 194; 新疆年鑑 1986, 30.

12 劉新民, "當前制約政保工作諸因素簡析," 河南公安學刊, no. 21 (1995): 44.

13 株洲公安志, 74; 大慶市薩爾圖區志, 392; 棗陽年鑑 2012–2013, 315; 水磨溝年鑑 2013, 180; 武漢公安年鑑 2015, 27, 41.

14 Gary Bruce, *The Firm: The Inside Story of the Stasi* (Oxford: Oxford University Press, 2010), 11, 13.

15 許曉明, 劉英武, "國內安全保衛工作改革初探," 公安研究, no. 107 (2003): 75.

16 蘇全霖, 劉黎明, "論國內安全保衛工作法治化," *Journal of Shanxi Police Academy* 24, no. 1 (2016): 44.

17 劉新民, "當前制約政保工作諸因素簡析" 4: 42.

18 "公安部一局大學處張偉處長來校調研," http://gac.snnu.edu.cn/info/1022/1177.htm; "省市公安部門來我校調研維族學生管理工作," https://www.hznu.edu.cn/c/2011-09-09/327492.shtml; "北京市公安局文保支隊來校檢查會商校園安穩工作," https://news.bistu.edu.cn/zhxw/202009/t20200925_222599.html.

19 "濱州市公安局國保支隊來學院調研指導工作," http://www.sd bky.cn/info/1003/1213.htm; "鄭州市高校維穩安保工作考核組來我院檢查指導工作," http://www.hagmc.edu.cn/info/1100/2482.htm.

20 "鄭州市高校維穩安保工作考核組來我院檢查指導工作;" "公安部一局大學處張偉處長來校調研;" "省市公安部門來我校調研維族學生管理工作."

21 西安年鑑 2010, 164; 西安年鑑 2012, 159–160; 西安年鑑 2013, 143; 西安年鑑 2014, 94.

22 武漢公安年鑑 2010, 152–154; 武漢公安年鑑 2012, 181–184.

23 Anonymous Shanghai academic in exile, interview with author, May 26, 2019, Princeton, NJ; Xu Youyu, interview with author, May 25, 2019, Flushing, NY; Teng Biao, interview with author, March 4, 2020, Cla remont, CA.

24 谷福生等編, 新時期公安派出所工作全書 (北京：中國人民公安大學出崇明年鑑 2013, 58–59; 蕪湖年鑑 2011, 228.

54 齊齊哈爾年鑑 2017, 21; 米東年鑑 2006, 202; 蕪湖年鑑 2011, 228–229.

55 福田區政法委, "政法委第4周工作匯總."

第三章 組織監控

1 沈曉洪等, "基層公安機關警力配置現狀與思考," *Journal of Jiangxi Public Security College,* no. 141 (July 2010): 107.

2 Sheena Greitens, "Rethinking China's Coercive Capacity: An Examination of PRC Domestic Security Spending, 1992–2012," *China Quarterly* 232 (2017): 1002–1025.

3 Nearly all dictatorships, including the communist regimes of the former Eastern Bloc, have an interior ministry in charge of regular policing and a secret police agency responsible for spying and surveillance of dissidents.

4 The minister of public security has the rank of a vice premier and often serves on the Secretariat of the Central Committee, whereas the minister of state security is merely a member of the Central Committee. One MSS minister was promoted to the Politburo—Chen Wenqing, in 2022—but he immediately relinquished his MSS position.

5 The Central Investigation Department was established as the result of Zhou's proposal to reorganize the party's intelligence apparatus in 1955. 宋月紅, "鮮為人知的 '中央調查部,'" https://history.ifeng.com/c/81 u9hOywRFt.

6 毛澤東, "鎮壓反革命必須實行黨的群眾路線," 毛澤東文集 第*6*卷 (北京：人民出版社出版, 1999), 161–162.

7 建國以來公安大事要覽, 5; 沈志華, 蘇聯專家在中國, 1948–1960 (北京：社會科學文獻出版社, 2015).

8 新疆通志, vol. 20, 194. Post-2019 name changes are reflected in some local yearbooks; for example, 盱眙年鑑 2020, 37; 淮安年鑑 2020, 287.

9 Gao Guangjun, interview with author via Zoom, February 12, 2022.

10 By comparison, there were about 110,000 police officers in the "economic" sector. "羅瑞卿在第六次全國公安會議上的總結," June 17, 1957, in 公安

40 The PLC of Chenghua District, Chengdu, had a staff of twenty-two in 2021. "2022 年中共成都市成華區委政法委 部門預算," http://www.chenghua.gov.cn/chqrmzfw/c144318cgt/2022-01/20/37f3d52743a449b7a27c18982b211743/files/c358be787d1f4d74ba596c2be9c96d41.pdf. The PLC of Neihuang County, Henan Province, with a population of nearly 800,000 in 2018, had a staff of twenty-seven in the same year. 內黃年鑑 2019, 37, 190.

41 開封市禹王台區年鑑 2019, 25, 66; 天長年鑑 2020, 62.

42 北京密雲年鑑 2019, 1, 112.

43 The Chinese Wikipedia page on the CPLC lists eleven departments bearing titles that sound potentially accurate. However, no official sources confirm the existence of these departments. https://zh.wikipedia.org/wiki/中共中央政法委員會.

44 貴州政法委, http://www.guizhou.gov.cn/ztzl/gzsczzjxxgkzl_1794/sygbmhdwczyjsjsgjf/zggzswzfwyh/201609/t20160905_436885.html.

45 Hangzhou's PLC provides a good example. 杭州市政法委, https://www.hangzhou.gov.cn/col/col809713/index.html.

46 For illustrative descriptions of the organization of various local PLCs, see 北京密雲年鑑 2019, 112; 內黃年鑑 2019, 190; 維西傈僳族自治縣年鑑 2019, 148; 黃龍年鑑 2015, 6.

47 深圳政法年鑑 2000.

48 Many local yearbooks contain brief summaries of the PLCs' accomplishments. More detailed summaries can be found in the section on PLCs in 中共邯鄲年鑑（北京：中共黨史出版社）published between 2002 and 2019.

49 For more on strict security measures applied surrounding sensitive dates, see Rory Truex, "Focal Points, Dissident Calendars, and Preemptive Repression," *Journal of Conflict Resolution* 63, no. 4 (2019): 1032–1052.

50 中共天津工作 2017（天津：天津人民出版社, 2018).

51 崇明年鑑 2013, 60.

52 深圳政法年鑑 1997, 27; 深圳政法年鑑 1998, 2; 蕪湖年鑑 2010, 234.

53 深圳政法年鑑 2000 (深圳：海天出版社, 2001), 161; 崇明年鑑 2012, 62;

reformdata.org/2003/1118/4921.shtml; "中共中央關於進一步加強和改進公安工作的決定"; Yuhua Wang and Carl Minzner, "The Rise of the Chinese Security State," *China Quarterly* 222 (2015): 339–359; Yuhua Wang, "Empowering the Police: How the Chinese Communist Party Manages Its Coercive Leaders," *China Quarterly* 219 (2014): 625–648.

32 鐘金燕, "中共政法委制度的歷史考察," 中共黨史研究, no. 4 (2014): 116–124; 曾林妙, 陳科霖, "中國國家治理中的政法委制度," 國家治理評論 (April 2020): 5–15.

33 David Lampton, "Xi Jinping and the National Security Commission: Policy Coordination and Political Power," *Journal of Contemporary China* 24, no. 95 (2015): 759–777.

34 For analysis of the purge, see Guoguang Wu, "Continuous Purges: Xi's Control of the Public Security Apparatus and the Changing Dynamics of CCP Elite Politics," *China Leadership Monitor,* no. 66 (Winter 2020), https://www.prcleader.org/wu; Sheena Greitens, "The *Saohei* Campaign, Protection Umbrellas, and China's Changing Political-Legal Apparatus," *China Leadership Monitor,* no. 65 (Fall 2020), https://www.prcleader.org/greitens-1.

35 Chen Yixin claimed that the political-legal sector counted 2.7 million total personnel. But China has about 2 million uniformed police alone, suggesting that this number likely does not include the People's Armed Police— a force estimated at 1.5 million strong. 中央政法委, "政法隊伍整頓教育, 全國12576名幹警投案," https://www.infzm.com/contents/207864; "全國政法隊伍教育整頓領導小組：16個中央督導組近期到位," 今日觀察新聞社, March 25, 2021, http://newsaum.com/fztd/1096.html.

36 "中共中央印發中國共產黨政法工作條例," http://www.gov.cn/zhengce/2019-01/18/content_5359135.htm.

37 鐘金燕, "中共政法委制度的歷史考察," 121–123.

38 元謀年鑑 1996, 109; 元謀年鑑 2011, 189.

39 "中共武漢市委政法委員會概況," http://www.wuhan.gov.cn/ztzl/yjs/2020_52695/drz/zgwhswzfwyh_36901/sndjs_36903/202110/t20211015_1795862.shtml.

group of delegates in 2007. "總書記出席政法工作會議," http://news.takungpao.com/mainland/focus/2014-01/2164561.html.

21 For example, the PLCs in Xiangyun County and Yuanmo County, Yunnan, had only skeletal staffs of two to three people. 祥雲縣志 1978–2005, 741; 元謀縣志 1978–2005, 207.

22 The CCP used the same model when creating the China Cyber Administration and its local outfits. But there is a crucial difference between the local offices of the cyber administration and the local PLCs: the cyber administration offices are part of the local CCP propaganda department, while the PLCs are stand-alone party bureaucracies that enjoy a higher political status.

23 公安工作大事要覽, 964.

24 In the Chinese system, municipalities—a status held by about 300 large cities—and prefectures occupy the same administrative rank. All, including so-called autonomous prefectures, are at the second rank of the administrative hierarchy, below provinces, of which they are subdivisions.

25 周永坤, "論黨委政法委員會之改革," 法學, no. 5 (2012): 3–13; 劉忠, "政法委的構成與運作," 環球法律評論, no. 3 (2017): 16–38.

26 "中共中央關於加強政法工作的指示," http://www.71.cn/2011/0930/632692.shtml.

27 劉忠, "政法委的構成與運作," 34.

28 "中共中央關於維護社會穩定加強政法工作的通知," http://www.reformdata.org/1990/0402/4106.shtml.

29 In his speech to delegates at the December 1995 political-legal conference, Jiang Zemin declared that the size and funding of the local PLCs would be increased. 公安工作大事要覽, 1047–1048; 李永浩等, "全面推進依法治國背景下中央政法委改革探討," 淮陰師範學院學報, no. 3 (2016): 301–308.

30 殷家國, "基層政法委在履行職責中存在的主要問題及對策," 貴州省政法管理幹部學院學報, no. 1 (1996): 37–38.

31 "中共中央關於進一步加強和改進公安工作的決定," http://www.

2019): 1–22; Alice Miller, "More Already on the Central Committee's Leading Small Groups," *China Leadership Monitor,* no. 44, Hoover Institution, July 28, 2014, https://www.hoover.org/research/more-already-central-committees-leading-small-groups.

10 Their Chinese names are 中央防範和處理邪教問題領導小組 and 中央維護穩定領導小組.

11 Sarah Cook and Leeshai Lemish, "The 610 Office: Policing the Chinese Spirit," *China Brief* 11, no. 17, Jamestown Foundation, September 16, 2011, https://jamestown.org/program/the-610-office-policing-the-chinese-spirit; "劉金國不再擔任610辦公室主任," 中國經濟網, http://www.xin huanet.com/politics/2015-05/26/c_127843253.htm.

12 James Tong, *Revenge of the Forbidden City: The Suppression of the Falungong in China, 1999–2005* (New York: Oxford University Press, 2009).

13 "維穩辦走上前台," 雙周 刊, no. 8 (2009): 44.

14 "中央維穩辦調研組來我市調研," 萊蕪日報, July 16, 2014, 2; "中央維穩辦調研組來我市," 濟寧日報, August 30, 2009, 1; "中央維穩辦調研組來撫調研," 撫州日報, May 14, 2015, 1.

15 "告訴你一個完整的中央新疆工作協調小組," 澎湃新聞, September 10, 2014, https://www.thepaper.cn/newsDetail_forward_1267650; "汪洋出席第七次全國對口支援新疆工作會議," 北京青年報, July 16, 2019, https://news.sina.com.cn/c/2019-07-16/doc-ihytcerm4115379.shtml.

16 "西藏工作協調小組工作範圍擴至4省藏區," 南方都市報, August 19, 2010, http://news.sina.com.cn/c/2010-08-19/055420928594.shtml.

17 "平安中國建設協調小組成立," 澎湃新聞, April 22, 2020, https://www.thepaper.cn/newsDetail_forward_7083492.

18 "平安中國建設協調小組四個專項組亮相," 新京報, July 28, 2020, https://www.sohu.com/a/410223007_114988.

19 The Chinese name of the document is "中共中央進一步加強和改進公安工作的決定."

20 While Hu Jintao did not attend these conferences, he did meet with a select

第二章 指揮、管控與協調

1 Sheena Greitens, *Dictators and Their Secret Police: Coercive Institutions and State Violence* (New York: Cambridge University Press, 2016), 12; Blake McMahon and Branislav Slantchev, "The Guardianship Dilemma: Regime Security through and from the Armed Forces," *American Political Science Review* 109, no. 2 (2015): 297–313.

2 Ephraim Kahana and Muhammad Suwaed, *Historical Dictionary of Middle Eastern Intelligence* (Lanham, MD: Scarecrow Press, 2009), 66, 210–211.

3 "Manuel Contreras, Head of Chile's Spy Agency under Pinochet, Dies Aged 86," *Guardian,* August 8, 2015.

4 Mike Dennis, *The Stasi: Myth and Reality* (Harlow: Pearson/Longman, 2003), 40–46.

5 Murray Scot Tanner and Eric Green, "Principals and Secret Agents: Central versus Local Control over Policing and Obstacles to 'Rule of Law' in China," *China Quarterly* 191 (2007): 644–670.

6 This friction between local and central authorities is a symptom of "fragmented authoritarianism." See Kenneth Lieberthal and David Lampton, eds., *Bureaucracy, Politics, and Decision Making in Post-Mao China* (Berkeley: University of California Press, 2018).

7 The Chinese names of these commissions are: 中央國家安全委員會, 中央全面深化改革委員會, 中央網路安全和資訊化委員會, 中央外事工作委員會, 中央軍民融合發展委員會.

8 "全國社會治安綜合治理工作大事記," 法制日報, September 25, 2001, http://news.sina.com.cn/c/2001-09-25/365090.html. In 2011, the party changed the name of this commission to "中央社會管理綜合治理委員會," but in 2014, the party changed the name back to its original. "中央綜治委恢復"治安"原名," 澎湃新聞, October 10, 2014, http://m.thepaper.cn/kuaibao_detail.jsp?contid=1270571&from=kuaibao.

9 Wen-Hsuan Tsai and Wang Zhou, "Integrated Fragmentation and the Role of Leading Small Groups in Chinese Politics," *China Journal,* no. 82 (July

d=49eb570ca79a42f688f9efac42e3c0f1.

116 Minxin Pei, "Grid Management: China's Latest Institutional Tool of Social Control," *China Leadership Monitor* 67 (Spring 2021), https://www . prcleader.org/pei-grid-management.

117 習近平, "在中央政治局常委會會議研究應對新型冠狀病毒肺炎疫情工作時的講話," https://www.12371.cn/2022/09/03/ARTI1662190489127492.shtml.

118 "先鋒街道網格化推進老年人疫苗接種," http://www.tongzhou.gov.cn/tzzt/fkxd/content/192aff3a-0796-4609-b3da-46e2edd0d509.html; "網格員深入社區輪崗值守," http://www.szlhq.gov.cn/jdbxxgkml/mzjdb/dtxx_124615/gzdt_124616/content/post_10108548.html; "廣東省全面推行 "網格化"疫情防控," http://www.gov.cn/xinwen/2020-02/11/content_547 7195.htm; "廣靈縣網格化管理築牢疫情防控網," http://www.dt.gov.cn/dtzww/xqxx1/202205/1b8681d9cd2641588a78339b9b9416d1.shtml.

119 "習近平指示強調：把 '楓橋經驗' 堅持好、發展好," http://www.gov.cn/ldhd/2013-10/11/content_2504878.htm.

Table 1.1 data sources: 廣東公安志, 180; 新中國五十五年統計資料彙編 (北京：中國統計出版社, 2005), 708; 陝西省志：公安志, 725; 跨世紀的中國人口 陝西卷 (北京：中國統計出版社, 1991): 20–22; 天津通志：公安志, 550, 562; 江西公安志, 49–50, 80–81; 湖南省志：政法志, Ch. 3, e-book; 湖南省志：人口志, e-book; 上海公安志 , Ch. 8, e-book; 上海通志, 第三卷, e-book; 福建公安志, http://data.fjdsfzw.org.cn/2016-09-21/content_295.html; 甘肅省公安志, 400, 465; 吉林省志：司法公安志, Ch. 10, e-book; 浙江人民公安志, 256–260; 廣西公安志, http://lib.gxdfz.org.cn/view-a63-220.html; 廣西通志 (1979–2005), http://www .gxdfz.org.cn/flbg/szgx/201710/t20171013_47365.html; 貴州省志：公安志, 580–581; 貴州省志：人口和計劃生育, 3.

Table 1.2 data sources: 公檢法支出財務統計資料, 1991–1995 (南京：江蘇科技出版社, 1991), 166, 169; 中國統計年鑑, various years (北京：中國統計年鑑出版社).

and Hubei—the net increase would exceed 10,000.

102 公安工作大事要覽, 880.

103 公安工作大事要覽, 988, 1073–1074, 1227.

104 "中共中央關於維護社會穩定加強政法工作的通知."

105 "維穩辦走上前台," 雙週刊, no. 8 (2009): 44–46.

106 Weishan Miao and Wei Lei, "Policy Review: The Cyberspace Administration of China," *Global Media and Communication* 12, no. 3 (2016): 337–340.

107 Beibei Tang, "Grid Governance in China's Urban Middle-class Neighbourhoods," *China Quarterly* 241 (2020): 43–61; Fan Liang, Vishnupriya Das, Nadiya Kostyuk, and Muzammil M. Hussain, "Constructing a Datadriven Society: China's Social Credit System as a State Surveillance Infrastructure," *Policy & Internet* 10, no. 4 (2018): 415–453.

108 *Statistical Yearbook of China 2021,* Table 7-1, e-book.

109 *Statistical Yearbook of China,* various years.

110 Little is known about this new commission. See Joel Wuthnow, "China's New 'Black Box': Problems and Prospects for the Central National Security Commission," *China Quarterly* 232 (2017): 886–903.

111 "十八大、十九大後落馬省部級及以上高官名單," http://district.ce.cn/newarea/sddy/201410/03/t20141003_3638299.shtml.

112 Sheena Greitens, "Surveillance, Security, and Liberal Democracy in the Post-COVID World," *International Organization* 74 (S1) (2020): E169–E190.

113 Yu Sun and Wilfred Wang, "Governing with Health Code: Standardising China's Data Network Systems during Covid-19," *Policy & Internet* 14 (2022): 673–687; Fan Liang, "COVID-19 and Health Code: How Digital Platforms Tackle the Pandemic in China," *Social Media + Society* 6, no. 3 (2020): 1–4.

114 "河南健康碼變色之警示," *China Economic Weekly,* June 30, 2022, 52–55; Chris Buckley, Vivian Wang, and Keith Bradsher, "Living by the Code," *New York Times,* January 30, 2022.

115 National Health Commission, "關於印發"十四五"全民健康資訊化規劃的通知," http://www.nhc.gov.cn/cms-search/xxgk/getManuscriptXxgk.htm?i

Australian & New Zealand Journal of Criminology 38, no. 2 (2005): 241–253.

89 "中共中央關於進一步加強和改進公安工作的決定," http://www.reformdata.org/2003/1118/4921.shtml.

90 "中共中央關於進一步加強和改進公安工作的決定"; Yuhua Wang, "Empowering the Police: How the Chinese Communist Party Manages Its Coercive Leaders," *China Quarterly* 219 (2014): 625–648.

91 Sheena Greitens, "Rethinking China's Coercive Capacity: An Examination of PRC Domestic-Security Spending, 1992–2012," *China Quarterly* 232 (2017): 1002–1025.

92 *Statistical Yearbook of China 2020,* Table 7-1, e-book.

93 Since 2012, the government has released only the total amount of domestic security spending, which includes spending on the People's Armed Police. Because the share of spending on the PAP averaged about 16 percent between 2002 and 2011, it is reasonable to assume that about 84 percent of total domestic security expenditures between 2012 and 2020 was devoted to public security, the procuratorate (that is, public prosecutors), and the courts.

94 The consumer price index rose 472 percent between 1991 and 2020. *Statistical Yearbook of China 1999,* Table 9-2; *Statistical Yearbook of China 2021,* Table 5-2, e-book.

95 地方財政統計資料 1995（北京：新華出版社, 1996), 314, 316; 地方財政統計資料 1996（北京：中國財政經濟出版社, 1998), 317, 319.

96 中國法律年鑑 1987–1997（珍藏版）, 778; 沈曉洪等, "基層公安機關警力配置現狀與思考," *Journal of Jiangxi Public Security College,* no. 141 (July 2010): 107.

97 湖北公安志, 259.

98 浙江通志：公安志, 63.

99 貴州省志：公安志, 129.

100 湖北公安志, 259.

101 浙江通志：公安志, 63. The estimate of 10,000 additional police nationwide is a conservative one. China has thirty-one provincial jurisdictions. If each gained an average of 350 police officers—fewer than the number in Zhejiang

72 公安工作大事要覽, 576–577.

73 Ruan Chongwu, a liberal, was minister of the MPS between August 1985 and March 1987.

74 公安工作大事要覽, 557, 646, 699, 731.

75 Revenue data from *Statistical Yearbook of China 2021,* Table 7-1, e-book.

76 Murray Scot Tanner, "State Coercion and the Balance of Awe: The 1983–1986 'Stern Blows' Anti-crime Campaign," *China Journal* 44 (2000): 93–125.

77 公安工作大事要覽, 653.

78 Susan Trevaskes, "Severe and Swift Justice in China," *British Journal of Criminology* 47, no. 1 (2007): 23–41.

79 Merle Goldman, *Sowing the Seeds of Democracy in China: Political Reform in the Deng Xiaoping Era* (Cambridge, MA: Harvard University Press, 1994).

80 Net urban population growth in the 1990s was 157 million (including births). *Statistical Yearbook of China 2001,* Table 4.1, e-book; Xiaobo Lu and Elizabeth Perry, eds., *Danwei: The Changing Chinese Workplace in Historical and Comparative Perspective* (Armonk, NY: M. E. Sharpe, 1997).

81 Timothy Brook and B. Michael Frolic, *Civil Society in China* (London: Routledge, 2015).

82 Murray Scot Tanner, "China Rethinks Unrest," *Washington Quarterly* 27, no. 3 (2004): 137–156.

83 "中共中央關於維護社會穩定加強政法工作的通知," http://www.reformdata.org/1990/0402/4106.shtml.

84 "關於加強公安工作的決定," 公安工作大事要覽, 872, 875.

85 Yuhua Wang and Carl Minzner, "The Rise of the Chinese Security State," *China Quarterly* 222 (2015): 339–359.

86 公安工作大事要覽, 820, 917, 932, 1084–1085, 1132, 1141.

87 "中共中央、國務院關於加強社會治安綜合治理的決定," http://www.reformdata.org/1991/0219/4159.shtml; "中共中央國務院關於進一步加強社會治安綜合治理的意見," http://www.gov.cn/gongbao/content/2001/content_61190.htm.

88 Hualing Fu, "Zhou Yongkang and the Recent Police Reform in China,"

Security Work 1949–2000. 公安工作大事要覽, 573.

53 上海公安志, Ch. 3, e-book; 浙江人民公安志, 257–258; 貴州省志：公安志, 581.

54 浙江人民公安志, 257; 甘肅省公安志, 464.

55 浙江人民公安志, 257–258; 湖南省志：政法志, e-book; 江西公安志, 49; 福建公安志, http://data.fjdsfzw.org.cn/2016-09-21/content_295.html.

56 廣西公安志, http://lib.gxdfz.org.cn/view-a63-220.html; 上海公安志, Ch. 3, e-book; 貴州省志：公安志, 580.

57 紹興市志, http://www.sx.gov.cn/col/col1462780/index.html.

58 長興公安志, 387; 岱山縣公安志, 158; 舟山市公安志, 210.

59 杭州市人民公安志, 210; 紹興縣公安志, 142.

60 "關於重點人口管理工作的暫行規定." Reference to this regulation is contained in 公安工作大事要覽, 100–101.

61 "城市治安管理工作細則," 山東省國情網, "重點人口管理."

62 黑龍江省志-公安志, 373; population for 1959 obtained from https://m.gotohui.com/pdata-0/1959.

63 黑龍江省志-公安志, 373; https://m.gotohui.com/pdata-0/1959; 重慶市志：公安志, Ch. 7, e-book; 杭州市人民公安志, 210; 建德市公安志, 191, 260; 餘杭公安志, 79, 343; 岱山縣公安志, 158, 165; 天台縣公安志, 98, 100; 寧海縣公安志, 337; 慈溪市公安志, 237, 251.

64 "關於加強政法工作的指示," http://cpc.people.com.cn/GB/4519165.html#.

65 公安工作大事要覽, 344, 564.

66 中國法律年鑑 1987–1997 (珍藏版), 739, 778.

67 湖北公安志, 259.

68 公安工作大事要覽, 448.

69 Local political-legal committees had very little staff. In some counties, they had only two or three people, including the secretary. In other counties, the committees had no full-time staff or secretary. 祥雲縣志 1978–2005, 741; 元謀縣志 1978–2005, 207; 河源市源城區志 1988–2003, 684.

70 公安工作大事要覽, 507–508, 528, 537.

71 "關於加強國家安全部和公安部合作的意見," 公安工作大事要覽, 596.

(New York: Cambridge University Press, 1992); Frederic Wakeman Jr., *Policing Shanghai, 1927–1937* (Berkeley: University of California Press, 1995).

37 Fei-Ling Wang, *China's Hukou System: Organizing through Division and Exclusion* (Stanford, CA: Stanford University Press, 2005); Kam Wing Chan and Li Zhang, "The Hukou System and Rural-Urban Migration in China: Processes and Changes," *China Quarterly* 160 (1999): 818–855; Tiejun Cheng and Mark Selden, "The Origins and Social Consequences of China's Hukou System," *China Quarterly* 139 (1994): 644–668.

38 *Statistical Yearbook of China 1999,* Table 4-1, e-book.

39 The MPS issued its "Interim Rules of Urban Hukou Management" ("城市戶口管理暫行條例") in July 1951. http://www.hljcourt.gov.cn/lawdb/show.php?fid=48&key=%D0%D0%D5%FE;公安工作大事要覽, 63.

40 江西公安志, 72.

41 湖南省志：政法志, Ch. 2, e-book.

42 "中華人民共和國戶口登記條例," https://www.waizi.org.cn/doc/120275.html.

43 公安工作大事要覽, 143–144.

44 浙江人民公安志, 290–294.

45 浙江人民公安志, 290–294.

46 廣東公安志, 209–211; 湖南省志:：政法志, Ch. 2, e-book.

47 江西公安志, 73; 湖南省志：政法志, Ch. 2, e-book; 浙江人民公安志, 290–294; 廣東公安志, 209–211.

48 The Chinese approach to surveillance also seems to imitate the Stalinist practice of cataloging the population. See David Shearer, *Policing Stalin's Socialism* (New Haven: Yale University Press, 2009), 158–180.

49 陝西省志：公安志, 723; 公安工作大事要覽, 164–166.

50 江西公安志, 49; 天津通志：公安志, 550, 560; 甘肅省志：公安志, 466–467.

51 公安工作大事要覽, 419, 573.

52 中國法律年鑑 1987–1997 (珍藏版), 161. The 20 million-plus figure is also mentioned in a news dispatch cited in the MPS's *Major Events in Public*

20 象山縣公安志, 290; 鄞縣公安志, 125–128.

21 Michael Schoenhals, *Spying for the People: Mao's Secret Agents, 1949–1967* (New York: Cambridge University Press, 2013), 206, 228.

22 "羅瑞卿在第六次全國公安會議上的報告," May 17, 1957, 173.

23 陳一新, "1955 年公安工作的基本總結和1956年的工作任務 (草稿)," 第11次 (湖北) 省公安會議文件, 325.

24 "羅瑞卿在第六次全國公安會議上的報告," 185–186.

25 Schoenhals, *Spying for the People*, 1; 公安工作大事要覽, 319.

26 公安工作大事要覽, 346, 349.

27 陝西省志: 公安志, 393; 景德鎮市志第一卷公安志, 399–400; "治安保衛委員會暫行組織條例," http://www.gov.cn/zhengce/2020-12/25/content_5573171.htm.

28 The share of CCP and Youth League members was 54 percent in Nanjing in 1963 and 46 percent in Jiaxing in 1960. 南京公安志, 159; 嘉興人民公安志, 297.

29 吉林省志: 司法公安志, Ch. 7 and Ch. 9, e-book; 浙江通志: 公安志, 292; 浙江省人口志, Table 3-4-1, e-book; 福建公安志, http://data .fjdsfzw.org.cn/2016-09-21/content_295.html; 湖北公安志, 62, 194; 江西公安志, 60, 80.

30 中國法律年鑑1987–1997 (珍藏版) (北京: 中國法律出版社, 1998), 739, 742, 754–755, 765, 767, 778, 780, 795, 797, 811, 827, and 829.

31 公安工作大事要覽, 152.

32 公安工作大事要覽, 165.

33 公安工作大事要覽, 507.

34 來賓政法志, 41–43, 56.

35 Michael Dutton, "Policing the Chinese Household: A Comparison of Modern and Ancient Forms," *Economy and Society* 17, no. 2 (1988): 195–224; Wai-po Huen, "Household Registration System in the Qing Dynasty: Precursor to the PRC's Hukou System," *China Report* 32, no. 4 (1996): 395–418.

36 Zhang Qingwu, "Basic Facts on the Household Registration System," ed. and trans. Michael Dutton, *Chinese Economic Studies* 22 (1988): 3–106; Michael Dutton, *Policing and Punishment in China: From Patriarchy to the People*

Levitsky and Lucan Way, *Revolution and Dictatorship: The Violent Origins of Durable Authoritarianism* (Princeton, NJ: Princeton University Press, 2022); on China's terror campaigns specifically, see Frank Dikötter, *Tragedy of Liberation* (New York: Bloomsbury Press, 2013); Yang Kuisong, "Reconsidering the Campaign to Suppress Counterrevolutionaries," *China Quarterly* 193 (March 2008): 102–112.

3 *Statistical Yearbook of China 1990* (Beijing: China Statistical Publishing Co., 1991), 89.

4 建國以來公安工作大事要覽（北京：群眾出版社, 2003), 21, 24, 25, and 36 (hereafter, 公安工作大事要覽).

5 浙江人民公安志, 83.

6 江西公安志, 186.

7 上海公安志, Part 2, Ch. 3, e-book.

8 江西公安志: 186; 上海公安志, Part 2, Ch. 2, e-book; 浙江人民公安志, 107–108.

9 公安工作大事要覽, 87–89.

10 公安工作大事要覽, 137.

11 公安工作大事要覽, 164–166.

12 "羅瑞卿同志在全國公安廳局長座談會上的總結發言," in 公安會議文件彙編 (1949.10–1957.9), 529–535. Jiangxi police established files on the "counterrevolutionary social base." 江西公安志, 72.

13 公安工作大事要覽.

14 This number includes 171,000 policemen, or *minjing,* who did not have any official rank. In addition, there were 125,000 officers and soldiers in the People's Armed Police. 公安工作大事要覽, 157.

15 公安工作大事要覽, 344, 564.

16 *Statistical Yearbook of China 1999,* Table 4-1; and *Statistical Yearbook of China 2011,* Table 3-1, e-book.

17 浙江通志：公安志, 63.

18 甘肅省公安志, 84.

19 Calculations based on 貴州省志：公安志, 127–129.

of Democracy 14, no. 1 (2003): 6–17; Teresa Wright, *Accepting Authoritarianism: State-Society Relations in China's Reform Era* (Stanford, CA: Stanford University Press, 2010).

53 See also Yuhua Wang, "Coercive Capacity and the Durability of the Chinese Communist State," *Communist and Post-Communist Studies* 47, no. 1 (2014): 13–25; Yan, "Patrolling Harmony."

54 Joshua Rosenzweig, "Political Prisoners in China: Trends and Implications for US Policy," Testimony to the Congressional-Executive Committee on China, August 3, 2010; Ware Fong, "Depoliticization, Politicization, and Criminalization: How China Has Been Handling Political Prisoners since 1980s," *Journal of Chinese Political Science* 24, no. 2 (2019): 315–339.

55 Wealthy autocracies have stronger repressive capacity. Vincenzo Bove, Jean-Philippe Platteau, and Petros G. Sekeris, "Political Repression in Autocratic Regimes," *Journal of Comparative Economics* 45, no. 2 (2017): 410–428; Michael Ross, "The Political Economy of the Resource Curse," *World Politics* 51, no. 2 (1999): 297–322.

56 Guillermo O'Donnell, Philippe C. Schmitter, and Laurence Whitehead, eds., *Transitions from Authoritarian Rule,* vol. 4, *Tentative Conclusions about Uncertain Democracies* (Baltimore, MD: Johns Hopkins University Press, 1986).

57 Minxin Pei, *China's Trapped Transition: The Limits of Developmental Autocracy* (Cambridge, MA: Harvard University Press, 2006).

58 Adam Przeworski and Fernando Limongi, "Modernization: Theories and Facts," *World Politics* 49, no. 2 (1997): 155–183.

第一章　中國監控系統的演進

1 "管制反革命分子暫行辦法," http://www.ce.cn/xwzx/gnsz/szyw/200705/29/t20070529_11526416.shtml; 天津通志：公安志, 560; 浙江人民公安志, 254–257.

2 For discussion of mass terror in revolutionary regimes generally, see Steven

45 F. W. Mott, *Imperial China 900–1800* (Cambridge, MA: Harvard University Press, 1999), 140, 753.

46 Mott, *Imperial China 900–1800,* 138–144; Yuchen Song, "Rethinking on Wang Anshi's Reform from Economics Perspective," in *Proceedings of the 2022 3rd International Conference on Language, Art and Cultural Exchange (ICLACE 2022),* 336–341 (Atlantis Press, 2002).

47 Timothy Brook, *The Chinese State in Ming Society* (London: Routledge, 2005), 36.

48 Mott, *Imperial China 900–1800,* 918–919.

49 Mo Tian, "The *Baojia* System as Institutional Control in Manchukuo under Japanese Rule (1932–45)," *Journal of the Economic and Social History of the Orient* 59, no. 4 (2016): 531–554; Ching-Chih Chen, "The Japanese Adaptation of the pao-chia System in Taiwan, 1895–1945," *Journal of Asian Studies* 34, no. 2 (1975): 391–416; Lane Harris, "From Democracy to Bureaucracy: The Baojia in Nationalist Thought and Practice, 1927–1949," *Frontiers of History in China* 8, no. 4 (2013): 517–557.

50 "最新統計資料顯示：黨員 9671.2萬名 基層黨組織 493.6萬個," http://www.gov.cn/xinwen/2022-06/29/content_5698405.htm.

51 Seymour Martin Lipset, "Some Social Requisites of Democracy: Economic Development and Political Legitimacy," *American Political Science Review* 53, no. 1 (1959): 69–105; Samuel Huntington, *The Third Wave: Democratization in the Late Twentieth Century* (Norman: University of Oklahoma Press, 1993); Robert Dahl, *Polyarchy: Participation and Opposition* (New Haven: Yale University Press, 1971).

52 Jie Chen and Bruce Dickson, *Allies of the State: China's Private Entrepreneurs and Democratic Change* (Cambridge, MA: Harvard University Press, 2010); Sebastian Heilmann and Elizabeth Perry, eds., *Mao's Invisible Hand: The Political Foundations of Adaptive Governance in China* (Cambridge, MA: Harvard University Asia Center, 2011); David Shambaugh, *China's Communist Party: Atrophy and Adaptation* (Berkeley: University of California Press, 2008); Andrew Nathan, "Authoritarian Resilience," *Journal*

Marcos Regime (Ithaca, NY: Cornell University Press, 1987); Harold Crouch, "Patrimonialism and Military Rule in Indonesia," *World Politics* 31, no. 4 (1979): 571–587.

38 Owen Sirrs, *The Egyptian Intelligence Service: A History of the Mukhabarat, 1910–2009* (London: Routledge, 2010).

39 Pucci, *The Secret Police*; Amy Knight, *The KGB: Police and Politics in the Soviet Union* (Boston, MA: Unwin Hyman, 1988); Schoenhals, *Spying for the People*.

40 Barbara Geddes, Erica Frantz, and Joseph G. Wright, "Military Rule," *Annual Review of Political Science* 17, no. 1 (2014): 147–162.

41 Saddam Hussein's Ba'th Party is generally considered a one-party regime that was better organized than other dictatorships. But the Ba'th Party had a shallow footprint in society and a looser organizational structure than a typical Leninist party. Sassoon, *Saddam Hussein's Ba'th Party*; Thomas Rigby, *Communist Party Membership in the USSR* (Princeton, NJ: Princeton University Press, 2019).

42 Carl Friedrich and Zbigniew Brzezinski, "The General Characteristics of Totalitarian Dictatorship," in *Comparative Government,* ed. Jean Blondel, 3–22 (London: Palgrave, 1969); Juan Linz, *Totalitarian and Authoritarian Regimes* (Boulder, CO: Lynne Rienner, 2000).

43 Kenneth Lieberthal, *Governing China: From Revolution through Reform* (New York: Norton, 2003); Richard Burks, *Dynamics of Communism in Eastern Europe* (Princeton, NJ: Princeton University Press, 2015).

44 "Citizen Spies," *Deutsche Welle* (*DW*)*;* 吉林省志：司法公安志, ch. 7 and ch. 9, e-book; 浙江通志：公安志, 292; 浙江省人口志, Table 3-4-1, e-book; 福建公安志, http://data.fjdsfzw.org.cn/2016-09-21/content_295 .html; 湖北公安志, 62, 194; 江西公安志, 60, 80; "化工本14黨支部開展社區治安巡邏活動," https://www.cup.edu.cn/chem/dqgz/zthd/151707.htm; "組織在職黨員、在職團員、中學生團員社區安全巡邏活動的通知," https://www.bit.edu.cn/tzgg17/qttz/a176500.htm; "西峰區各鄉鎮召開全面加強社會治安管理工作動員會," http://www.qyswzfw.gov.cn/Show/326262.

Giroux, 1994); Greitens, *Dictators and Their Secret Police*. Examples of powerful spy chiefs include Lavrentiy Beria in the former USSR, Heinrich Himmler in Nazi Germany, and Erich Mielke, the long-serving head of the Stasi in East Germany.

29 Wege, "Iranian Intelligence Organizations," 288; Chile: National Intelligence Directorate (DINA) and National Information Center (CNI), Federation of American Scientists, Intelligence Resource Program, September 11, 1998, https://irp.fas.org/world/chile/dina.htm.

30 Mike Dennis, *The Stasi: Myth and Reality* (London: Longman, 2003), 78–79; Gary Bruce, *The Firm: The Inside Story of the Stasi* (Oxford: Oxford University Press, 2010), 11, 13. The East German state had a population of 16.4 million in 1989.

31 "Citizen Spies," *Deutsche Welle* (*DW*) Global Media Forum, March 11, 2008, https://www.dw.com/en/east-german-stasi-had-189000-informers-study-says/a-3184486-1.

32 沈曉洪 等, "基層公安機關警力配置現狀與思考," *Journal of Jiangxi Public Security College,* no. 141 (July 2010): 107.

33 Joseph Sassoon, *Saddam Hussein's Ba'th Party: Inside an Authoritarian Regime* (New York: Cambridge University Press, 2012), 125.

34 Dennis, *The Stasi*, 99.

35 Bruce, *The Firm*, 80–105.

36 Roderic Camp, *Politics in Mexico: The Decline of Authoritarianism* (Oxford: Oxford University Press, 1999); Harold Crouch, *Government and Society in Malaysia* (Ithaca, NY: Cornell University Press, 1996); Diane Mauzy and Robert Stephen Milne, *Singapore Politics under the People's Action Party* (London: Routledge, 2002).

37 Houchang Chehabi and Juan Linz, eds., *Sultanistic Regimes* (Baltimore, MD: Johns Hopkins University Press, 1998); Gholam Reza Afkhami, *The Life and Times of the Shah* (Berkeley: University of California Press, 2009); David Nicholls, "Haiti: The Rise and Fall of Duvalierism," *Third World Quarterly* 8, no. 4 (1986): 1239–1252; Gary Hawes, *The Philippine State and the*

Modern Chinese Nationalism (Stanford, CA: Stanford University Press, 2004); Sergei Guriev and Daniel Treisman, *Spin Dictators: The Changing Face of Tyranny in the 21st Century* (Princeton, NJ: Princeton University Press, 2022).

23 Chappell Lawson, "Mexico's Unfinished Transition: Democratization and Authoritarian Enclaves in Mexico," *Mexican Studies* 16, no. 2 (2000): 267–287; Bruce Dickson, "Integrating Wealth and Power in China: The Communist Party's Embrace of the Private Sector," *China Quarterly* 192 (2007): 827–854.

24 Steven Levitsky and Lucan Way, *Competitive Authoritarianism: Hybrid Regimes after the Cold War* (New York: Cambridge University Press, 2010); Jennifer Gandhi and Adam Przeworski, "Authoritarian Institutions and the Survival of Autocrats," *Comparative Political Studies* 40, no. 11 (2007): 1279–1301.

25 Tiberiu Dragu and Adam Przeworski, "Preventive Repression: Two Types of Moral Hazard," *American Political Science Review* 113, no. 1 (2019): 77–87; Nathan Danneman and Emily Ritter, "Contagious Rebellion and Preemptive Repression," *Journal of Conflict Resolution* 58, no. 2 (2014): 254–279.

26 Kris De Jaegher and Britta Hoyer, "Preemptive Repression: Deterrence, Backfiring, Iron Fists, and Velvet Gloves," *Journal of Conflict Resolution* 63, no. 2 (2019): 502–527.

27 E. K. Bramstedt, *Dictatorship and Political Police* (London: Kegan Paul, 1945); Molly Pucci, *The Secret Police in Communist Eastern Europe* (New Haven, CT: Yale University Press, 2020); Jonathan Adelman, ed., *Terror and Communist Politics: The Role of the Secret Police in Communist States* (Boulder, CO: Westview Press, 1984); Pablo Policzer, *The Rise and Fall of Repression in Chile* (South Bend, IN: University of Notre Dame Press, 2009); Carl Wege, "Iranian Intelligence Organizations," *International Journal of Intelligence and Counter Intelligence* 10, no. 3 (1997): 287–298.

28 Dragu and Przeworski, "Preventive Repression"; Yevgenia Albats, *The State within a State: The KGB and Its Hold on Russia* (New York: Farrar, Straus,

of Economic Growth: Theory and Empirical Implications," *European Journal of Political Economy* 12, no. 4 (1996): 609–627.

16 Alberto Alesina, Sule Özler, Nouriel Roubini, and Phillip Swagel, "Political Instability and Economic Growth," *Journal of Economic Growth* 1, no. 2 (1996): 189–211; Ari Aisen and Francisco José Veiga, "How Does Political Instability Affect Economic Growth?" *European Journal of Political Economy* 29 (2013): 151–167.

17 Sheena Greitens, *Dictators and Their Secret Police: Coercive Institutions and State Violence* (New York: Cambridge University Press, 2016), 12; Jack Paine, "Reframing the Guardianship Dilemma: How the Military's Dual Disloyalty Options Imperil Dictators," *American Political Science Review* 116, no. 4 (2022): 1–18.

18 Andrea Kendall-Taylor and Erica Frantz, "How Autocracies Fall," *Washington Quarterly* 37, no. 1 (2014): 35–47, 37.

19 Michael Makara, "Coup-proofing, Military Defection, and the Arab Spring," *Democracy and Security* 9, no. 4 (2013): 334–359; Ulrich Pilster and Tobias Böhmelt, "Coup-proofing and Military Effectiveness in Interstate Wars, 1967–99," *Conflict Management and Peace Science* 28, no. 4 (2011): 331–350; Greitens, *Dictators and Their Secret Police,* 30–61.

20 Bruce Bueno de Mesquita and Alastair Smith, *The Dictator's Handbook: Why Bad Behavior Is Almost Always Good Politics* (New York: Public Affairs, 2011); Erica Frantz and Andrea Kendall-Taylor, "A Dictator's Toolkit: Understanding How Co-optation Affects Repression in Autocracies," *Journal of Peace Research* 51, no. 3 (2014): 332–346; Johannes Gerschewski, "The Three Pillars of Stability: Legitimation, Repression, and Co-optation in Autocratic Regimes," *Democratization* 20, no. 1 (2013): 13–38.

21 Bruce Gilley, *The Right to Rule: How States Win and Lose Legitimacy* (New York: Columbia University Press, 2009).

22 Zheng Wang, *Never Forget National Humiliation: Historical Memory in Chinese Politics and Foreign Relations* (New York: Columbia University Press, 2014); Suisheng Zhao, *A Nation-State by Construction: Dynamics of*

York: St. Martin's Press, 2022). Valuable scholarly accounts include James Leibold, "Surveillance in China's Xinjiang Region: Ethnic Sorting, Coercion, and Inducement," *Journal of Contemporary China* 29, no. 121 (2020): 46–60; Jessica Batke and Mareike Ohlberg, "State of Surveillance: Government Documents Reveal New Evidence on China's Efforts to Monitor Its People," Asia Society, *ChinaFile,* October 30, 2020, https://www.chinafile .com/state-surveillance-china. Works on the social credit system include Fan Liang, Vishnupriya Das, Nadiya Kostyuk, and Muzammil M. Hussain, "Constructing a Data-Driven Society: China's Social Credit System as a State Surveillance Infrastructure," *Policy & Internet* 10, no. 4 (2018): 415–453; Xu Xu, "To Repress or to Co-opt? Authoritarian Control in the Age of Digital Surveillance," *American Journal of Political Science* 65, no. 2 (2021): 309–325.

11 One work that does answer broader questions is Michael Schoenhals, *Spying for the People: Mao's Secret Agents, 1949–1967* (New York: Cambridge University Press, 2013), but it does not cover the post-Mao period.

12 Christian Davenport, "State Repression and Political Order," *Annual Review of Political Science* 10, no. 1 (2007): 1–23; Mai Hassan, Daniel Mattingly, and Elizabeth R. Nugent, "Political Control," *Annual Review of Political Science* 25, no. 1 (2022): 155–174; Alexander Dallin and George Breslauer, *Political Terror in Communist Systems* (Stanford, CA: Stanford University Press, 1970).

13 Christian Davenport, Hank Johnston, and Carol Mueller, eds., *Repression and Mobilization* (Minneapolis: University of Minnesota Press, 2005); Dursun Peksen and A. Cooper Drury, "Economic Sanctions and Political Repression: Assessing the Impact of Coercive Diplomacy on Political Freedoms," *Human Rights Review* 10, no. 3 (2009): 393–411.

14 Ronald Wintrobe, *The Political Economy of Dictatorship* (New York: Cambridge University Press, 2000), 342.

15 Robert Barro, "Democracy and Growth," *Journal of Economic Growth* 26, no. 3 (1996): 1–27; Baizhu Chen and Yi Feng, "Some Political Determinants

China Allows Government Criticism but Silences Collective Expression," *American Political Science Review* 107, no. 2 (2013): 326–343; Rogier Creemers, "Cyber China: Upgrading Propaganda, Public Opinion Work and Social Management for the Twenty-First Century," *Journal of Contemporary China* 26, no. 103 (2017): 85–100; Wen-Hsuan Tsai, "How 'Networked Authoritarianism' Was Operationalized in China: Methods and Procedures of Public Opinion Control," *Journal of Contemporary China* 25, no. 101 (2016): 731–744; H. Christoph Steinhardt, "Defending Stability under Threat: Sensitive Periods and the Repression of Protest in Urban China," *Journal of Contemporary China* 30, no. 130 (2021): 526–549; Rory Truex, "Focal Points, Dissident Calendars, and Preemptive Repression," *Journal of Conflict Resolution* 63, no. 4 (2019): 1032–1052; Xiaojun Yan, "Patrolling Harmony: Pre-emptive Authoritarianism and the Preservation of Stability in W County," *Journal of Contemporary China* 25, no. 99 (2016): 406–421; Yanhua Deng and Kevin O'Brien, "Relational Repression in China: Using Social Ties to Demobilize Protesters," *China Quarterly* 215 (2013): 533–552; Kevin O'Brien and Yanhua Deng, "Preventing Protest One Person at a Time: Psychological Coercion and Relational Repression in China," *China Review* 17, no. 2 (2017): 179–201; Xi Chen, "Origins of Informal Coercion in China," *Politics & Society* 45, no. 1 (2017): 67–89; Lynette Ong, *Outsourcing Repression: Everyday State Power in Contemporary China* (New York: Oxford University Press, 2022); Martin Dimitrov, *Dictatorship and Information: Authoritarian Regime Resilience in Communist Europe and China* (New York: Oxford University Press, 2022); Jennifer Pan, *Welfare for Autocrats: How Social Assistance in China Cares for Its Rulers* (New York: Oxford University Press, 2020); Daniel Mattingly, *The Art of Political Control in China* (New York: Cambridge University Press, 2020), 154–180.

10 Journalistic accounts include Kai Strittmatter, *We Have Been Harmonized: Life in China's Surveillance State* (New York: Custom House, 2021); and the more substantive and informative work Josh Chin and Liza Lin, *Surveillance State: Inside China's Quest to Launch a New Era of Social Control* (New

of Transition, 1978–2008," *Journal of Contemporary Criminal Justice* 26, no. 1 (2010): 20–35; Edward Schwarck, "Intelligence and Informatization: The Rise of the Ministry of Public Security in Intelligence Work in China," *China Journal* 80, no. 1 (2018): 1–23.

7 Yuhua Wang and Carl Minzner, "The Rise of the Chinese Security State," *China Quarterly* 222 (2015): 339–359; Yuhua Wang, "Empowering the Police: How the Chinese Communist Party Manages Its Coercive Leaders," *China Quarterly* 219 (2014): 625–648; Xie Yue, "Rising Central Spending on Public Security and the Dilemma Facing Grassroots Officials in China," *Journal of Current Chinese Affairs* 42, no. 2 (2013): 79–109; Sheena Greitens, "Rethinking China's Coercive Capacity: An Examination of PRC Domestic Security Spending, 1992–2012," *China Quarterly* 232 (2017): 1002–1025; Xuezhi Guo, *China's Security State: Philosophy, Evolution, and Politics* (New York: Cambridge University Press, 2012).

8 Sheena Greitens, Myunghee Lee, and Emir Yazici, "Counterterrorism and Preventive Repression: China's Changing Strategy in Xinjiang," *International Security* 44, no. 3 (2020): 9–47; James Tong, *Revenge of the Forbidden City: The Suppression of the Falungong in China, 1999–2005* (New York: Oxford University Press, 2009); Sarah Biddulph, *Legal Reform and Administrative Detention Powers in China* (New York: Cambridge University Press, 2007); Youyu Xu and Hua Ze, eds., *In the Shadow of the Rising Dragon: Stories of Repression in the New China* (New York: Macmillan, 2013); Christian Göbel, "The Political Logic of Protest Repression in China," *Journal of Contemporary China* 30, no. 128 (2021): 169–185; Xiaojun Yan, "Engineering Stability: Authoritarian Political Control over University Students in Post-Deng China," *China Quarterly* 218 (2014): 493–513; Zhou Kai and Xiaojun Yan, "The Quest for Stability: Policing Popular Protest in the People's Republic of China," *Problems of Post-Communism* 60, no. 3 (2014): 3–17.

9 Margaret Roberts, *Censored* (Princeton: Princeton University Press, 2018); Gary King, Jennifer Pan, and Margaret E. Roberts, "How Censorship in

注釋

前言

1 Jon Russell, "China's CCTV Surveillance Network Took Just Seven Minutes to Capture BBC Reporter," TechCrunch, December 14, 2017, https://techcrunch.com/2017/12/13/china-cctv-bbc-reporter.

2 Paul Mozur and Allan Krolik, "A Surveillance Net Blankets China's Cities," *New York Times,* December 17, 2019.

3 Josh Chin and Clément Bürge, "Twelve Days in Xinjiang: How China's Surveillance State Overwhelms Daily Life," *Wall Street Journal,* December 17, 2017.

4 Paul Mozur, Claire Fu, and Amy Chang Chien, "How China's Police Used Phones and Faces to Track Protesters," *New York Times,* December 2, 2022.

5 George Soros, "Remarks Delivered at the World Economic Forum," Davos, Switzerland, January 24, 2019, https://www.georgesoros .com/2019/01/24/remarks-delivered-at-the-world-economic-forum-2/.

6 Suzanne Scoggins, *Policing China* (Ithaca, NY: Cornell University Press, 2021); Susan Trevaskes, *Policing Serious Crime in China: From 'Strike Hard' to 'Kill Fewer'* (London: Routledge, 2012); Michael Dutton, *Policing and Punishment in China: From Patriarchy to 'the People'* (Cambridge: Cambridge University Press, 1992); Michael Dutton, *Policing Chinese Politics* (Durham, NC: Duke University Press, 2005); Murray Scot Tanner and Eric Green, "Principals and Secret Agents: Central versus Local Control over Policing and Obstacles to 'Rule of Law' in China," *China Quarterly* 191 (2007): 644–670; Ivan Sun and Yuning Wu, "Chinese Policing in a Time

163; 雲南年鑑 2009, 39, 124; 大關年鑑 2005, 74, 159; 大關年鑑 2006, 89, 186; 大關年鑑 2009, 67, 191; 瀘西年鑑 2005, 97, 211; 威信年鑑 2001, 38, 120; 威信年鑑 2004–2005, 29, 174; 羅平年鑑 2002, 156; 思茅年鑑 2003, 136; 雲南年鑑 2003, 380; 魯甸年鑑 2009, 265; 渭南年鑑 2007, 2, 153; 柞水年鑑 1998–2002, 1, 124; 西鄉年鑑 2001–2003, 223, 268; 南鄭年鑑 2004–2005, 20, 334; 銀川年鑑 2006, 32, 287; 銀川年鑑 2008, 52, 274; 華龍年鑑 2010, 109, 125; 恩平年鑑 2004–2006, 131, 231; 本溪年鑑 2002, 73, 150; 本溪年鑑 2007, 61, 166; 朝陽年鑑 2004, 1, 130; 平泉年鑑 2006, 144, 329; 柳河年鑑 2010, 136.

表8：普安年鑑 2017, 226, 297; 普安年鑑 2018, 134, 429; 普安年鑑 2020, 147, 464; 甕安年鑑 2013, 33, 123; 甕安年鑑 2015, 176–177; 黔東南年鑑 2014, 42, 172; 黔東南年鑑 2018, 212; 松桃年鑑 2013, 7, 470; 貴陽年鑑 2018, 191; 南明年鑑 2019, 42, 122; 晴隆年鑑 2017, 99, 101; 通城年鑑 2015, 14, 70; 黑河年鑑 2014, 43, 144; 黑河年鑑 2018 31, 119; 榆中年鑑 2012–2014, 115, 143; 金昌年鑑 2011, 301, 316; 金昌年鑑 2012, 323, 343; 正寧年鑑 2013, 41, 189; 烏什年鑑 2011, 112, 烏什年鑑 2012, 111; 烏什年鑑 2015, 44, 122; 伊吾年鑑 2011, 15; 哈密年鑑 2014, 3, 113; 塔城年鑑 2015, 97; 長寧年鑑 2012, 4, 91; 德化年鑑 2011, 11, 99; 康定年鑑 2019, 52, 136; 錦江年鑑 2012, 2, 125; 錦江年鑑 2019, 9, 250; 遊仙年鑑 2016, 28, 92; 綿竹年鑑 2015, 39, 97; 灞橋年鑑 2013, 57, 210; 烏拉特後旗年鑑 2016, 226, 418; 和平區年鑑 2011, 3, 283; 和平區年鑑 2012, 181, 351; 墾利年鑑 2015, 152; 無棣年鑑 2012–2014, 45, 176; 巨野年鑑 2018, 23, 114; 寶豐年鑑 2011, 102, 243; 虞城年鑑 2013, 16,124; 蕪湖年鑑 2012, 93; 蕪湖年鑑 2013, 65; 蕪湖年鑑 2014, 72; 蕪湖年鑑 2015, 68; 蕪湖年鑑 2016, 76; 蕪湖年鑑 2017, 18, 82; 普洱年鑑 2015, 131, 394; 蒼南年鑑 2013, 8, 127.

表9：安龍年鑑 2017, 207; 普洱年鑑 2015, 131; 德化年鑑 2011, 99; 蕪湖年鑑 2012, 93; 蕪湖年鑑 2013, 65; 蕪湖年鑑 2014, 72; 蕪湖年鑑 2015, 68; 蕪湖年鑑 2016, 76; 蕪湖年鑑 2017, 83; 烏特拉後年鑑 2016, 236; 黔東南年鑑 2014, 172; 黔東南年鑑 2018, 212; 黑河年鑑 2014, 144; 巴彥年鑑 2011, 169; 甕安年鑑 2013, 123; 甕安年鑑 2015, 177; 晴隆年鑑 2017, 101; 漣水年鑑 2003, 117; 成都市成華區志 1991–2001, 235; 和平區年鑑 2011, 183; 內江市市中區年鑑 2016, 180.

1993–1998, 138, 304; 寧都年鑑 1991–1994, 153; 大連市志：公安志, 254; 大連統計年鑑 2017, 94; 昌圖年鑑 1997, 24, 143; 富錦市志, 514, 652; 齊齊哈爾市建華區志 1996–2005, 473, 627–633; 大慶市薩爾圖區志 1986–2005, 410–412; 柞水年鑑 1998–2002, 124, 253; 商南縣志 1991–2010, 116, 603; 龍岩市志 1988–2002, 1215; 永安年鑑 1991–1994, 47, 221; 王建幸, "淺論派出所基礎工作," 公安理論與實踐, no. 3 (1995): 3; 崇明年鑑 1994, 290; 崇明年鑑 1996, 261–262; 崇明年鑑 1998, 223–224; 崇明年鑑 2000, 201–202; 瑪納斯縣志 1986–2010, 117, 849; 田東年鑑 1994–1998, 192–193; 來賓年鑑 1991–2000, 285; 象州年鑑 1991–1995, 61, 119; 徐州年鑑 1998, 51, 118; 宜興年鑑 1992, 3, 99; 淮陰年鑑 1997, 91; 雙流年鑑 1994, 51, 95; 大竹年鑑 1993, 2, 87; 大竹年鑑 1995, 3, 78; 成都成華志 1990–2005, 77–78, 231; 臨江年鑑 1994–1995, 141, 225; 保山地區年鑑 1996, 190, 252; 杭州市人民公安志, 212; 慈溪市公安志, 239; 餘姚公安志, 159, 164; 縉雲縣公安志, 170, 178.

表7：蒼南年鑑 2002, 93, 151; 北海年鑑 2001–2002, 46, 100; 定安年鑑 2009, 83; 張掖綜合年鑑 2004–2005, 9, 686; 湖南新寧司法篇, http://city.sina.com.cn/city/t/2011-08-17/170221463.html; 湖南年鑑 2005, 354; 沁水縣志, 484; 靈寶市志 1988–2000, 651–652; 龍岩市志 1988–2002, 1215; 龍岩年鑑 2003, 21; 德化年鑑 2009, 12, 103; 涵江年鑑 2010, 9, 174; 蕪湖縣志 1990–2003, 462; 啟東年鑑 2001, 93, 191; 新浦年鑑 2002, 66, 110; 通州年鑑 2006, 118; 灌南年鑑 2001, 134; 淮安年鑑 2001, 37, 101; 長寧年鑑 2010, 38, 142; 宜賓年鑑 2007, 26, 112; 通川年鑑 2008, 129; 通川年鑑 2006, 338 (2005 population used); 三台年鑑 2002, 2, 129; 成都年鑑 2007, 2, 118; 成都成華志 1990–2005, 77–78, 231; 成華年鑑 2009, 86; 錦江年鑑 2008, 87; 錦江年鑑 2009, 1, 68; 錦江年鑑 2010, 1, 60; 即墨年鑑 2010, 1, 97; 平原縣志, 1986–2008, 87, 491; 文登年鑑 2007–2009, 284–285; 東營區年鑑 2006, 142; 泰安年鑑 2002, 262; 南康年鑑 2004, 43, 116; 弋陽年鑑 2006–2009, 44, 182; 新建縣志 1985–2002, 115, 667; 呼蘭年鑑 2008–2009, 109–110, 281, 342; 大興安嶺年鑑 2002, 20, 114; 伊春市年鑑 2006, 12, 87; 富錦市志, 514, 652; 齊齊哈爾市建華區志 1996–2005, 351; 齊齊哈爾年鑑 2004, 354; 大慶市薩爾圖區志 1986–2005, 410–412; 興安盟志I, 332, 1671; 准格爾年鑑 2006, 63, 159; 烏海年鑑 2000–2001, 24, 121; 昌吉年鑑 2010, 30,

溝縣年鑑 1999–2005, 297; 南溪年鑑 2010, 86; 赫章年鑑 2010, 290; 田東年鑑 2003–2006, 178; 田東年鑑 2010–2011, 152.

表4：榆林年鑑 2007, 92; 寶應年鑑 2001, 88; 大竹年鑑 2010, 132; 稻城年鑑 2003–2008, 184; 北川羌族自治縣年鑑 2016, 107; 莊浪年鑑 2018, 156; 莊浪年鑑 2019, 166; 武漢公安年鑑 2002, 60; 武漢公安年鑑 2004, 79; 呼蘭年鑑 2015, 127; 大慶市薩爾圖區志 1986–2005, 393; 朝陽年鑑 2019, 137; 弋陽年鑑 2014, 124; 崇義年鑑 2015, 114; 成武年鑑 1996, 99; 阜陽市年鑑 2006, 213; 寧鄉年鑑 2015, 84; 赫章年鑑 2010, 290; 鄭州鐵路局年鑑 2016, 322; 臨汾年鑑 2018, 121; 磐石市志 1991–2003, 35.

表5："湖南新寧司法篇," http://city.sina.com.cn/city/t/2011-08-17/170221463.html; 中國人口統計年鑑 1988, 634; 湖南年鑑 1986, 86; 陝西省志：公安志, 559–561, 陝西年鑑 1987, 7; 沁水縣志 1986–2003, 484; 黑龍江省志：公安志, 375–377; 望奎縣志 1986–2005, 557; 齊齊哈爾市建華區志 1996–2005, 473, 633; 蓮城金盾（湖南湘潭市第二印刷廠, 1999), 191; 中國人口統計年鑑 1988, 178; 長春市志: 公安志, 504; 延吉市志, 55, 255; 大連市志：公安志, 254; 大連統計年鑑 2017, 94; 瑪納斯縣志 1986–2010, 117, 849; 杭州市人民公安志, 211–212; 象山縣公安志, 183, 200; 岱山縣公安志, 159; 富陽縣公安志, 239, 260; 金華市公安志, 195; 永康市公安志, 88; 建德市公安志, 194, 261; 慈溪市公安志, 238, 252–253; 縉雲縣公安志, 170, 178; 舟山市公安志, 211; Ch. 7, 重慶市志：公安志, e-book.

表6：田金生, "對我縣重點人口管理工作的調查與思考," 北京人民警察學院學報, no. 59 (1999): 27; 銅陵年鑑 1991, 75, 165; 南岸區年鑑 1993–1997, 13, 79; 遷安年鑑 1998–1999, 20, 88; 新野年鑑 1998, 171; 中國公安年鑑 2000, 409; 耒陽年鑑 1993, 41, 180; 耒陽年鑑 1995, 53, 120; "湖南新寧司法篇," http://city.sina.com.cn/city/t/2011-08-17/170221463.html; 湖南年鑑 1993, 543; 湖南年鑑 1997, 371; 平陸年鑑 1995, 10, 67; 會同年鑑 1992–1995, 215; 通城年鑑 1995, 67, 135; 通城年鑑 1996, 20, 61; 黃石年鑑 1996, 90, 176; 棗莊年鑑 1997, 51, 126; 沁水縣志 1986–2003, 484; 黎城縣志 1991–2003, 470; 安義年鑑

資料來源

表1：平頂山年鑑 2020, 34, 152; 新密年鑑 2013, 19, 101; 通州年鑑 2005, 116, 290; 寶應年鑑 2001, 26, 88; 秦淮年鑑 2016, 106, 279; 連雲年鑑 2014, 34, 96; 連雲年鑑 2013, 44, 109; 連雲年鑑 2012, 45, 117; 普陀年鑑 2017, 1, 48; 岳陽樓區年鑑 2017, 53, 176; 桐鄉年鑑 2016, 312, 315; 黃陵年鑑 2015, 367–368; 高要年鑑 2015, 31, 111; 雲浮市雲城區年鑑 2014, 35, 131; 雲安年鑑 2013, 112, 184; 海珠年鑑 2013, 112, 184; 道外年鑑 2015, 34, 98; 北京順義年鑑 2014, 28, 154; 北京西城年鑑 2015, 161, 414; 北京海淀年鑑 2015, 126, 425; 通江年鑑 2015, 31, 73; 迪慶年鑑 2015, 233–234; 大關年鑑 2011, 83, 172; 南漳年鑑 2015, 46, 108; 桐梓年鑑 2014, 217–218; 正定年鑑 2013, 65, 129; 鄯善年鑑 2011, 275; 2010, 255; 烏什年鑑 2013, 34, 104; 渠縣年鑑 2013, 73, 148; 通川年鑑 2010, 62; 2012–13, 52; 成都年鑑 2010, 2, 86; 武勝年鑑 2014, 49, 112; 武勝年鑑 2013, 41, 111.

表2：寶應年鑑 2001, 88; 通州年鑑 2005, 116; 連雲年鑑 2014, 96; 秦淮年鑑 2016, 279; 平頂山年鑑 2020, 152; 建德年鑑 2012, 289; 桐鄉年鑑 2016, 312, 315; 雲安年鑑 2013, 184; 普陀年鑑 2017, 48; 普陀年鑑 2020, 103; 通江年鑑 2015, 73; 高要年鑑 2015, 111; 北京順義年鑑 2014, 15.

表3：錦州年鑑 1989, 126; 洛南年鑑 1996–1999, 289; 松原年鑑 2000, 103; 甕安年鑑 2000–2003, 123; 柞水年鑑 1998–2002, 123; 柞水年鑑 2004, 74; 和碩年鑑 2012, 112; 米易年鑑 2009, 72; 米易年鑑 2010, 73; 米易年鑑 2011, 83; 米易年鑑 2012, 87; 米易年鑑 2015, 100; 米易年鑑 2016, 113; 眉山年鑑 1999, 169; 眉山市東坡區年鑑 2001, 135; 眉山市東坡區年鑑 2002, 113; 眉山市東坡區年鑑 2003, 99; 眉山市東坡區年鑑 2005, 131; 眉山市東坡區年鑑 2007, 117; 九寨

表9 不同行政區重點人員與重點人口之比

行政區	年分	重點人口計畫列管人數	重點人員列管人數	重點人員占重點人口比例(%)
貴州省安龍縣	2016	1,516	3,815	252
雲南省普洱市	2014	525	877	167
福建省德化縣	2010	1,040	1,373	132
安徽省蕪湖市	2011	1,138	1,141	100
	2012	1,470	1,491	101
	2013	1,579	1,819	115
	2014	1,584	1,643	104
	2015	1,444	2,034	141
	2016	1,694	2,217	131
內蒙古烏拉特後旗	2016	155	175	113
貴州省黔東南苗族侗族自治州	2013	14,539	1,041	7
	2017	19,121	2,008	11
黑龍江省黑河市	2013	2,177	2,827	130
黑龍江省巴彥縣	2010	946	749	79
貴州省甕安縣	2013	3,449	4,501	131
	2015	4,353	5,858	135
貴州省金龍縣	2017	2,095	656	31
江蘇省漣水縣	2002	4,322	4,769	110
成都市成華區	2005	1,359	1,333	98
天津市和平區	2010	407	2,172	534
四川省內江市市中區	2015	1,459	9,214	632
平均值				155
中位數				115

四川省綿陽市游仙區	2015	0.14
四川省綿竹市	2014	0.23
陝西省西安市灞橋區	2012	0.12
內蒙古烏拉特後旗	2016	0.26
天津市和平區	2010-2011	0.14[a]
山東省東營市 利區	2014	0.17
山東省無棣縣	2014	0.21
山東省鉅野縣	2017	0.18
河南省寶豐縣	2010	0.43
河南省虞城縣	2012	0.27
安徽省蕪湖市	2011-2016	0.42[a]
雲南省普洱市	2014	0.02
浙江省蒼南縣	2011	0.34
平均值		0.35
中位數縣		0.24

a 多年平均值。

表8 重點人口在選定行政區的總人口占比（2010年代）

行政區	年分	總人口占比(%)
貴州省普安縣	2016-2017	0.51[a]
	2019	0.49
貴州省甕安縣	2013	0.62
	2015	0.90
貴州省黔東南苗族侗族自治州	2013	0.31
	2017	0.40
貴州省松桃苗族自治縣	2012	0.18
貴州省貴陽市	2017	0.99
貴州省貴陽市南明區	2018	1.01
貴州省晴隆縣	2017	0.61
湖北省通城縣	2014	0.49
黑龍江省黑河市	2013	0.17
	2017	0.19
甘肅省榆中縣	2011	0.40
甘肅省金昌市金川區	2010-2011	0.51[a]
甘肅省正寧縣	2013	0.24
新疆省烏什吐魯番縣	2010-2011	0.24[a]
	2014	0.17
新疆省伊吾縣	2010	0.19
新疆省哈密市	2013	0.10
新疆省塔城市	2014	0.13
福建省德化縣	2010	0.33
四川省康定市	2019	1.17
四川省長寧縣	2011	0.16
四川省成都市錦江區	2011	0.22
	2018	0.11

陝西省西鄉縣	2002	0.43
陝西省漢中市南鄭區	2004	0.37
寧夏省銀川市	2005	0.31
	2007	0.35
廣東省深圳龍華區	2009	0.36
廣東省恩平市	2006	0.29
遼寧省本溪市	2001	0.35
	2006	0.31
遼寧省朝陽市	2003	0.26
河北省平泉縣	2006	0.07
吉林省柳河縣	2009	0.24
平均值		0.27
中位數		0.26

a 多年平均值。

山東省威海市文登區	2007	0.17
	2009	0.18
山東省東營市東營區	2005	0.07
山東省泰安市	2001	0.18
江西省贛州市南康區	2003	0.11
江西省弋陽縣	2006	0.15
江西省新建縣	2002	0.13
黑龍江省哈爾濱市呼蘭區	2007-2008	0.16
黑龍江省大興安嶺縣	2001	0.12
黑龍江省伊春市	2005	0.96
黑龍江省富錦市	2002-2003	0.82
黑龍江省大慶市薩爾圖區	2004	0.24
黑龍江省齊齊哈爾市建華區	2003	0.53
內蒙古興安盟	2001	0.25
內蒙古準噶爾旗	2005	0.13
內蒙古烏海市	2000	0.26
新疆省昌吉市	2009	0.12
雲南省	2008	0.23
雲南大關縣	2004-2005	0.28[a]
	2008	0.22
雲南省瀘西縣	2004	0.21
雲南省威信縣	2001	0.31
	2004	0.48
雲南省羅平縣	2001	0.29
雲南省普洱市思茅區	2002	0.27
雲南省魯甸縣	2008	0.13
陝西省渭南市	2006	0.25
陝西省柞水縣	2001-2002	0.22[a]

表7　重點人口在選定行政區的總人口占比（2000年代）

行政區	年分	總人口占比(%)
浙江省蒼南縣	2001	0.27
廣西省北海市	2000	0.10
海南省安定縣	2008	0.10
甘肅省張掖市	2004	0.40
湖南省新寧縣	2004	0.27
山西省沁水縣	2003	0.26
河南省靈寶市	2000	0.09
福建省龍岩市	2002	0.33
福建省德化縣	2008	0.26
福建省莆田市涵江區	2009	0.15
安徽省蕪湖縣	2003	0.19
江蘇省啟東市	2000	0.44
江蘇省連雲港市新浦區	2001	0.59
江蘇省南通市通州區	2005	0.42
江蘇省灌南縣	2000	0.32
江蘇省淮安市	2000	0.53
四川省長寧縣	2009	0.14
四川省宜賓市敘州區	2007	0.14
四川省達州市通川區	2007	0.11
四川省三台縣	2001	0.26
四川省成都市	2006	0.21
四川省成都市成華區	2000-2005	0.27[a]
	2008	0.25
四川省成都市錦江區	2007-2009	0.31[a]
山東省青島市即墨區	2009	0.41
山東省平原縣	2008	0.12

陝西省柞水縣	1998	0.34
陝西省商南縣	1991	0.57
陝西省漢中市南鄭區	1997	0.32
福建省龍岩縣	1996	0.33
福建省永安市	1993	0.63
上海市虹口區	1994	0.66
上海市崇明區	1992	0.32
	1994-1995	0.30[a]
	1997-1999	0.25[a]
新疆省瑪納斯縣	1995	0.15
廣西省田東縣	1994-1997	0.54[a]
廣西省來賓市	1992	0.44
廣西省象州縣	1992	0.89
江蘇省蘇州市	1997	1.1
江蘇省宜興市	1991	0.22
江蘇省淮陰市	1996	0.95
四川省雙流縣	1994	0.22
四川省大竹縣	1993	0.34
	1995	0.28
四川省成都市成華區	1991-1998	0.24[a]
吉林省臨江市	1995	0.71
雲南省保山市	1995	0.21
浙江省杭州市	1995	0.4
浙江省慈溪市	1994	0.5
浙江省餘姚市	1990	0.36
浙江省縉雲市	1990-1991	0.51[a]
平均值		0.47
中位數		0.4

a 多年平均值。

表6 重點人口在選定行政區的總人口占比（1990年代）

行政區	年分	總人口占比(%)
北京	1998	0.53
安徽省銅陵市	1990	0.49
重慶市南岸區	1993	0.82
河北省遷安縣	1997	0.56
河南省新野縣	1998	0.51
內蒙古	1999	0.33
湖南省平江縣	1996	0.18
湖南省耒陽縣	1992	0.21
	1994	0.24
湖南省新寧縣	1992	0.3
	1995	0.44
湖南省會同縣	1992	0.38
湖北省通城縣	1994-1995	0.39
湖北省黃石市	1994	0.32
山東省棗庄市	1996	0.28
山西省平陸縣	1995	0.98
山西省沁水縣	1992	0.52
山西省黎城縣	1996	0.41
江西省安義縣	1995-1997	0.37[a]
江西省寧都縣	1991-1994	0.32[a]
遼寧省大連市	1990	0.48
遼寧省昌圖縣	1996	0.44
黑龍江省富錦市	1994	0.7
	1997	1.04
黑龍江省齊齊哈爾市建華區	1995	1.04
黑龍江省大慶市薩爾圖區	1999	0.3

浙江省慈溪市	1982	0.02
	1983,1985,1987	0.41[a]
浙江省縉雲縣	1982	0.05
	1983-1989	0.37[a]
浙江省舟山市	1980-1982	0.047[a]
	1983-1989	0.49[a]
四川省重慶市	1984	0.4
平均值		0.35
中位數		0.35

a 多年平均值。

表5　重點人口在選定行政區的總人口占比（1980年代）

行政區	年分	總人口占比(%)
湖南省新寧縣	1981	0.19
	1985	0.29
陝西省	1984	0.65
山西省沁水縣	1987	0.26
黑龍江省	1981-82	0.14
	1983	0.31
	1984	0.59
	1985	0.64
黑龍江省望奎縣	1987	0.38
黑龍江省齊齊哈爾市建華區	1985	0.9
湖南省湘潭市	1983	0.28
	1985	0.26
吉林省長春市	1986	0.06
吉林省延吉市	1986	0.95
遼寧省大連市	1981	0.07
新疆省瑪納斯縣	1986	0.13
浙江省杭州市	1983	0.58
	1987	0.57
浙江省象山縣	1985-1989	0.49[a]
浙江省岱山縣	1981-1982	0.08
	1983-1989	0.39[a]
浙江省富陽區	1983-1986	0.52[a]
浙江省金華市	1983-1986	0.34[a]
浙江省永康市	1986-1989	0.37[a]
浙江省建德市	1981-1982	0.02[a]
	1983-1989	0.35[a]

表4 情報品質，按行政區劃分

行政區	年分	蒐集情報件數	經使用與上報的情報件數[a]
陝西省榆林市	2006	630	188
江蘇省寶應縣	2000	3,523	175
四川省大竹縣	2009	853	39
四川省稻城縣	2008	85	42
四川省北川羌族自治縣	2015	420	200
甘肅省庄浪縣	2018	242	83
	2017	456	114
湖北省武漢市	2001	993	151
	2003	3,132	621
黑龍江省哈爾濱市呼蘭區	2014	213	107
黑龍江省大慶市薩爾圖區[b]	1986-2005	696	190
遼寧省朝陽市	2017	240	175
江西省弋陽縣	2013	533	483
江西省崇義縣	2014	613	363
山東省成武縣	1995	36	5
安徽省阜陽市	2005	279	87
湖南省寧鄉市	2014	1,160	83
貴州省赫章縣	2009	185	102
河南省鄭州鐵路局	2015	2,972	196
山西省臨汾市	2017	21,280[b]	5,880
吉林省磐石市	2001	43	26
經使用與上報的蒐集情報占比（%）			24.1

a 只向本級和上級提告。

b 這個行政區只提有關政治安全和社會安定的情報。其他行政區的情報沒有明確分類，預料涉及各式各樣主題。

	2004	6	4	21
	2005	16	4	45
	2006	3	7	59
	2010	1	5	84
	2011	5	7	76
總數		265	1,945	6,853
總數占比（%）		3	21	76

附注：使用兩個分類系統。在有些行政區，情報分為敵情、政情，與社情。在其他行政區，情報分類為A、B，或C類。A類可能指的是敵情，B類可能指的是政情，C類可能指的是社情。

表3 各行政區國保警隊蒐集情資的類型

行政區	年分	敵情	政情	社情
遼寧省錦州市	1988	13	28	1,081
陝西省洛南縣	1998	9	63	90
吉林省松原市	1999	60	10	333
陝西省柞水縣	1998	7	22	96
	1999	16	23	96
	2000	4	6	116
	2001	1	18	28
	2002	1	9	84
	2003	1	22	95
新疆省和碩縣	2011	56	13	42
四川省米易縣	2008	6	158	354
	2009	1	117	379
	2010	1	164	354
	2011	2	304	476
	2014	0	205	414
	2015	0	298	193
四川省眉山市東坡區	1998	4	93	425
	2000	2	41	451
	2001	8	73	468
	2002	5	58	336
	2004	11	74	287
	2006	9	52	132
四川省九寨溝縣	2002	4	9	14
四川省南溪縣	2009	6	14	130
貴州省赫章縣	2009	4	38	60
廣西省田東縣	2003	3	6	34

表2 各行政區信息員產值

行政區	年分	信息員人數	報告情資件數	平均每名信息員報告情資件數
江蘇省寶應縣	2000	12,946	3523	0.27
江蘇省南通市通州區	2004	9,643	7,023	0.73
江蘇省連雲港連雲區	2014	1,100	3,500	3.18
江蘇省南京市秦淮區	2015	9,698	6,240	0.64
河南省平頂山	2019	20,848	2,458	0.12
浙江省建德市[a]	2011	1,717	1,256	0.73
浙江省桐鄉市烏鎮	2015	2,681	2,058	0.77
廣東省雲浮市雲安區	2012	3,651	1,227	0.34
上海市普陀區	2016	4,153	612	0.15
上海市普陀區[b]	2019	277	33	0.12
四川省通江縣	2014	1,050	233	0.22
廣東省高要市	2014	10,832	1.174	0.11
北京順義區	2013	13,000	220,000	16.92
順義與連雲區以外的平均值				0.38
包括順義與連雲區的平均值				1.87

a 報告顯示，所有信息員都是小商店老闆。

b 報告顯示，所有信息員都是外送人員。

黑龍江省哈爾濱市道外區	2014	0.07
北京市順義區	2013	2.16
北京市海淀區	2014	0.47
北京市西城區	2014	1.32
四川省通江縣	2014	0.15
雲南省迪慶自治州	2014	0.71
雲南省昭通市大關	2010	0.25
湖北省南漳縣	2014	0.73
貴州省桐梓縣大河鄉	2013	0.43
河北省正定縣	2012	1.8
新疆省鄯善縣連木沁鄉	2010	1.6
新疆省烏什縣	2012	6.89
四川省渠縣	2012	0.23
四川省達州市通川區	2009	0.88
四川省成都市	2009	0.31
四川省武勝縣	2012-2013	1.10[a]
平均		1.13
中線		0.73

a 多年均值。

附錄

信息員與監控目標

表1　信息員在人口中所占比例

行政區	年分	每百人的信息員比例
河南省平頂山	2019	0.38
河南省新密市	2012	0.06
江蘇省南通市通州區	2004	0.76
江蘇省寶應縣	2000	1.41
江蘇省南京市秦淮區	2015	1.39
江蘇省連雲港連雲區	2011-2013	0.42[a]
上海市普陀區	2016	0.46
湖南省岳陽市岳陽區	2016	0.64
浙江省桐鄉市烏鎮	2015	4.68
陝西省延安黃陵縣隆坊鎮	2014	1.03
廣東省高要市	2014	1.40
廣東省雲浮市雲城區	2013	0.40
廣東省雲浮市雲安區	2012	1.32
廣州市海珠區南華西街	2012	1.86

中國觀察 52

哨兵國度：中國如何透過監控維繫獨裁政權

作　　者　裴敏欣 Minxin Pei
譯　　者　林　瑞
責任編輯　李銳俊
校　　對　魏秋綢
排　　版　張彩梅
封面設計　蕭旭芳
封面插畫　柳廣成

副總編輯　邱建智
行銷總監　蔡慧華
出　　版　八旗文化／左岸文化事業有限公司
發　　行　遠足文化事業股份有限公司（讀書共和國出版集團）
地　　址　新北市新店區民權路108-3號8樓
電　　話　02-22181417
傳　　真　02-22188057
客服專線　0800-221029
信　　箱　gusa0601@gmail.com
Facebook　facebook.com/gusapublishing
Blog　gusapublishing.blogspot.com
法律顧問　華洋法律事務所／蘇文生律師
印　　刷　中原造像股份有限公司
定　　價　460元
初版一刷　2025年9月
ISBN　978-626-7509-65-4（紙本）、978-626-7509-63-0（EPUB）
978-626-7509-64-7（PDF）

著作權所有・翻印必究（Printed in Taiwan）
本書如有缺頁、破損、裝訂錯誤，請寄回更換
本書僅代表作者言論，不代表本社立場。

THE SENTINEL STATE: Surveillance and the Survival of Dictatorship in China
by Minxin Pei
Copyright © 2024 by the President and Fellows of Harvard College
Published by arrangement with Harvard University Press
through Bardon-Chinese Media Agency
Complex Chinese translation copyright ©2025
by Gusa Publishing, an imprint of Alluvius Books Ltd.
ALL RIGHTS RESERVED

國家圖書館出版品預行編目（CIP）資料

哨兵國度：中國如何透過監控維繫獨裁政權／裴敏欣著；
林瑞譯. -- 初版. -- 新北市：八旗文化：左岸文化事業有限
公司, 2025.09
面；　公分. --（中國觀察；52）
譯自：The sentinel state : surveillance and the survival of
dictatorship in China
ISBN 978-626-7509-65-4（平裝）

1. CST: 中國大陸研究　2. CST: 社會控制　3. CST: 政治制度
4. CST: 獨裁　5. CST: 中國共產黨

574.1　　114009805
